Michael Hacker · Stephanie Maiwald · Johannes Staemmler
Judith Enders · Adriana Lettrari · Hagen Pietzcker
Henrik Schober · Mandy Schulze (Hg.)

Dritte Generation Ost

Wer wir sind, was wir wollen

Ch. Links Verlag, Berlin

Die Deutsche Nationalbibliothek verzeichnet diese Publikation
in der Deutschen Nationalbibliografie;
detaillierte bibliografische Daten sind im Internet
über http://www.dnb.de abrufbar.

3., durchgesehene und erweiterte Auflage, Februar 2013

Schönhauser Allee 36, 10435 Berlin, Tel.: (030) 44 02 32-0
www.christoph-links-verlag.de; mail@christoph-links-verlag.de
Umschlaggestaltung und Satz: Plural Severin Wucher, Berlin
Druck und Bindung: Druckerei F. Pustet, Regensburg

ISBN 978-3-86153-730-4

Inhalt

Ansichten einer zersplitterten Generation

Wer, wenn nicht wir?!

Dritte Generation Ost

Dritte Generation Ost
Wer wir sind, was wir wollen

MICHAEL HACKER · STEPHANIE MAIWALD · JOHANNES STAEMMLER

Eine Antwort war „Badeofen". Nichts weiter. Einfach Badeofen. Wir fragten 2011 nach Bildern, die einem in den Sinn kommen, wenn man an die neuen Bundesländer denkt. Über 150 junge Menschen aus Ostdeutschland antworteten dazu auf verschiedene Weise – und ließen sich nach Berlin einladen, um drei Tage lang über ihre Erinnerungen zu sprechen und gemeinsam zu überlegen, was diese für die Zukunft Deutschlands bedeuten. Die Bilder reichten von schönen Landschaften über verwaiste Bushaltestellen bis hin zu verrückten Jugendgeschichten. Doch jemand schrieb einfach nur „Badeofen". Und dieser Badeofen steht für etwas, das sich nur schwer in Worte fassen lässt. Er steht für eine Zeit, die es nicht mehr gibt. Und er steht damit nicht für die neuen Länder, wo Badeöfen heute genauso selten sind wie im Rest Europas. Er steht für eine Generation, die sich auf die Suche nach ihren Wurzeln macht, weil sie in der Gegenwart wenig darüber erfährt.

Dieses Buch ist ursprünglich aus einer Wut entstanden. Darüber, dass so viele Worte, die über Ostdeutschland, die Ossis und die Wessis, die DDR und die Wiedervereinigung gesagt werden, junge Menschen wie uns selten erreichen. Sie haben wenig mit unseren Erfahrungen zu tun.

Dieses Buch ist der Versuch, die abgedroschenen Worthülsen abzuschütteln und einen Dialog zwischen Jung und Alt, zwischen Ost und West auf eine andere Weise als bisher zu führen. Aber ist denn nicht schon alles gesagt? Können wir die alten Geschichten nicht endlich weglegen? Sind wir Deutschen nicht schon längst *ein* Volk? Können wir uns nicht endlich in Ruhe lassen?

Nein, das wollen und können wir nicht.

Wir, die Herausgeber dieses Buches, kommen aus Ost- und Westdeutschland. Wir trafen uns im Sommer 2010, jeder für sich war wütend über die öffentlichen Diskussionen zum Thema, die immer von denselben alten Protagonisten bedient wurden.

Uns ist klar, dass wir den Osten nur verstehen können, wenn wir die alten Begriffe in Frage stellen und wir uns eingestehen, dass die DDR auch uns Jüngere betrifft. Wer sagt, dass die Vergangenheit für die Jungen keine Rolle mehr spielt, der irrt. Wir haben jeder für sich erlebt, wie schwierig es ist, über Herkunft und Vergangenheit zu sprechen und sich ein Urteil zu bilden, wenn eine Mischung aus Unlust und Vorurteilen jeden Gesprächsversuch im Keim erstickt. Wir wollen nicht mehr ausweichen und um alles lavieren, was mit Ostdeutschland zusammenhängt. Wenn es stimmt, dass die Vergangenheit ein Ort ist, an dem man nie war, dann wollen wir uns ihm zumindest nähern.

Jetzt, 20 Jahre nach der Vereinigung der beiden deutschen Staaten, finden sich diejenigen zusammen, die zu jener Zeit Kinder waren. Der Badeofen steht dabei für so vieles, das wenig Aufmerksamkeit gefunden hat. Er markiert eine Zeit, die junge Ostdeutsche erinnern, die sie aber kaum besprechen. Er steht für Heimat und Herkunft, für rasend schnelle Veränderung und für den Versuch, sich zu erinnern ohne sich rechtfertigen zu müssen. Er gehört zu Erinnerungen an eine Zeit, die in der Öffentlichkeit häufig entweder als Unrechtsstaat oder als die wunderbare Welt von früher eingeordnet wird. Dazwischen gibt es meist nichts. Das wollen wir ändern.

Dieses Buch ist eine Verdichtung von Diskussionen, die wir in den letzten beiden Jahren mit Ost- und Westdeutschen, aber auch mit Menschen aus anderen europäischen Ländern geführt haben. Es ist ein Beitrag, um persönliche Erfahrungen in Ost und West festzuhalten und miteinander sprechen zu lassen. Es unternimmt den Versuch, das festgefügte „So war es“ zu überwinden und dem eine Vielfalt von Erfahrungen,

Positionen und Forderungen entgegenzustellen. Diese einzelnen Perspektiven stehen für sich selbst, aber in ihrer Summe zeichnen sie das Bild einer Generation.

Die Dritte Generation Ostdeutschland

1989 ist eine Zäsur in unser aller Leben gewesen. Für die Wendekinder aus dem Osten verschwand das Land, in dem sie geboren worden waren. Damals waren sie jung; manche so jung, dass sie wenig mehr als nebulöse Erinnerungen an die Zeit vor dem Mauerfall haben. Zur Dritten Generation Ostdeutschland[1] gehören nach unserem Verständnis jene, die in der DDR ihre Kindheit verlebt haben und im vereinigten Deutschland aufgewachsen sind – also die 2,4 Millionen Menschen der Jahrgänge 1975 bis 1985. Mit dem Jahr 1989 änderte sich für die Bürger der DDR an der Oberfläche alles. Darunter aber wirken die Spuren der DDR in den Familien und Erinnerungen bis heute weiter. Staaten verschwinden manchmal plötzlich, Werte und Vorstellungen von einem guten und richtigen Leben sind jedoch von längerer Dauer. Auch für die Westdeutschen begann mit dem Ende der Bonner Republik der schleichende Abschied von einer sicheren Zeit, denn es fiel unter anderem zusammen mit einer beschleunigten Globalisierung.

Die Eltern der Dritten Generation Ostdeutschland wurden in der DDR geboren, haben dort gelernt, studiert und Familien gegründet. Sie, die zweite Generation, haben nach 1989 noch einmal von vorn anfangen können, ja müssen. Die erste Generation, die Großeltern, sind die Kriegskinder, die die DDR mit aufgebaut haben und meist 1989 freiwillig oder unfreiwillig in Rente oder den Vorruhestand gingen. Die Generationengrenzen sind fließend, aber darauf kommt es nicht an. Ausschlaggebend ist, dass der Umbruch 1989/90 mit einer Wucht die DDR-Bürger und eben auch ihre Kinder traf, die in der jüngeren Geschichte ihresgleichen sucht.

Während die Eltern versuchten, sich in einem neuen Land zurechtzufinden, waren die Wendekinder oft auf sich gestellt. Orientierungslosigkeit war allgegenwärtig, und die Welt stand auf dem Kopf: Gewohnte Vorbilder und Autoritäten verschwanden. Die Eltern suchten zuweilen bei ihren Kindern Rat. Und alle Versuche, Autorität auszuüben, standen schnell im Verdacht, sich ausgedienter Methoden zu bedienen. Was wussten denn die Lehrer, welche Berufe und Studiengänge morgen noch gebraucht würden? Im Geschichtsunterricht wurde die Französische Revolution allzu ausführlich besprochen, die DDR „in ihrem Lauf" kam kaum vor.

Viele Angehörige der Dritten Generation haben mittlerweile für Ausbildung, Studium oder Arbeitssuche ihre Herkunftsorte verlassen. Entweder haben sie das selbst so entschieden, oder sie sind mit ihren arbeitssuchenden Eltern weggezogen. Bis heute ist die Dritte Generation Ost sehr pragmatisch mit ihrer Herkunft umgegangen. Wer die Freiheit nutzen konnte, ist gereist und hat an anderen Orten gelernt oder studiert. Darin unterscheiden sich die jungen Ostdeutschen nicht von den gleichaltrigen Westdeutschen. Der Dialekt ist abgeschliffen, der Habitus ein anderer geworden, das Selbstbewusstsein gewachsen. Vielen ist es aber noch immer peinlich, sich in privaten Gesprächen oder in der Öffentlichkeit als Ostdeutsche zu erkennen zu geben.

Die Initiative *3te Generation Ostdeutschland* hat ihren Namen bewusst gewählt. Er nimmt Anleihen an der Vergangenheit und ist doch in die Zukunft gerichtet. Die Spuren der DDR nicht anzuerkennen, bedeutet, ein Stück der eigenen Herkunft abzuschneiden und auf diesen Erfahrungsschatz zu verzichten. Der Dritten Generation Ost kommt nach unserer Überzeugung aber für das Verstehen der Gegenwart eine Vermittlerrolle zwischen den Generationen in Ostdeutschland sowie zwischen Ost- und Westdeutschen zu, da sie in ihrer doppelten Sozialisation und mit den Transformationserfahrungen über einen breiteren Erfahrungsschatz als andere verfügt. Wie anstrengend es ist, Themen kategorisch auszublenden, zeigt die bundesdeutsche Geschichte der 1950er und 1960er Jahre nur zu deutlich.

Im Kern sind es drei Forderungen, um die es uns geht. Sie sind zugleich mit der Einladung verbunden, sich mit der Dritten Generation Ostdeutschland auseinanderzusetzen.

1.) Wir fordern die Eltern auf, sich mit ihren Erinnerungen zu befassen und ihre Kinder dabei einzubeziehen. Wer von ihnen nicht bereit ist zu erzählen, muss sich nicht wundern, wenn er oder sie am Ende mit den Ängsten und schmerzlichen Erinnerungen allein bleibt. Das Wegschweigen der Vergangenheit ist eine unerträgliche Realität in so vielen Familien. Es steht außer Frage, dass die Dritte Generation ein großes Interesse an den Geschichten der eigenen Familien hat. Es geht nicht darum, diese Geschichten in ein Gut-Böse-Schema einzusortieren. Es geht um das Verstehen und Anerkennen von Lebensleistungen. Es reicht nicht aus, diese ausschließlich in der BRD zu suchen. Es ist die Dritte Generation Ostdeutschland, die diese Lebensleistungen anerkennen will und am besten anerkennen kann. Das ist in den vergangenen 20 Jahren oft zu kurz gekommen. Die Dritte Generation Ostdeutschland möchte mehr darüber wissen, wie es ist, mitten im Leben noch einmal vollkommen neu anzufangen. Wir wollen begreifen, warum man sich unter welchen Umständen wofür entscheidet. Es geht um die alten Grundfragen: Wie geht man mit Zukunftsangst um? Wie wird man glücklich?

2.) Wir fordern aber zugleich die Westdeutschen auf, endlich anzuerkennen, dass mit dem Fall des Eisernen Vorhangs auch die Selbstverständlichkeiten der alten BRD untergegangen sind. Die Bonner Republik ist passé! Sie ist nicht mehr der Referenzrahmen für junge Deutsche im 21. Jahrhundert – egal, ob sie aus Ost oder West kommen. Es ist sinnlos, dieser BRD als Ideal nachzutrauern. Dort kann keiner mehr ankommen; dort will auch keiner mehr hin. Die Ost-West-Diskurse reproduzieren sich immer wieder mit den gleichen Begriffen und schaffen es nicht, die neuen Wirklichkeiten zu beschreiben. Die Trennlinien verlaufen heute eher zwischen Alt und Jung. Dass der Osten den Westen braucht, steht außer Frage. Dass der Westen auch den Osten braucht, ist eine neue Realität. Dort werden Erfahrungen gesammelt und Strategien erprobt, wie mit Strukturwandel und einer postindustriellen Gesellschaft, die sich im demografischen Wandel befindet, umgegangen werden kann. Dies ist eine Chance, miteinander ins Gespräch zu kommen.

3.) Für alle jungen Deutschen ist die Grenzziehung zwischen Ost und West ein Relikt, das endlich in den Ruhestand geschickt werden muss. Die Dritte Generation Ostdeutschland und ihre Altersgenossen im Westen dürfen es sich nicht auf der Ost-West-Couch bequem machen, die ihnen ihre Eltern eingerichtet haben. Werft die Wortkrücken der letzten 20 Jahre in die Ecke! Es gibt so viele Themen, die Ost- und Westdeutsche gemeinsam bearbeiten müssen, da sie die Zukunft aller betreffen. Diese kann nur gestaltet werden, wenn von allen Erfahrungen und Talenten, die eine Gesellschaft in sich birgt, Gebrauch gemacht wird. Dabei geht es uns nicht nur um die globalen Herausforderungen dieser Welt. Rechtsextremismus ist beispielsweise kein spezifisch ostdeutsches, sondern ein gesamtdeutsches und europäisches Problem, dem an vielen Orten mit Engagement begegnet werden muss. Auch die Fragen des interkulturellen Zusammenlebens stellen sich überall. Strukturelle Probleme wie Arbeitslosigkeit und demografischer Wandel bieten Chancen, die bekanntlich in jeder Veränderung liegen. Zudem markiert Ostdeutschland auch die Grenze zwischen dem alten und dem neuen Europa. Hier trafen einst die Blöcke aufeinander, hier eröffnen sich völlig neue europäische Perspektiven.

Die Beiträge in diesem Buch

Dieses Buch vereint Beiträge, die die Vielfalt der Dritten Generation Ostdeutschland und auch die der Debatte darüber abbilden. Wir haben aus den vielen Dutzend Beiträgen, die uns angeboten und eingereicht worden sind, jene ausgewählt, die gleichermaßen exemplarisch und aussagekräftig sind. Es sind vor allem junge Ostdeutsche, die sich hier zu Wort melden. Für viele von ihnen ist es das erste Mal, dass sie das Private in einen öffentlichen Diskurs tragen. Dieser Schritt zeugt nicht zuletzt von viel Courage und davon, dass es an der Zeit ist, den öffentlichen Diskurs mitzubestimmen. Ergänzt werden diese Texte durch Positionen junger Westdeutscher und Vertreter älterer Jahrgänge, die unsere Initiative in den letzten Monaten unterstützt, aber auch kritisch begleitet haben. Dabei spiegeln alle Beiträge die Ansichten ihrer Autoren wider und nehmen nicht für sich in Anspruch, für eine Gruppe oder gar die ganze Generation zu sprechen. Gleichwohl zeichnen alle zusammen ein Bild davon, was die Dritte Generation Ostdeutschland denkt, fühlt und ausmacht.

Im ersten Teil des Buches geht es uns um persönliche Erinnerungen an die verschwundene DDR. Was wissen wir eigentlich von dieser Zeit, aus der häufig nicht mehr als kindliche Erinnerungsfragmente übrig geblieben sind? Von wem können und wollen wir mehr darüber erfahren? Während Andrea Backhaus und Anja Görnitz in ihren Beiträgen das familiäre Schweigen thematisieren, erinnert der Ungar Can Togay eine Pionierepisode aus seinem Leben neu. Clemens Franke, Juliane Cieslack, Paula Hannaske, Linda Bunckenburg und Susan Mücke finden verschiedene Wege, über eigene Erfahrungen nachzudenken und sie (erstmals) zu artikulieren. Und schließlich mahnt Roland Jahn, die Geschichte als Chance zu begreifen und alte Klischees aufzubrechen, ohne die Heimat und die Erinnerungen zu vergessen.

Im zweiten Teil des Bandes fragen sich die Autoren, ob ihre Herkunft Auswirkungen auf ihr gegenwärtiges Leben hat. Viele Texte kreisen um das Suchen und Finden der eigenen Identität(en). Was bedeutet es, wenn man in Ostdeutschland aufgewachsen ist? Wie wichtig ist Heimat, insbesondere für diejenigen, die nun in Hessen, Bayern oder gar im Ausland leben? Inwiefern kann diese Identitätssuche produktiver Ausgangspunkt für eine künstlerische Auseinandersetzung sein? Und wie blicken Gleichaltrige, die in die Bundesrepublik der Endsiebziger hineingeboren wurden, auf die Diskussion über Ost und West?

Daran schließen wir im dritten Teil mit der Frage nach der Zukunft in Ostdeutschland an. Wer sind die Vorantreiber und Ideengeber? Wir fanden Engagierte wie Isabel Hempel und Arne Lietz, die auf unterschiedliche Weise bereits sehr aktiv sind: Sie mit einem Frauennetzwerk, er in der Lokalpolitik einer „Kleinstadt mit Weltgeltung". Wir sprachen mit Robert Schneider, der als junger Chefredakteur die *SUPERillu* neu gestalten will. Michael Hacker und Adriana Lettrari haben darüber nachgedacht, was es wohl bräuchte, um sich der eigenen Herkunftsgegend wieder aktiv zuzuwenden.

Im letzten Kapitel suchen die Autoren nach den Fixpunkten der Dritten Generation Ostdeutschland. Was sind Möglichkeiten und Grenzen dieser soziologischen Konstruktion? Ist es diese von uns so benannte Gruppe junger Ostdeutscher, die den Diskurs über die Vergangenheit in Frage stellen und dabei die Zukunft aktiver als bisher gestalten wird? Während die Literatur das schon länger andeutet, bleibt die Wissenschaft zögerlich. Wir schließen mit einem Abriss über die Entstehungsgeschichte der Initiative.

Die Zukunft ist offen, auch und besonders im Hinblick auf die Dritte Generation Ostdeutschland. Aber wir sind fest entschlossen, mit den Jungen aus Ost und aus West unsere Vergangenheit zu fassen und in der Zukunft nicht mehr nur zuzusehen.

---

1 Unsere Initiative heißt *3te Generation Ostdeutschland.* Die vielen zwischen 1975 und 1985 Geborenen nennen wir „Dritte Generation Ostdeutschland" – oder „Ost", wenn es mal schnell gehen muss.

Der lange Schatten der Vergangenheit

Auf der anderen Seite

Andrea Backhaus

Die Mauer zerschnitt nicht nur ein Land. Sie vernichtete Leben, riss Familien auseinander, zerstörte Zukunftsträume. Heute ist die Mauer längst Geschichte. Aber ihr Schatten ist noch da. Er liegt über den Menschen, die einst lernen mussten, mit der deutschen Teilung zu leben.

Die Wand. So heißt ein Buch der Österreicherin Marlen Haushofer. Darin geht es um eine Frau, die mit Mann und Cousine zu einer Jagdhütte ins Gebirge reist. Morgens findet sich die Erzählerin allein wieder. Auf der Suche nach ihren Gefährten läuft sie die Alm hinab. Doch bald schon stößt sich ihr Hund an einer unsichtbaren Sperre die Schnauze blutig, die Welt dahinter wirkt merkwürdig erstarrt. Die Protagonistin, unversehens zu einem Inseldasein verdammt, lernt, sich anzupassen: Sie ernährt sich von Früchten, bewirtschaftet einen Garten. Sie beginnt, sich fernab der Zivilisation einzurichten.

Auch meine Familie lebte viele Jahre hinter einer Wand. Sie war sichtbar und unsichtbar zugleich. Die Bilder, die man hinter ihr empfing, blieben schemenhaft, ohne dass man sie mit Leben erfüllen konnte. Sie ließen eine andere Welt erahnen, deren größter Reiz darin bestand, dass sie unerreichbar blieb. Meine Familie lebte in einem Vakuum. Doch eingerichtet hat sie sich darin nie.

Als die Mauer gebaut wurde, war mein Vater elf, meine Mutter acht. Als meine Uroma in den Westen floh, war sie Mitte 50. Als die Mauer fiel, war ich acht. Jung genug, um mein Leben frei zu gestalten. Anders als meine Eltern. Mein Vater, der sich weder als Student in Dresden noch als berufstätiger Ingenieur die Kritik am Regime verbieten ließ, verbrachte seine besten Jahre unter permanenter Beobachtung. Meine

Mutter erlebte als Lehrerin ideologische Gleichschaltung. Die Spuren dieser Zeit sind in unserer Verwandtschaft noch immer präsent. Nicht nur, weil unterschiedliche Auffassungen von Recht und Gerechtigkeit die Familie früh entzweiten. Sondern auch, weil ein Staat, in dem Telefone abgehört und Briefe kontrolliert, in dem Kritiker bespitzelt und ausspioniert werden, tiefes Misstrauen sät. Der ideologische Generalverdacht formt die sozialen Beziehungen. Bis heute.

Ich habe wenige Erinnerungen an diese Zeit, wenngleich prägende. Nirgends war für mich die Ausgrenzung, die man als Andersdenkender erfuhr, so spürbar wie in der Schule. Viele Lehrer bei uns standen im Dienst der SED. Wie viele auch für die Stasi gespitzelt haben, ist nicht klar, zahlreiche Belastete sind nach 1990 aus dem Schuldienst ausgeschieden. Alles erfolgte im Sinne der Partei, jede Schulstunde, jedes Beerensammeln im Wald, jeder Kindernachmittag. Wir Kinder dienten als Mittler. Wir wurden ausgehorcht über die Eltern, die Gespräche am Abendbrottisch. Ich musste einiges geheim halten. Den Hass meines Vaters auf den Staat, die verschlüsselten Telefongespräche mit unseren Verwandten im westlichen Aachen, das Westfernsehen, das wir heimlich sahen. „Das darfst du nicht erzählen", ist so ein Satz, den ich nie vergessen habe.

Wer durch Verstocktheit auffiel, bekam das zu spüren. Jeden Montag hieß es: Antreten zum Fahnenappell. Ich versteckte mein Jungpioniertuch immer in der Tasche. Während sich unten die Masse formierte, durchwühlte meine Klassenlehrerin schnaubend meinen Ranzen, immerhin hatte sie Ermahnungen zu fürchten, wenn ihre Klasse zu spät auf dem Hof erschien. Zur Strafe musste ich nach dem Appell in der Ecke stehen. Ich stand dann vor der Klasse, mit gesenktem Kopf, die Hände auf dem Rücken, Aufblicken war verboten. Manchmal wurde ich aus der Klasse geschickt, ich lief den frisch gebohnerten Flur auf und ab und zählte die Kleiderhaken, wieder und wieder. Die Schule: An kaum einem anderen Ort werden Differenzen derart in Strukturen gewandelt, mentaler Mainstream zur Gesetzmäßigkeit erhoben. Das war auch im Westen so, in der DDR nur offensichtlicher. Meine Mutter wurde von ihrer Schulleiterin zurechtgewiesen, weil sie es wagte, mit den Kindern nach den Ferien über Sandburgen und Ballspiele zu sprechen statt über die politische Weltlage. Weil sie sich weigerte, im Unterricht den Sozialismus zu loben.

An einer anderen Schule, die als „Kaderschmiede" dienen sollte und an der mehrere Offiziersfrauen arbeiteten, passte sie mit ihren Ansichten nicht ins politische Profil. Sie wurde so stark gemobbt, dass sie zwei Jahre lang aussetzte. Den Lehrerberuf zu wechseln, war in der DDR nicht so einfach möglich. Bei meinem Vater wurde der psychische Druck zur offenen Bedrohung. Im Fernmeldebauamt sprach er vor seinen Kollegen von den Schwächen der Planwirtschaft, er prangerte die Stasi an, und er tat all dies nicht gerade leise. Es hieß, wenn er nicht ruhig sei und den Kontakt zu seiner Familie im Westen nicht abbreche, müsse er mit Konsequenzen rechnen. Er weigerte sich. Und wurde damit vogelfrei. Die Kollegen verleumdeten ihn, denunzierten ihn gar als Dieb. Mein Vater gab seine Stelle auf. Er wollte der Familie Schlimmeres ersparen.

Die Wand verlief um das ganze Land herum. Ich erinnere mich an Besuche bei Verwandten, sie lebten an der Grenze, im sogenannten Sperrgebiet. Wenn wir vor der Mauer standen, fragte ich: „Warum dürfen wir da nicht rüber?" Und meine Mutter sagte: „Vielleicht, wenn du mal groß bist, wirst du die andere Seite sehen." Wie konkret meine Eltern über eine Flucht nachdachten, ahnten meine Schwester und ich nicht. Doch ihre Pläne wichen der Angst, vor dem Tod, dem Gefängnis, vor der Trennung von uns. Tausende Flüchtlinge haben ihre Kinder nach der Festnahme verloren. Die DDR-Behörden betrachteten die Kinder von „Republikflüchtlingen" als eine Art staatliches Eigentum.

Die DDR hieß auch: Entfremdung vom eigenen Ich. In einer Diktatur beruht Identität auf der Konstruktion der anderen. Meine Eltern verheimlichten ihre Pläne und Ängste nicht nur vor den Kollegen, sondern auch vor den eigenen Eltern, Geschwistern und Bekannten. Meine Großeltern ihrerseits verschwiegen ganze Teile der eigenen Biografie. Ja, man kann sagen, dass die Wand noch immer mitten durch die Familie verläuft. Das zeigt sich etwa bei der Geschichte meiner Uroma. Nur wenige Wochen ist es her, dass meine Mutter die Wahrheit über ihre Großmutter väterlicherseits erfuhr. Dass sie 1958, kurz vor dem Mauerbau, in den Westen geflohen war. Dass mein Opa daraufhin gezwungen wurde, den Kontakt zu seiner eigenen Mutter abzubrechen. Dass er nicht einmal zu ihrer Beerdigung reisen durfte. „Warum hast du nie nachgefragt?", fragte ich meine Mutter. Und sie sagte: „Darüber wurde einfach nicht gesprochen."

Das System wiederum erschuf sich ein ganz eigenes Bild seiner Kritiker. Der ständige Verdacht, die Prämisse des Verrates, der sich wie ein Schleier über unseren Alltag legte, wurde durch den Blick in die Stasi-Akte einige Jahre später zur schmerzlichen Gewissheit. Die neue Freiheit hatte für meine Eltern also auch ihre Tücken: Im Rückblick verpuffte die Illusion eines ehrlich gelebten Lebens. Die Ausflüge mit Kommilitonen im Sommer, die offeneren Gespräche mit vermeintlich Gleichgesinnten: All das entpuppte sich als flüchtige Kulisse in einer streng kalkulierten Inszenierung. Selbst die, die so kritisch waren, haben einen Fehler gemacht: Sie haben an irgendeinem Punkt in ihrem Leben den Falschen vertraut.

Vielleicht vergessen wir in den Debatten heute manchmal, wie schwer ein solcher Bruch in der Biografie wiegt. Wie schwierig es für die Identität ist, wenn die eigene Vergangenheit plötzlich jede Berechtigung verloren zu haben scheint. Meine Eltern haben nach der Wende vieles nachholen können. Sie sind mit uns quer durch Europa gereist. Sie haben Englisch und Französisch gelernt, Philosophieseminare an der Universität belegt. Mein Vater arbeitet für eine irische Firma, einen sogenannten Global Player, meine Mutter ist früh in Pension gegangen. Und doch prägt die Erinnerung auch ihre Gegenwart. Am sichtbarsten dann, wenn eine Familienfeier oder der Weinabend mit Freunden im Streit endet, weil sich ein altbekanntes Gefühl einschleicht: der Verdacht.

Für die meisten meiner Altersgenossen sind die Bilder aus der Wendezeit heute Teil des medialen Gedächtnisses. Nicht weniger, aber eben auch nicht mehr. Für mich aber dokumentieren sie das, was sie nicht zeigen. Die entscheidenden Worte von Günter Schabowski, die Freudenschreie der Menschen auf Berlins Straßen: Darin wird das Leben vorweggenommen, das ich heute führen kann. Solche Bilder erfüllen mich immer wieder mit Dankbarkeit. Und Demut. Ja, vielleicht ist es das, was uns jungen Leuten heute fehlt: wieder zu erkennen, dass Selbstbestimmung und freie Wahlen nicht selbstverständlich sind. Zu hinterfragen, was uns Freiheit heute eigentlich wert ist. Zu verstehen, dass wir immer wieder dafür kämpfen müssen.

Dieser Beitrag erschien zuvor in *Die Welt* und konnte mit freundlicher Genehmigung durch den Axel Springer Verlag hier abgedruckt werden.

Kommunismus und Identität
Über die Schwierigkeit, mit den Eltern ins Gespräch zu kommen

Anja Görnitz

Was bedeutet es, in der DDR geboren zu sein? Bedeutet es denn etwas? Zumindest dies: Ich habe ein ungewöhnlich politisches Verhältnis zu meinen Eltern. Ich bin in einer eigenartigen, zweigeteilten Welt groß geworden, sie ist getrennt in früher und heute, wobei heute 1989 beginnt. Ich habe es immer als meine Aufgabe empfunden, in diesem neuen Land etwas aus mir zu machen, als wäre ich nicht schon etwas. Und es war immer klar, dass ich mich dafür würde anstrengen müssen. Gleichzeitig habe ich mich mit jedem Schritt ein wenig schuldig gefühlt: Weil ich glücklich bin in einem System, in dem man nur glücklich sein kann, wenn man egoistisch handelt. Zumindest ist das eine kollektiv geteilte Suggestion in meiner Familie. Mein eigenes Verhältnis zur DDR hat viel, vielleicht alles, damit zu tun, wie meine Eltern ihr Leben damals und heute empfinden. Und so stellt sich die Frage: „In welcher Gesellschaft wollen wir leben?“ für mich auf eine sehr existenzielle Weise, denn sie impliziert auch immer eine Auseinandersetzung mit der Geschichte meiner Eltern. Entscheide ich mich für heute, entstehen Schuldgefühle. Wollte ich mich für früher entscheiden, müsste ich genauer wissen, wie es war. Das Nachdenken über die DDR ist für mich vor allem die zugleich normative wie auch emotionale Frage: Kommunismus oder Kapitalismus? Welches ist das bessere, gerechtere System? Doch schon das Schreiben der Wörter erscheint mir anachronistisch. Wer redet denn heutzutage noch so? Und wenn, dann muss man sich schon auskennen. Ich kenne mich aber nicht aus. Ich fühle mich erstaunlicherweise nicht gut darüber informiert, was Kommunismus eigentlich ist oder sein könnte. Seltsam, alle Welt müsste das doch wissen. Was mir einfällt: „kein Privateigentum an Produktionsmitteln", „jeder nach seinen Fähigkeiten, jedem nach seinen Bedürfnissen", „Wirtschaften ohne Profit", „das Ende der Ausbeutung der Proletarier", „gerechte Verteilung des Mehrwerts".

Zum Beispiel also „jeder nach seinen Fähigkeiten". Die Suche nach erfüllender Arbeit ist auch heute sehr präsent. Zumindest gibt es ein Versprechen auf Selbstverwirklichung und individuelle Freiheit. Ob das gelingt? Wohl nur manchmal. Auch weil der Zugang zu allen Arten von Bildung so sehr von den Eltern, vom Milieu abhängt, in das man geboren wird. Und vielleicht kann die Losung „Selbsterfüllung durch Arbeit" auch ein zu großer Anspruch sein. Auf der Suche nach dem passenden Lebensentwurf ziehen wir Jungen in andere Städte und Länder, studieren und arbeiten und wissen manchmal trotzdem nicht, worauf wir so zielstrebig zurasen. Karl Marx würde sagen, dass Menschen gern arbeiten, wenn die Arbeit etwas mit ihnen zu tun hat, wenn sie Freude am Produkt ihrer Arbeit haben. Diese Freude ist dann relativ unabhängig davon, wie gut die Arbeit bezahlt ist. Wie das wohl früher war? Hat „jeder nach seinen Fähigkeiten" in der DDR funktioniert? Aus Erzählungen habe ich das Gefühl, dass ein Betrieb früher eine Gemeinschaft war, die gemeinsam an ihrem Produkt gearbeitet hat. Bestimmt hatte man trotzdem mal keine Lust? Und auch in einem idealen sozialistischen Staat müssen unangenehme, anstrengende Arbeiten verrichtet werden – wie ist da die Idee, nimmt man an, dass sich auch dafür Interessierte finden?

Und dann „jedem nach seiner Leistung". Stimmt es, dass in der DDR Arbeiter viel und Intellektuelle wenig verdient haben? Was eine Leistung darstellte, bestimmte also das Volk? Heute bestimmt das der Markt. Den Staat braucht es, wenn wir wollen, was der Markt nicht immer leisten kann: Kultur, Solidarität, gleiche Bildungschancen. Ungleichheit ist im Kapitalismus normalerweise legitim, solange alle die gleichen Chancen haben. Meint der Kommunismus, dass Ungleichheit normalerweise nicht legitim ist? Dem Markt können wir nicht vertrauen, weil ein freier Wettbewerb niemals wirklich frei ist? Wenn das die Idee ist, kann man Kommunismus ohne bedingungslose Demokratie doch gar nicht denken? Wenn wir machen wollen, was für alle gut ist, müssen wir schließlich alle fragen, was sie überhaupt wollen. Dunkel schwirrt mir nun etwas von „falschem Bewusstsein" im Kopf herum ...

Ziemlich unschlüssig bin ich also, wenn ich versuche, mir den Kommunismus theoretisch zu erschließen. Vielleicht also doch lieber praktisch. Wie es wohl war, in der DDR zu leben? Gerne würde ich fragen, nur weiß ich nicht so recht, wo ich anfangen soll. Alle Begriffe sind entweder abgenutzt oder bergen gleich so viel Konfliktpotenzial: Jungpioniere, FDJ, FDGB, Stasi, SED ... Wie kann man da fragen, ohne dass gleich ein Vorwurf mitschwingt? Ich vermute, dass es darum ging, gemeinsam der Staat zu sein. Alle bauen mit an der Gesellschaft, die wir wollen. Schön eigentlich, es scheint mir nur, es war dann doch eher so, dass alle mitbauten an einer Gesellschaft, die ein paar wenige wollten. Stimmt das denn? Mich hätte das wütend gemacht. Selbst wenn der Zweck ein guter gewesen ist: Ich schätze, dieses Müssen, das Ideologische hätte mich genervt. Der alten Dame über die Straße helfen und Altpapier sammeln, das kann man doch einfach als aufmerksamer Mensch tun, das muss ich doch nicht mit einer Jungpionieridentität aufwerten. Und vor allem sollte niemand zum Sozialsein gezwungen werden, zumindest nicht zu einer Solidarität, die gar nicht jeder auch wirklich fühlt. Oder wurde mein Gemeinsinn in den Jahrzehnten kapitalistischer Sozialisierung unterminiert?

In welchem System ist also mehr Freiheit, Gleichheit, Verwirklichung möglich? Welches System ermöglicht uns das gute Leben? Wenn ich schlussfolgere aus dem Wenigen, das ich weiß, würde ich sagen: Die Suche nach individuellem Glück ist in beiden Systemen möglich – und im Kapitalismus ist es schwerer, sich zu erklären, warum man es manchmal nicht findet. Man ist für sich selbst verantwortlich, im guten wie im schlechten Sinne. Im guten Sinne kann ich heute zwischen Tausenden Möglichkeiten wählen und in dem ganzen Wirrwarr bewusste Entscheidungen treffen, für die ich dann einstehe, ob es gut läuft oder nicht. Im schlechten Sinne könnte man finden, dass jeder nur noch nach sich selbst schaut und nicht auf seinen Nächsten. Ist das so? Und wenn ja, kann sich verordnete Solidarität nach einer Weile in echte verwandeln? Ganz sicher bin ich mir nicht, aber wenn ich die Wahl hätte, wäre ich wohl für heute, für den Kapitalismus. Nun könnte ein Gespräch beginnen. Mit Eltern, Verwandten, Zeitzeugen.

Mit großem Respekt überlege ich oft, wie es sich wohl anfühlt, wenn mitten im Leben – man hat schon einen Beruf und Kinder – plötzlich alles anders ist. Einige waren froh, andere fanden, dass die DDR der bessere, gerechtere, friedlichere Staat ist. Ich bin bald so alt wie meine Eltern waren, als die Wende kam. Wie es wohl wäre, wenn es jetzt eine Revolution gäbe, und plötzlich wäre Kommunismus? Stelle ich mir schwierig vor, besonders, wenn schon allen klar ist, dass ich mich gefälligst zu freuen habe, anzupassen und aufzuholen – so, wie es damals keinen Raum gab, um über die Wiedervereinigung traurig zu sein. Diese Erfahrung des Umbruchs hat persönliches Glücksempfinden untrennbar mit politischen Ideen verknüpft. Wenn ich nach der DDR frage, stelle ich eine abstrakte Frage nach dem politischen System. Wenn meine Eltern antworten, geht es um Anerkennung von Lebenswegen. Was bedeutet es also, in der DDR geboren zu sein? Eine Antwort ist: Mit seinen Eltern über Systemfragen zu streiten, wenn es eigentlich um anderes geht.

Fußnoten zu einer Fußnote

János Can Togay

Um es vorwegzunehmen: Ich werde im Weiteren nicht beteuern, wie sehr ich die DDR und die Staaten des ehemaligen Ostblocks für Unrechtsstaaten halte, ich habe dies im Laufe meiner Ostbiografie, die von meiner Geburt 1955 bis zum großen europäischen und globalen Paradigmenwechsel 1989 immerhin 34 Jahre meines Lebens in Anspruch genommen hat, am eigenen Leib erfahren müssen. Aber ich werde mich auch nicht für die emotionalen Untertöne meiner Vergangenheitsbezüge rechtfertigen, um mich gegenüber dem Vorwurf der Nostalgie oder gar Ostalgie zu wappnen. Es handelt sich eben um mein Heim *(nostos)* in der Vergangenheit, die mir – wie jede Vergangenheit einem jeden ab und zu – manchen Schmerz *(algos)* bereitet hat. Ich lege mich hiermit für die Zeit eines kurzen Aufsatzes auf die noch gar nicht so abgenutzte Couch der Vergangenheitsbewältigung Ost.

Um etwas Stoff für die Analyse zu liefern, schließe ich die Augen und sage ganz unvermittelt, was mir so zuerst in den Sinn kommt:

Wenn ihr denkt, wir sind zu klein,
habt ihr euch geirrt.
Pioniere woll'n wir sein,
gehen mit in euren Reih'n.
Sozialismus ist's allein,
der zum Siege führt.
Wenn ihr glaubt wir wissen nicht,
was für uns Frieden heißt,
Pioniere wissen wohl,
daß man Freundschaft halten soll.
Freundschaft ist das Friedenslicht,
das den Weg uns weist.

Ich erinnere mich noch gut daran, als wir an einem sonnigen Herbstnachmittag des Jahres 1964 in einer kleinen dichten Gruppe von Jungpionieren, geführt von unserer Klassenleiterin und einem Pionierwimpel, dieses Lied singend, den Leipziger Zöllnerweg entlang marschierten, um im Rahmen unseres fälligen Pioniernachmittages – wie man uns zuvor beibrachte – „Veteranen" in einem Altersheim zu besuchen. Oder erinnere ich mich nicht richtig, und wir sangen dieses Lied gar nicht? Hatten wir vielleicht gar keinen Pionierwimpel dabei? Folgten wir nur, zu Kinderflocken auseinanderfallend, Frau Strube, die eine liebe Lehrerin war, die wir mochten und die uns in späteren Schuljahren mit den Gedichten von Bertolt Brecht vertraut machte? Ich weiß es nicht mehr. Ein Foto, das zu diesem Anlass entstand, zeugt jedenfalls davon, dass wir alle unsere blauen Halstücher umgebunden hatten, mehr noch, wir trugen alle unsere weißen Pionierhemden, versehen mit dem Emblem der Pionierorganisation Ernst Thälmann und dem Pioniergruß „Seid bereit!". Nur einer von uns hatte ein buntes Hemd an. Aus Dederon vielleicht, wie man diesen neuen Kunststoff nannte, wenn er in der DDR hergestellt war, oder aber aus Nylon, dann vielleicht aus einem Paket von seinen eventuellen Verwandten aus dem Westen. Ich weiß nicht. Ich weiß auch nicht, warum er so aus der Reihe fiel, vielleicht hatte er vergessen, sein Pionierhemd anzuziehen. Vielleicht hatte er gar keins. Es mag viele Erklärungen geben. Eine kann wahr sein, genauso wie die andere und das Gegenteil auch ... So gesehen ist es auch sehr wohl möglich, dass mich mein erstes spontanes Erinnerungsbild nicht trügt und dass wir auf dem herbstlichen Zöllnerweg wirklich unseren auf einer langen Stange befestigten Pionierwimpel dabeihatten, ihn hochhielten und das soeben zitierte Lied sangen – „Wenn ihr denkt, wir sind zu klein, / habt ihr euch geirrt" –, um, uns gegenseitig neckend, Frau Strube zum Altersheim der Veteranen zu folgen.

Ich wusste nicht recht, was es mit den Veteranen auf sich hatte. Ich hatte – ich darf vielleicht im Namen unser aller behaupten – *wir* hatten nur sehr verschwommene Vorstellungen,

Ein Pioniernachmittag 1964 (Foto: privat)

was Veteranen anbelangte. Ich nehme an, Frau Strube hatte uns zuvor in die Bewandtnis der Veteranen eingeführt. Die Bezeichnung verband sich jedenfalls mit vorgeschichtlichen Zeiten, den Zeiten vor „unsrer Republik“. Sie hatte etwas mit Krieg und Unrecht zu tun und verkörperte den Kampf *gegen* eine vergangene düstere Welt und *für* eine Gegenwart und Zukunft des Sozialismus, zu der uns die Freundschaft als Friedenslicht den Weg weisen würde und wofür jene Erwachsenen marschiert waren, in deren Reihen wir mit dem bereits zitierten Pionierlied um Aufnahme baten: „Pioniere woll'n wir sein, / gehen mit in euren Reih'n.“

Auch erinnere ich mich nicht mehr, wie sich der Nachmittag bei den Veteranen gestaltet hat. Es verbleiben in mir nur dumpfe Gefühle der anfänglichen Beklommenheit, die ich gegenüber diesen alten Leuten empfand, deren „Veteranenhaftigkeit“ ich bei aller Mühe nicht entdecken konnte und die sich letztendlich als uns zugetane alte Menschen entpuppten, die uns mit Brause und Kuchen bewirteten. Ihre Geschichten habe ich mir nicht merken können, ich weiß nicht, wovon sie uns erzählten. Vielleicht berichteten sie über ihre harte Jugend als Arbeiter und Arbeiterinnen, über ihre Schulerlebnisse zu Zeiten des Rohrstockes oder über ihre Mitgliedschaft in der illegalen KPD. Ich weiß es nicht.

Was ich aber ganz bestimmt weiß, ist, dass dieser sonnige Herbstnachmittag, die Worte des Liedes, die alten, uns wohlgesonnenen Menschen, Frau Strube und die Pionierhalstücher sich in mir zu einem starken und in mancher Hinsicht bis heute wirkenden Geflecht der Gefühle und Überzeugungen verwebten. Begriffe wie „Freundschaft" und „Frieden" wurden vom Licht der Herbstsonne durchflutet. Ich fühlte mich mit den Erwachsenen verbunden und lief neben ihnen in ebenbürtiger Weise, selbstbewusst und emanzipiert also – wir erinnern uns: „Wenn ihr denkt, wir sind zu klein, / habt ihr euch geirrt" –, in einem von freudvoller Melodie begleiteten Gleichschritt den Weg in eine Zukunft, in der ich mich schon im Voraus geborgen fühlte.

Natürlich entstanden in mir diese und diesem weltanschaulichen Paradigma entsprechenden Gefühle und Überzeugungen nicht an einem einzigen Herbstnachmittag. Wie es auch nicht nur eines einzigen Tages bedurfte, um Schritt für Schritt all das in Frage zu stellen, worauf meine im Kindesalter erworbenen, in vieler Hinsicht sich auch überlappend widersprechenden Überzeugungen fußten. Doch kann ich nicht leugnen, dass meine sozial-ethischen und moralischen Grundgefühle (*Werte* möchte ich sie wegen ihrer relativen Unreflektiertheit vorerst nicht nennen) zu einem nicht zu unterschätzenden Teil der erzieherischen und ideologischen sowie alltäglichen Lebenspraxis einer Gesellschaftsordnung entstammen, über die die jüngste Geschichte ihr vernichtendes Urteil gefällt hat. Ein Urteil, dem ich aus eigener Erfahrung und aus meinen seit der Pubertät sich dynamisch wandelnden, aber auch – so will ich hoffen – sich im Laufe der Jahre vertiefenden Geschichtskenntnissen und -erkenntnissen nur zustimmen kann. Jedoch bei aller Wandlung meiner Gefühle und Überzeugungen, bei aller Re-Positionierung der Begrifflichkeiten, ja entgegen allen tiefgreifenden inneren Veränderungen, die ich zum Teil – einem Baron Münchhausen gleich, der sich am eigenen Schopfe aus dem Moor zu ziehen genötigt sah – selbst heraufbeschworen habe oder zu denen mich die äußeren Umstände gezwungen haben, bleiben in mir natürlicherweise Grundbezüge und deren spezielle Kolorite – ach was, wagen wir, sie auch ruhig „Werte" zu nennen! – aus meiner gesellschaftlich determinierten Kindheit haften. Werte, deren neue und relevante Bedeutung ich mir und meine Generation sich im Wandel der Geschichte aufs Neue erarbeiten mussten. Nicht nur, weil sich Werte ändern, sondern eben, um sie und sich nicht völlig aufgeben zu müssen, um eine Kontinuität der sozialen Identität bewahren zu können. Ich glaube, dies ist einer der wichtigsten sozialpsychologischen Prozesse jener gesellschaftlichen Umwandlung, die wir heutzutage Transformation nennen.

Leider bin ich kein Historiker, sonst könnte ich mir dazu jetzt Hypothesen zurechtschneidern und versuchen, sie auch wissenschaftlich zu verifizieren. Ich würde mir Fragen stellen in Hinsicht auf die Häufigkeit der geschichtlichen Paradigmenwechsel (oder was als solche in unserer Zivilisationsgeschichte empfunden wird), und über ihre jeweilige Zeitspanne. Auch würde ich vielleicht versuchen, einen solchen Umbruch wie das Ende des Sowjet-Imperiums, des Kalten Krieges (das ja unzertrennlich auch mit dem Zweiten Weltkrieg in Verbindung gestellt werden muss) zu den nationalistischen Revolutionen des 19. und zur Französischen Revolution des 18. Jahrhunderts in Beziehung zu setzen. Ich tue dies aber nicht und versuche, mich am Erlebnishaften dieses vor nun mehr als 20 Jahren eingetroffenen gesellschaftlichen Kollapses und seiner Konsequenzen zu halten. Dennoch: Was sind denn 20 Jahre in der Weltgeschichte? Nicht viel. Aber was sind sie im Leben eines Menschen? Sehr viel. Und was sind 40 Jahre einer gesellschaftlichen Praxis und Ideologie? In Hinsicht auf die Geschichte der Zivilisation nicht mehr als eine Fußnote, wie Stefan Heym zu sagen pflegte. Ja, aber meine eigenen

34 Jahre sind eben keine Fußnote in meinem eigenen Leben. Nein, sie sind meine Lebenslast und meine Lebenserfahrung, und ich weigere mich, diese Lebenserfahrung, dieses Erlebte und aus dem Erlebten Herausgearbeitete als irrelevant zu betrachten – und auch anderen mit ganz anderen Lebenserfahrungen lege ich es nahe, dies nicht zu tun, denn nur allzu schnell könnten ihrerseits 40 Jahre der Belanglosigkeit bezichtigt werden. Wie erwähnt, kenne ich zwar die Höhe nicht, die man erklimmen muss, um einen Überblick über die entfernteren tektonischen Bewegungen der Weltgeschichte zu erspähen. Ich nehme nur mit gesundem Menschenverstand, mit dem *common sense* (vorausgesetzt, dass es so etwas überhaupt gibt) an, dass auch relativ kurzlebige geschichtliche Gebilde nicht unbedingt aus dem Nichts entstehen und nicht wieder im Nichts verschwinden wie vulkanische Inseln, oder besser gesagt: Nicht einmal vulkanische Inseln entstehen eruptiv aus dem Nichts, sondern sind Produkte von Prozessen und Energien, die auch nach dem Erkalten dieser Inseln weiterhin am Werke bleiben.

An einem anderen Nachmittag, es war im Sommer des Jahres 1966, fuhr ich mit meinem neuerworbenen Fahrrad zum Aussichtsturm im Leipziger Rosenthal, um am Hang des kleinen Berges „auf der Todesstrecke", wie wir es nannten, mein Geschick auf die Probe zu stellen. Auf dem Weg gesellte sich ein gleichaltriger Junge zu mir. Auch er war mit seinem Fahrrad unterwegs, und wie das bei Kindern dieses Alters, wir beide waren 11 Jahre alt, üblich ist, freundeten wir uns schnell an und verbrachten den Nachmittag gemeinsam. Der Tag war heiß, und es übermannte uns ein Durst am Ende unserer rasenden Talfahrten, ein quälender Durst, den ich eigentlich nur aus meiner Kindheit kenne. Deshalb war ich hocherfreut, als ich nach einer Weile ziellosen Radfahrens unerwarteterweise in der Reihe der Schrebergärten am Rande des Rosenthales das offene Tor unseres Schulgartens erblickte. Da ich mich an den Wasserhahn unweit der Beete erinnerte, auf denen wir im vergangenen Herbst im Zuge des Schulgartenunterrichtes

Möhren gepflanzt hatten, schlug ich meinem Kumpan vor, unseren Durst im Schulgarten zu stillen. Nachdem wir uns am Wasserhahn satt gesaugt hatten, entsann ich mich wieder des regnerischen Herbsttages und zog zwei inzwischen gewachsene Mohrrüben aus dem Beet. An den Rüben knabbernd, schlenderten wir zu unseren Fahrrädern zurück, als plötzlich der Wächter mit seinem Hund am anderen Ende des Schulgartens erschien. Umsonst versteckten wir uns hinter einem Heuhaufen, denn der Schäferhund entdeckte uns sofort, und bald standen wir geneigten Kopfes stotternd vor dem Wächter, der uns mit der Abnahme unserer Fahrräder drohte, unsere Daten notierte und uns schließlich laufen ließ. Der Tag war dahin.

Übers Wochenende vergaß ich den Vorfall und wurde erst wieder an ihn erinnert, als am Montagmorgen kurz nach Beginn der zweiten Mathematikstunde die stellvertretende Direktorin unser Klassenzimmer betrat, uns mit einer ungeduldigen Geste gebot, uns nach ihrer Begrüßung wieder zu setzen, sich zu unserer Mathematiklehrerin beugte, ihr etwas zuflüsterte und schließlich, sich der Klasse zuwendend, meinen Name nannte und mir befahl, zum Podest zu kommen, um mich vor die Klasse zu stellen. Sie nannte mich ein „Schwein", beschimpfte mich als „Dieb", der – dies machte mich am meisten betroffen, der Vorwurf traf mich hart wie ein Blitzschlag – „das Gemeinschaftseigentum", das Eigentum unser aller mit der Entwendung der Möhren beschädigt und bestohlen habe. „Schaut euch dieses Schwein an!", wiederholte sie mehrmals und verließ dann das Klassenzimmer. Meine Lehrerin schickte mich ohne jeden Kommentar (ich bedanke mich an dieser Stelle bei ihr) zurück auf meinen Platz und fuhr mit dem Unterricht fort. Während der ganzen Zeit, die ich vor der Klasse am Pranger gestanden hatte, hatte ich versucht, Blickkontakt zu meinen zwei besten Freunden, die in der letzten Bankreihe saßen, aufzunehmen. Sie aber hatten die Köpfe gesenkt gehalten, um mich nicht anschauen zu müssen. Auf dem Nachhauseweg versuchte ich, sie auf den Vorfall anzusprechen, sie aber wichen meinem Redeschwall und der darin versteckten Bitte um Trost aus und sagten, ich sollte die Sache doch nicht so ernst nehmen.

Es mag sehr wohl an diesem Tag gewesen sein, dass ich meinen langen und qualvollen Weg der Revision meiner kindlichen Überzeugungen betrat – und zwar paradoxerweise in vieler Hinsicht im Namen jener Werte, die mir diese Gesellschaftsordnung mit der einen Hand sozusagen anbot, um sie mit der anderen abzuschlagen. Der Weg war lang, er erfuhr viele persönliche und geschichtliche Etappen und er war eigentlich noch nicht beendet, als die Welt, wie ich sie kannte, von einem Tag auf den anderen kollabierte. Zudem hat nichts meine wandelnden Einsichten tiefer geprägt als eben dieser unerwartete Kollaps, dass nämlich keine Gesellschaftsordnung von ewiger Dauer ist, schon gar nicht, wenn sie den Anspruch hierauf verkündet, und dass keine verkündete Wahrheit ewigen Bestand hat. Dennoch ist auf meinem Weg manches konstant geblieben, denn man ist bestrebt, im Wandel der Umstände eine Art von Werte-Identität zu bewahren. Sehr oft bedeutet dies auch, Neuland zu entdecken, sich damit auseinanderzusetzen, um dadurch wichtige, unausgesprochene, tief in der Kindheit wurzelnde Werte über den Strom retten zu können.

Was die Dritte Generation Ostdeutschland anbelangt, habe ich als Stellvertreter der Elterngeneration hiermit versucht, einige Aspekte ihrer Vorgeschichte anzudeuten. Das elterliche Vermächtnis ist eine der wichtigsten Triebkräfte im Leben. Wir erben nicht nur die Gene, wir erben Hoffnungen, Motivationen, Ängste, Zwänge, Werte, Bestreben; wir erben Fähigkeiten (versteckte und verwirklichte), Schwächen, Irrtümer, Kraft und vieles mehr. Genauso sind geschichtliche Vermächtnisse Erbgut, mit dem man sich auseinandersetzen muss; manches akzeptiert man, manches lehnt man ab, manches führt man fort, manches zwingt man sich zu vergessen und zu tilgen. Aber die Grundkraft, das Grundbestreben bleibt. Es ist eine lange Kette von Geschichtlichem und Biologischem, von Existenziellem und Gedanklichem, von Materiellem und

Spirituellem, deren Teil wir sind. Unabhängig bis zu einem bestimmten Grad, abhängig in vieler Hinsicht.

Als Ungar muss ich hinzufügen, dass die Herausforderung der Dritten Generation Ost für Mittelosteuropa in vieler Hinsicht eine noch größere ist als für Deutschland. Unsere Teilung, nämlich die von Osteuropa, verlief in der Tiefe der geschichtlichen Chronologie, ohne die Co-Präsenz einer optionalen Entwicklung, die einerseits als Vergleich hätte dienen können und andererseits als Stütze und Zielmuster der – zugegebenermaßen – sehr schwierigen Umgestaltung. Natürlich können solche Muster auch lähmend sein, aber die Erarbeitung des Selbstbewusstseins, das Erfahren der eigenen Kraft in der Dynamik der gegenseitigen Umgestaltung – denn machen wir uns nichts vor: Die Transformation zeichnet sich zwar am deutlichsten im Osten des Landes ab, betrifft aber in vieler, manchmal unbemerkt unterschwelliger Hinsicht auch den westlichen Teil Deutschlands – kann eine Fülle von Verwertbarem für Länder vermitteln, deren Teilung sich nicht im Raum, sondern in der Zeit vollzogen hat. Im Gegenzug könnten die oft missverstandenen, geschichtsbezogenen Bemühungen dieser mittelosteuropäischen Transformationsgesellschaften dem Land, aus dessen Geschichte die Teilung Europas unmittelbar hervorging und in dem sich die Wiedervereinigung einer Nation und somit ihrer Geschichte vollzieht – dies ist meine Überzeugung –, viele unerwartete, sehr wichtige, bisher entbehrte Einsichten bringen. Und dies zum Wohlergehen ganz Europas.

Alte Bilder

Clemens Franke

Bitterfeld ist die schmutzigste Stadt Europas.
Monika Maron, *Flugasche*

Aus heutiger Sicht wirkt die Stadt, in der ich die ersten Jahre meines Lebens verbrachte, wie ein vor Zeiten durchwachter Traum. Mit seinen industriegrau vor sich hin bröckelnden Fassaden erscheint das Berlin meiner Kindheit märchenhaft-verwunschen. Die, mit der Gegenwart abgeglichen, unwirklich anmutenden Schwarz-Weiß-Fotos in diversen Bildbänden über „die Zeit vor '89" mischen sich in die eigene Erinnerung, untergraben sie und fügen sich zu etwas Neuem. Ich sehe das vertrocknete Gras der Stadtbrachen, hinter eingefallenen Zäunen, im Winter die von dünnem Schnee bedeckten Kohlenberge am Straßenrand, ein von schwarzen Punkten gespicktes Weiß, höre das feuchte Knirschen unter den Schuhsohlen beim Erklettern eines dieser schwarzen Hügel. Ich verfolge die sich über den Hof ziehende Spur aus heller Asche, die zu den klapprigen Mülltonnen führt, höre das im Hof widerhallende Quietschen beim Öffnen und Schließen der verbogenen Deckel, betrete einen dunklen Hausflur, sehe den in der Wand rot glimmenden Faden, bin umgeben vom Schummerlicht ägyptischer Grabkammern. Rückblickend erscheint die ganze Kindheit umrahmt von diesem Licht, darüber ein Himmel aus blassem Abendrot.

Die neue Zeit kam mit leuchtenden Einkaufszentren an den Peripherien der Städte, wie gelandete blecherne Raumschiffe.

Irgendwann hatte man sich daran gewöhnt, dass sich um einen herum alles ständig änderte, immer weiter erneuerte, das Alte ersetzte. Die leer stehenden Gebäude und verwaist liegenden Fabrikhallen wurden zu großen Spielplätzen, Orten geheimer Treffen. Schnell wuchs das Gras zwischen alten sperrigen Fernsehern, zerschwamm Moos auf irgendwo am Wegrand abgeladenen Polstern. Ein ganzes Land schmiss sich auf den Müll – die quietschenden Straßenbahnen, die Namen der Plätze und Straßen. Vor den Häusern türmten sich Berge aus ausrangierten Möbeln und Haushaltsgeräten.

Der Wald hingegen blieb gleich, auch die Tiere darin, die verwurzelten Wege und der Wind in den Bäumen. Vielleicht wurde in der neuen Zeit der Himmel klarer, schien die Sonne heller.

Genau in der Mitte des verschwundenen Landes waren die großen chemischen Betriebe. Dort hatte es seine verstaubte Herzkammer.

Die Braunkohle war verfeuert worden, als gäbe es kein Morgen, und verfinsterte den Himmel. Ich erinnere mich an die Geschichte von der frisch gewaschenen Wäsche, die kurz nach dem Aufhängen, je nachdem, aus welcher Richtung der Wind wehte, von einem sanften Rußschleier überzogen war.

Auf dem Weg zu den Großeltern fuhr der Zug in langsamem Tempo an Leuna vorbei. Staunend sah ich, mit dem Gesicht an der Scheibe klebend, auf die kleinen, immer brennenden Flammen am oberen Ende der Gastürme, verfolgte das endlose Labyrinth aus Wärmeleitungen und Kabeln und atmete den süßlichen Geruch von verbranntem Gummi. Die Großeltern wohnten in einer kleinen Stadt an der Saale, deren Wasser manchmal weinrot, manchmal orange gefärbt waren. Im seichten Uferwasser schwammen fette Fische und wärmten sich im Sonnenlicht. Die Böschung hinabsteigend, konnte man sich auf Sandbänken ein ganzes Stück in den Fluss hineinwagen und dem dunklen Glucksen der Strömung lauschen. Der Fluss, auf dem im Winter, wegen der vielen Chemie darin, nie Eisschollen trieben, schwang sich in großen, silbern glitzernden Bögen durch die Landschaft. Die morschen Kronen umgestürzter und quer ins Wasser ragender Bäume waren wie riesige Zinken, an denen zerfetztes Treibgut hing. Überall roch es nach Kohle, in engen Straßen, aus Hauseingängen und Kellerfenstern, selbst im Sommer.

Später, nachdem die Industrien verschwunden waren, das Wasser im Fluss sauberer wurde und es im Winter wieder Eisschollen gab, besuchte ich meine Großeltern immer seltener.

Ich sehe meinen Großvater vor mir stehen, ein kleiner dickleibiger Mann, mit Prinz-Heinrich-Mütze, die Arme in die Hüften gestützt, im Gesicht ein abschätziges Lachen, so dass man seinen einen Goldzahn blinken sah. In der neuen Zeit fuhr der Großvater mit seinem alten robusten Fahrrad entschlossener denn je über die holprigen Straßen seiner Stadt, beschäftigt mit dem Vergleichen von Preisen. Er fuhr, wenn es irgendwo etwas günstiger gab, manchmal vom einen Ende ans andere und zurück. Auch besuchte er alle möglichen öffentlichen Veranstaltungen, mischte sich ein, machte sich einen Namen, fing aber an, immer häufiger über alles zu spotten und abends in den Fernseher zu schimpfen.

Ab und zu unternahm er mit der Großmutter, in einem Bus voll anderer Rentner, eine Fahrt an den Rhein oder zum Bodensee. An einem warmen Sommertag ist mein Großvater gestorben, umgekippt, einfach so.

Beim Ausräumen der Wohnung flog nahezu alles auf den Müll, was er, der fast sein ganzes Leben in dieser Wohnung verbracht hatte, dort zurückließ. Auch seine Spuren sind verwischt. Ab und zu klicke ich auf die Website der Stadt und suche dort nach etwas Vertrautem.

Jugend im Aufbruch
Wendejugendliche erinnern sich an ihren Herbst 1989

LINDA BUNCKENBURG · SUSAN MÜCKE

Der Herbst 1989 ist zweifelsohne ein historisch-politisches Ereignis von immenser Tragweite. Vielmehr aber noch bildet er ein Mosaik von Erlebnissen und Erinnerungen jedes einzelnen DDR-Bürgers. Ob in der Stadt oder auf dem Land, im Norden oder im Süden, in Berlin oder in Dessau – das Leben nahm für alle eine neue Wendung, besonders aber für diejenigen, die an der Schwelle vom Kind zum Erwachsensein standen. In jenen umstürzlerischen Tagen erlebten sie ihren Alltag neu, sie gingen zur Schule, aber Lehrer, Mitschüler und Unterrichtsinhalte veränderten sich. Sie fuhren in den Urlaub, aber nicht mehr ins Erzgebirge, sondern in die Alpen. Ihre Eltern, die erfolgreich in ihrem Beruf gearbeitet hatten, standen nun in der Schlange zum Arbeitsamt. Wie erinnern sich diese heute Erwachsenen an ihre persönliche Wende 1989? Wir haben einige von ihnen gefragt, was sie in jenen Wochen erlebt haben und was davon bis heute bleibt.

„Das war eine turbulente Zeit mit viel Lachen, aber auch mit vielen Tränen"

LISKA CERSOWSKY, 32, in Dessau/Sachsen-Anhalt geboren, damals Schülerin, arbeitet heute als Verlagsmitarbeiterin. Sie lebt in Stockholm.

Am Tag des Mauerfalls saß ich mit meinen Eltern vor der Flimmerkiste, was selten vorkam. Alle starrten still und gespannt auf den Fernseher. Am Ende der Nachrichten sprangen meine Eltern auf, ließen alles stehen und liegen und rannten zu den Nachbarn. Ich blieb wie versteinert sitzen und verstand, dass irgendwas Gutes und Bedeutendes passiert sein musste, aber nicht, welche Folgen es haben sollte. Jedenfalls war die Mauer auf. Wir lebten in einer Plattenbausiedlung in Dessau, in der Nähe des Betonwerkes, wo mein Vater als Elektriker arbeitete. Meine Mutter war Leiterin eines Kindergartens und ich Thälmann-Pionier in der fünften Klasse der Friedrich-Polling-Oberschule.

Bald fuhren wir mit unserem Trabi nach West-Berlin, und ich hatte das Gefühl, wir könnten jetzt die halbe Welt kaufen. Bald darauf musste ich mich aber wieder beruhigen und einsehen, dass vieles mehr Geld kostete, als wir zur Verfügung hatten. Trotzdem erbeutete ich einen knallroten Kassettenspieler und Tic Tacs, die ich schon auf der Rückfahrt vernaschte, anstatt sie wie sonst aufzusparen. Ansonsten war der Tag ziemlich grau, der Himmel bedeckt. Ich fror.

Nach der Wende ging alles ganz schnell. Die meisten unserer Nachbarn verließen die Stadt Richtung Westdeutschland. Neue Leute zogen in unseren Treppenaufgang, aber einige Wohnungen standen seitdem leer. Auch viele meiner Freunde, mit denen ich aufgewachsen war, zogen um. Schulklassen setzten sich über Nacht neu zusammen, Lehrer verschwanden und neue Gesichter tauchten auf. Familien, darunter auch meine, zerbrachen.

Auch wenn der Mauerfall viele neue Möglichkeiten bot, wurde den Einwohnern der DDR doch über Nacht der Boden unter den Füßen weggezogen. Wir mussten uns innerhalb kürzester Zeit neu orientieren. Wer damit wartete, blieb zurück. Meine Eltern kämpften plötzlich mit Arbeitslosigkeit und Geldsorgen. Es hat mir Angst gemacht zu sehen, wie sehr sie um ein neues Leben gerungen haben. Am Ende ließen sie sich scheiden.

Vor der Wende schloss bei uns im Treppenaufgang nie jemand die Wohnungstür ab. In unserem Haus gab es eine vertrauensvolle Gemeinschaft. Nach der Wende schlossen die Leute ab, selbst wenn sie zu Hause waren. Fast täglich klingelten Verkäufer an der Tür und versuchten, uns von Teppichen bis Staubsaugern alles Mögliche anzudrehen. In der Schule lernten wir plötzlich Englisch anstelle von Russisch. Unsere Lehrerin hatte zuvor andere Fächer unterrichtet und lernte gleichzeitig mit uns. Das war eine turbulente Zeit mit viel Lachen, aber auch mit vielen Tränen.

Ich reise nur sehr ungern zurück nach Dessau. Mit der Wende hat die einst lebendige Stadt ihre Seele verloren und ist heute nicht wiederzuerkennen. Die Arbeitslosenquote ist relativ hoch. Dessau zerbröckelt, und das Herz ist jetzt ein Einkaufszentrum, in dem sich die Läden nur mit Mühe über Wasser halten können.

Heute lebe ich in Schweden, was früher undenkbar gewesen wäre. Dennoch bin ich froh, dass ich ein anderes politisches Regierungssystem miterlebt habe. Aber ich denke, wir, die im Osten aufgewachsen sind, haben im Vergleich zu denen im Westen ein tieferes Verständnis für die Bedeutung von Freiheit.

„Der Mauerfall hat unsere Familie wieder vereinigt“

ROBERT KAIN, 36, damals Schüler, promoviert derzeit im Fach Geschichte und ist Büroleiter in einer Unternehmensberatung. Er ist in Berlin geboren, wo er auch heute noch lebt.

Mein Opa war 1987 von heute auf morgen zu seiner neuen Frau, einer alten Jugendliebe, nach West-Berlin gezogen. Niemand wusste damals von seinen Plänen. Erst als er schon drüben war, hat er uns informiert, dass er jetzt im Westen lebt. Der Kontakt zwischen meinem Vater und meinem Opa brach daraufhin ab. Ich hingegen habe ihn in den Jahren danach öfter an der Friedrichstraße getroffen. Er kam gemeinsam mit seiner neuen Frau mit der S-Bahn aus dem Südwesten der Stadt – ich zusammen mit meiner fünf Jahre jüngeren Schwester aus dem Nordosten. Wir holten sie im Tränenpalast ab, gingen dann in eine Ausstellung, in den Tierpark oder in ein Lokal.

Dann kam das Jahr 1989, und mein Vater sollte als Maler Ende November an einer West-Ost-Kunstausstellung im Bahnhof Westend teilnehmen. Er hatte im Sommer 1986 sein

Studium an der Kunsthochschule in Weißensee abgeschlossen und durfte nun seine Arbeiten präsentieren. Zwei Wochen bevor die Ausstellung eröffnete, fiel die Mauer. Kurze Zeit darauf kam es auch zur Wiedervereinigung zwischen meinem Vater und seinem Vater. Wir fuhren nach Steglitz, die beiden Männer fielen sich wortlos in die Arme und soweit ich mich erinnern kann, war das Verschwinden des Vaters nie wieder Thema in unserer Familie. Für meinen Vater bedeutete die Wende dennoch einen starken Bruch, denn Künstler wurden in der DDR mehr gefördert und mit öffentlichen Aufträgen betraut. In Marzahn hat er zum Beispiel die Fassade eines Kindergartens gestaltet. In der BRD war er komplett auf sich allein gestellt.

Für mich kam die Wende zum richtigen Zeitpunkt. Ich habe nach und nach die Stadt für mich erkundet, allein oder mit Freunden. Als DDR-Bürger konnten wir anfangs den öffentlichen Nahverkehr Berlins kostenlos nutzen, sind einfach losgefahren und haben geguckt, wo wir ankommen. Dann in den nächsten Bus rein, bis in die entlegensten Ecken der Stadt, Grunewald und so weiter. In der DDR war es auch nicht sicher, ob ich Abitur hätte machen können, weil nur ein paar Schüler zur Erweiterten Oberschule zugelassen wurden. Keine Ahnung, was aus mir geworden wäre. Ich glaube, unsere Generation hat am meisten von den politischen Veränderungen profitiert. Heute bin ich davon überzeugt, dass kein anderer Weg der Wiedervereinigung zwischen Ost und West möglich war. Die meisten Menschen wollten Materielles. Der eigenständige politische Weg war eine Idee von ein paar Künstler- und Intellektuellenkreisen, dafür gab es aber leider nie eine realistische Chance.

„Bei uns gab es keine Montagsdemos, kein Revoluzzertum“

Anke Heidemüller, 35, damals Schülerin, arbeitet als Event-Managerin in einer Stuttgarter Agentur. Sie wurde in Ortrand/ Brandenburg geboren.

Ich komme aus Ortrand, einer sehr kleinen Stadt im tiefsten Süden von Brandenburg, die im Herbst 1989 gefühlt weit weg war von Leipzig und Berlin. Bei uns gab es keine Montagsdemos, kein Revoluzzertum. Ich durfte auch nicht mit, als meine Eltern zusammen mit meinem sechs Jahre älteren Bruder Jens das Begrüßungsgeld abholten und das erste Mal in den Westen fuhren. Meine Mutter hatte zu viel Angst, dass etwas passieren könnte.

Mein Vater hat bis zur Wende in Algerien gearbeitet und Gießereien mit aufgebaut. Er hat schon zu DDR-Zeiten auch Westgeld verdient, mit dem wir im Intershop einkaufen konnten, zum Beispiel eine coole Stereoanlage. Die stand in unserer DDR-Wohnzimmerschrankwand zwischen algerischen Metallschalen, Deko-Kannen und versteinerten Wüstenrosen. Das Highlight aber war, dass mein Vater, wenn er alle drei Monate nach Hause kam, immer einen Koffer Orangen mitbrachte. Die lagerten dann im Wäschekorb im Schlafzimmer meiner Eltern und pro Tag durften wir uns eine nehmen. Ich habe großen Respekt vor dem, was meine Mutter in der Zeit geleistet hat. Sie musste sich allein um das Haus, die Großeltern und uns Kinder kümmern. Ohne die staatliche Kinderbetreuung wäre das nie möglich gewesen.

Zu der Zeit als die Mauer fiel, war ich Agitator im Gruppenrat meiner Klasse, hatte gerade erst drei Wochen in der Pionierrepublik „Wilhelm Pieck“ am Werbellinsee verbracht und freute mich auf das blaue FDJ-Hemd – das ich nie mehr bekommen sollte. Als Agitator habe ich meine Klasse über aktuelle politische Ereignisse informiert und Diskussionen geleitet. Aber eigentlich hat mich Politik nicht besonders interessiert. Ich war mehr darauf konzentriert, meinen Musikgeschmack zu entwickeln: The Doors, The Cure, U2, The Smiths. Mein erstes Tagebuch, das in der Wendezeit entstanden ist, habe ich in Form von Briefen an James Dean verfasst. Der Filmschauspieler war mein Held.

Mein erster Westbesuch führte mich nach Hof. Das Einzige, was mir dazu einfällt, ist das riesige Joghurtregal im

Supermarkt und mein erster Döner, von dem ich mich übergeben musste. Wenn zu Hause über die Wende gesprochen wurde, dann tendenziell negativ. Meine Eltern hat der Umbruch am Ende überfordert. Sie gehören bis heute zu denen, die früher alles besser fanden, weil Arbeitsplätze sicher waren. Mir hat in dieser Zeit eine Bezugsperson gefehlt, die mir Hinweise hätte geben können, wie ich mein Leben selbst gestalten kann. Eltern und Lehrer mussten das ja selbst erst lernen.

Wäre die Mauer nicht gefallen, wäre ich vermutlich in Ortrand geblieben, hätte in einem der ansässigen VEB gearbeitet. Dort gab es eine Molkerei, eine Eisenhütte, eine Kugellagerfabrik und ein Gummiwerk. Ich hätte wohl geheiratet, eine Familie gegründet, eine Wohnung zugewiesen und Jahre später einen Trabi bekommen (genau in der Reihenfolge). Und ich bin froh, dass es nicht so gekommen ist. Das Wichtigste, was die Wende gebracht hat, ist die Möglichkeit, selbst zu bestimmen. Mit 17 Jahren bin ich für ein Jahr an eine High School in die USA gegangen. Das Schuljahr in South Carolina hat mich sehr geprägt, meine Wahrnehmung von anderen Wertesystemen verändert, und ich habe Familie, Heimat und Freunde neu schätzen gelernt. Im Osten konnte man die Verantwortung auf den Staat abwälzen, wenn es einem nicht gut ging. Heute sind wir für die Konsequenzen unseres Handelns oder Nichthandelns selbst verantwortlich. Ich finde es nur schade, dass in der Wende keine Mischform aus beiden Systemen, Ost und West, entstehen konnte. Manchmal wünsche ich mir ein bisschen mehr sozialistisches Gedankengut in unserer allein auf Wirtschaft und Wachstum ausgerichteten Gesellschaft.

„Egon Krenz hat mir ein Autogramm in mein Witzebuch geschrieben"

DENNIS KATHER, 34, geboren in Dessau/Sachsen-Anhalt, war damals Schüler und arbeitet heute als Web-Entwickler in Berlin.

Die Wende war für mich wie der Neustart in ein neues Leben. Es hat sich so viel verändert. Ich schätze, ich würde heute nicht annähernd das machen, was ich tatsächlich mache, wenn die Mauer nicht gefallen wäre. Möglicherweise wäre ich auch gar nicht in Berlin, sondern noch in Dessau. Leider erinnere ich mich nur noch an wenige Geschichten aus der Zeit. Zum Beispiel daran, dass meine Klassenlehrerin kurz vor der Wende in den Westen gegangen ist. In der Schule versuchte man den Grund ihrer Abwesenheit zu bemänteln, aber es war ein offenes Geheimnis, dass sie abgehauen war. Wir fanden das damals ziemlich schade. Ich erinnere mich auch an meine erste und einzige Klassenarbeit im Fach Staatsbürgerkunde. Die haben wir im Oktober 1989 geschrieben und nie mehr zurückbekommen, weil die Mauer in der Zwischenzeit gefallen war. Ich war damals im Freundschaftsrat, aber nicht, weil ich besonders gut in der Schule oder politisch aktiv war. Das war eher eine Beziehungssache. Meine Schwester war eine sehr gute Schülerin und da sie im Freundschaftsrat war, wurde ich auch aufgenommen. Aber es hat mich nicht besonders interessiert. Ich war mehr mit meinen Kumpels unterwegs, war viel draußen, wir haben Buden im Wald gebaut, Tennis gespielt.

Dennoch erinnere ich mich lebhaft an den Tag im Oktober 1989, an dem Erich Honecker zurückgetreten ist. Wir waren zu der Zeit im Urlaub mit dem Freien Deutschen Gewerkschaftsbund (FDGB). Im Hotel lag morgens zum Frühstück immer stapelweise die Zeitung *Neues Deutschland* kostenlos zum Lesen aus. An diesem Morgen aber waren alle Zeitungen verschwunden. Später an diesem Tag haben wir den Grund erfahren: Im Fernsehen sahen wir, dass Honecker abgetreten war und Egon Krenz neuer Vorsitzender des Staatsrates wurde. Krenz hatte ich einige Zeit zuvor bei einem Besuch in der Pionierrepublik „Wilhelm Pieck“ getroffen. Er hatte mir ein Autogramm in mein Witzebuch geschrieben. Ich war damals ziemlich stolz auf die Unterschrift und bis heute suche ich das Buch, aber es ist wohl irgendwo abhanden gekommen.

Im Nachhinein ist es fast peinlich, aber bei unserem ersten Besuch im Westen haben wir uns wirklich wie die typischen Ossis benommen, uns die Nasen an den Schaufenstern platt gedrückt, und uns gingen bei den Auslagen die

Augen über, etwa in den Pralinengeschäften. Wir überquerten damals im Dezember 1989 den Grenzübergang Glienicker Brücke. Es war sehr kalt, und wir mussten ewig laufen bis wir zu einem Haus kamen mit einer langen Schlange, wo wir die 100 DM Begrüßungsgeld abholten. Von unserem ersten Ausflug in den Westen brachten wir einen schwarzen Doppel-Kassettenrekorder von Hitachi mit. Wir hatten uns eigentlich fest vorgenommen, uns richtig beraten zu lassen und nicht wie andere Ossis den erstbesten zu nehmen. Doch der Verkäufer bei Porst in Steglitz hatte kaum den ersten Rekorder aus dem Regal genommen und all die großartigen Funktionen von High Speed Dubbing bis Autoreverse erklärt, da hatten wir das Gerät auch schon gekauft. Typisch meine Familie: Alles wird vorher bis ins kleinste Detail geplant und klappt dann doch nicht wie besprochen.

Ich bin froh, dass die Mauer gefallen ist. Mit meinen Eltern spreche ich oft über die Zeit der Wende, auch über das, was falsch gelaufen ist, dass zu vieles zu schnell abgesägt worden ist. Das sieht man am einfachsten an den Ostprodukten, die über viele Jahre aus den Regalen verschwunden waren und nun doch ein Revival erleben. Die Übernahme sämtlicher Dinge, die aus dem Westen kamen, das sehen meine Eltern genauso kritisch wie ich. Aber ich kann überhaupt nicht nachvollziehen, wenn Menschen heute sagen, dass sie sich die Mauer zurückwünschen. Die Vorteile, welche die Wende uns gebracht hat, überwiegen eindeutig. Ich bin überzeugt, dass das, was damals passiert ist, gut war.

Vergangenheit heute
Einblicke in die Arbeit einer ostdeutschen Biografiegruppe

Juliane Cieslak · Paula Hannaske

Die Auseinandersetzung mit der eigenen ostdeutschen Biografie gleicht einer Reise ins Unbekannte, mit vielen Überraschungen, Wendungen und Ängsten. Einerseits scheint das Thema Ost und West immer mehr in den Hintergrund zu rücken. Es ist für unsere Generation offenbar nicht mehr zeitgemäß, sich überhaupt damit zu beschäftigen oder aber positive Erinnerungen an die DDR zu hegen. Andererseits haben viele Familien in der DDR negative oder sogar traumatische Erfahrungen gemacht, die zum Großteil noch nicht verarbeitet wurden und die in uns nachwirken. Wir stehen am Anfang dieser Reise. Wir gehen los, weil wir einen Teil von uns selbst zurückerobern wollen.

Seit zwei Jahren laden wir im Rahmen des Berliner Counseling-Netzwerkes Ostdeutsche dazu ein, ihre Erfahrungen mit der DDR, der Wendezeit und dem jetzigen Leben zu erzählen. Die Teilnehmenden einer Gruppe hören sich gegenseitig aufmerksam zu, ohne dabei inhaltlich über die Themen zu diskutieren oder die Aussagen der anderen zu kommentieren. Das Augenmerk liegt darauf, persönliche Erlebnisse und Gefühle im Kontext gesellschaftspolitischer Geschehnisse zu verstehen und auszudrücken. Dadurch ändern sich die eigenen Perspektiven, und es können sich neue Handlungsmöglichkeiten ergeben. Wir stellen die Tendenz fest, dass viele damit beschäftigt sind, sich in eine neue Gesellschaft zu integrieren, ohne dabei zu reflektieren, dass sie aus einer anderen stammen. In der Biografiegruppe kommen alle zu Wort und haben die Gelegenheit, eine eigene Perspektive auf die

Geschehnisse zu entwickeln. Dies ist nicht selbstverständlich – Diskussionen im Alltag und im universitären Kontext mit Ost- und Westdeutschen haben uns oft gezeigt, dass das Thema emotional besetzt ist und dass es in der Auseinandersetzung häufig zu Konflikten kommt.

Das Treffen der Initiative *3te Generation Ostdeutschland* war sehr aufschlussreich für uns. Wir wurden eingeladen, miteinander ins Gespräch zu kommen und unsere Erfahrungen mit der Biografiearbeit in diesen Kontext einzubringen. Die folgenden Passagen sind Auszüge aus der Auseinandersetzung mit unseren jeweiligen Biografien. Wir kommen aus verschiedenen DDR-Kontexten, was den Austausch besonders und brisant macht.

Erinnerungen an die Heimat

JULIANE Meine Heimat ist der Ort, an dem ich aufgewachsen bin. Und es sind die Menschen, mit denen ich zusammen war. Seifhennersdorf ist ein Ort an der tschechischen Grenze in der Oberlausitz in Sachsen. Ich sehe meinen Schulweg vor mir, das Viadukt und die Mandau, den Fluss, der durch Seifhennersdorf fließt; die Fußgängerzone, die nach der Wende im Stadtzentrum eingerichtet wurde; die Pianofabrik, die später von C. Bechstein erworben wurde, an der ich jeden Tag vorbeigelaufen bin; den Spazierweg über die Felder, das geschlossene Kino, die Kirche, die Schule, das Karlihaus, in dem am Wochenende die Disko stattfand. Die Umgebindehäuser, in denen meine Freunde gewohnt haben, den Bahnübergang. Ich habe als Kind viel mit den Nachbarskindern auf der Wiese gespielt. Mein bester Freund kam aus einer Kantorenfamilie, so dass das Pfarrhaus ein zweites Zuhause für mich war. Auf der Pfarrwiese kletterte ich auf Bäume, im Sandhaufen backten wir Plätzchen, und zwischen den Baustellenbrettern bauten wir Buden.

Zu meiner Heimat zählt natürlich auch meine Familie. Ich bin in einer sechsköpfigen Familie groß geworden, war die jüngste von vier Schwestern. Auch meine Familie war damals in der Kirche sehr aktiv. Wir beteiligten uns an Gemeindenachmittagen und Gottesdiensten, haben alle im Kirchenchor gesungen und sehr viel mit „den Holländern" unternommen, einer Partnergemeinde, die uns alljährlich im Sommer besuchen kam.

PAULA Meine Annäherung an die ostdeutsche Biografiearbeit kam für mich überraschend mit einem bis dahin unbekannten Gefühl. „Meine ursprüngliche Heimat ist eine andere, und es gibt sie nicht mehr." Mit diesem Eindruck begann ich zu erahnen, dass es einen Teil von mir selbst gab, der bis dato weder wahrgenommen noch verarbeitet, sondern einfach weggesteckt worden war. Geboren bin ich 1979 in Berlin-Pankow und aufgewachsen in Prenzlauer Berg in der Nähe der Berliner Mauer. Wenn ich an DDR und Heimat zurückdenke, dann bekomme ich erst ein Gefühl von Eingebundensein und Zuversicht. Als Kind fühlte ich mich sehr wohl und aufgehoben in den gemeinschaftlichen Zusammenhängen. Ich war Pionierin[1] und mochte die gemeinsamen Pioniernachmittage. Die Welt um mich herum erschien mir rücksichtsvoll und gemeinschaftlich. Ich vertraute darauf, dass die Erwachsenen auch an die Kinder in aller Welt dachten. Es machte mir Spaß, Altstoff für Nicaragua zu sammeln, den ich morgens zur Schule brachte. Das bewirkte, dass ich mich als ein Teil von all dem fühlte und mich einbringen wollte.

Ich bin mit großen Idealen aufgewachsen und in der Hoffnung auf eine sozial gerechte Welt, die möglich ist. Dass ich diese Hoffnung entwickeln und mitnehmen konnte, macht mich sehr froh. Gleichzeitig merke ich, dass mein Gefühl auch beeinflusst ist von den Feindbildern des Kalten Krieges, in denen kommunistische und kapitalistische Sichtweisen die Welt jeweils gegeneinander in Richtig und Falsch teilten. Durch meine jetzigen Kontakte und meine Arbeit in Netzwerken knüpfe ich an meine Hoffnung an und entwickle neue Perspektiven.

Familienleben in der DDR

PAULA In meiner Familie gab es gegenteilige politische Positionen, was für mich als Kind sehr verwirrend war. Mein Vater war Bürgerrechtler, und seine Arbeit als Liedermacher und Texter wurde von der Staatssicherheit verboten. Das Gefühl, dass es kaum Annäherung, sondern vor allem Trennung zwischen meinen Eltern gab, ängstigte mich. Also entschied ich mich, einer Position recht zu geben, nämlich der im Land herrschenden, und die andere als falsch anzusehen. Das Gefühl einer nur notdürftigen Erklärung blieb jedoch, weil ich mir als Kind nicht vorstellen konnte, dass es etwas so Schwieriges geben könne, dass Erwachsene miteinander darüber nicht zu reden vermögen oder dass sie vor etwas gar Angst hatten.

In meiner Welt wünschte ich mir Frieden zwischen diesen Positionen und dass die DDR mein Land sei, dem ich vertrauen könnte. Es tat mir weh zu hören, dass mein Vater über alles anders dachte. Ich versuchte, das zu ignorieren, um mir meine Welt zu erhalten, und musste ihn aber dafür innerlich ausschließen.

Es ist heute noch herausfordernd für mich, mich widersprüchlichen Positionen entspannt anzunähern und zu realisieren, dass sie nebeneinander existieren können.

JULIANE Wir waren in der Kirche aktiv und dadurch in „das andere Leben" – in das Regime – nicht so stark eingebunden. Ich denke, dass meine Familie neben ihrem Stolz, ihren eigenen Weg zu gehen, viel Angst hatte. Auch ich hatte als Kind viel Angst. Das war Normalität. Ich kann mich daran erinnern, dass am Tisch darüber gesprochen wurde, wie es ist, nicht zur Wahl zu gehen, und dass überlegt wurde, ob und wie die Stasi uns bespitzelt. Dadurch haben wir sehr stark zusammengehalten. Die Großfamilie hat sich oft getroffen, und Freunde meiner Eltern kamen vorbei, um sich auszutauschen und zu diskutieren.

Die Zeit im Kindergarten und in der Schule

PAULA Meine Mutter nahm mich die ersten drei Jahre aus der Kinderkrippe raus, weil ich eine schwere Ohrenentzündung hatte. Es war nicht selbstverständlich, mit einem kleinen Kind bis zum dritten Lebensjahr zu Hause zu bleiben, weil die meisten Frauen berufstätig waren.

Später bin ich überwiegend gern in den Kindergarten gegangen. Das einzige, was mich ärgerte, war, dass wir ein Handtuch über den Kopf gelegt bekamen, wenn wir während des Mittagsschlafes miteinander quatschten. Anfangs ging ich auch gern in die Schule. Ich wunderte mich, warum wir all die sozialistischen Daten und Geburtstage von Honecker, Gorbatschow und anderen auswendig lernen mussten. Viel Spaß hatte ich jedoch am Gedichtwettbewerb im Pionierpalast. Es war beeindruckend, so viele Kinder zusammen zu erleben, die voreinander auf den Bühnen ihre Gedichte rezitierten.

An vieles in der Schule erinnere ich mich nicht mehr. Langsam beginne ich eine Angst in mir zu erahnen, die ich gefühlt hätte, wenn ich, wie mein Vater, anders eingestellt gewesen wäre. Sicher hatte ich diese Angst auch unbewusst als Kind und habe mich aus diesem Gefühl heraus angepasst.

Ich erinnere mich noch an den 10. November 1989. Alle Kinder liefen aufgeregt in der Klasse umher: „Die Mauer ist offen. Viele sind schon drüben." Wir hatten dann erst mal schulfrei. An das Jahr direkt nach der Maueröffnung habe ich komischerweise wenige Erinnerungen, wie es in der Schule weiterging, ob die Lehrer uns etwas erklärten und was wir dann lernten. Es gab keine Normalität mehr, an die ich mich halten konnte – dafür sprechen die wenigen klaren Erinnerungen an diese Zeit.

JULIANE Für mich war es schrecklich. Ich wollte nie in den Kindergarten, weil ich mich dort immer sehr allein gefühlt habe. Auch in der Schule war ich eine Außenseiterin. Da ich keine Pionierin war, wusste ich auch nichts von den Pioniernachmittagen. Beim Pioniergruß habe ich mitgesprochen, aber nicht den Gruß mitgemacht, mit dem jeder Schultag begonnen wurde. Ich kann mich an einen Appell erinnern, bei dem die Pionierleiterin mich beiseite nahm und sagte, dass sie mir leider keine Auszeichnung geben könne, aber dass ich eine verdient hätte. Mit den anderen Kindern aus meiner Klasse, die auch in der Kirche waren, fühlte ich mich auf eine geheimnisvolle Art verbunden, die ich nicht wirklich verstanden habe.

Sehr oft hatte ich das Gefühl, nichts zu begreifen. Aber dadurch, dass ich außen vor gestanden habe, konnte ich auf das, was da ablief, einen Blick entwickeln. Auch nach der Wende fiel es den Lehrern schwer, mit Unterschiedlichkeit umzugehen, und sie blieben in ihrer Rolle als Kontrolleure. Als ich in der 5. Klasse war, habe ich zusammen mit Freunden eine Schülerzeitung gegründet – wir haben in Eigenregie Texte über Schul- und Alltagsthemen geschrieben, uns um den Druck gekümmert und die Zeitung an der Schule verkauft. Es war toll, so viel Verantwortung zu übernehmen und die Anerkennung durch den Verkauf zu bekommen. Einmal habe ich das Paket mit den frisch gedruckten Zeitungen im Sekretariat abgestellt, woraufhin sich der Direktor die Zeitung durchlas und eine Versammlung in der großen Pause einberief. Das Schülerzeitungsteam wurde in sein Zimmer zitiert, in dem wir uns vor der gesamten Lehrerschaft für jede Seite dieser Zeitung verteidigen sollten. So, wie ich es wahrgenommen habe, war ich eine von wenigen, die den Mut hatte, für die Zeitung einzustehen. Die Schülerzeitung wurde verboten. Die Plakate, auf denen der Verkauf angekündigt war und auf die wir das große Wort „eingezogen" schrieben, hingen in der nächsten Pause nicht mehr. Ich war wütend, enttäuscht und hatte sowohl den Glauben an den Zusammenhalt unter Freunden als auch den Respekt vor den Lehrern verloren.

Die Zeit des Umbruchs

JULIANE Zum Mauerfall saß ich vor dem Fernseher und habe versucht, meine älteste Schwester auf dem Bildschirm zu entdecken, die in Berlin mitdemonstrierte. Ich war damals sieben

Jahre alt und habe die politischen Vorgänge gar nicht richtig verstanden. Wahrscheinlich waren die Erwachsenen so sehr mit sich selbst beschäftigt und durch die Geschehnisse so aufgewühlt und verunsichert, dass sie mir nicht viel erklären konnten.

Durch die Wende wurde ich auf einmal zu einer „Guten", zu einer, die zu „den Wessis" gehört und deren Seite gewonnen hatte. In der Schule sprach mich eine Lehrerin in den darauffolgenden Tagen an, ob ich jetzt Klassensprecherin sein möchte. Auf meine Frage, was das denn heiße, antwortete sie: „Na, das haben sie sich jetzt ausgedacht, ich weiß es auch nicht so genau."

Die Wende bedeutete neben der großen Unsicherheit darüber, wie es weitergeht, auch Hoffnung und Aufbruch – während meine Tante am „Runden Tisch" in der Turmstube der Kirche über mögliche Wege für die DDR nachdachte, organisierten meine Eltern ihre Arbeit und Selbständigkeit. Ich weiß noch, dass ich sehr froh darüber war, dass sie nicht wie viele Eltern meiner Freunde arbeitslos geworden waren. Am Tisch gab es jetzt Diskussionen darüber, was im Ort vor sich ging und dass „die Wessis" mit ihren Supermärkten kommen und allen erzählen wollen, „wie es geht". Ein Gewerbegebiet entstand, die meisten Fabriken wurden geschlossen, das Kino zugemacht und das Schwimmbad saniert. Auch die Sprache hatte sich wie über Nacht verändert – der Fleischer wurde zum Metzger, der Broiler zum Brathähnchen – und in meine Sätze schlich sich das kleine Wörtchen „halt" ein – „das ist halt so" –, was meine Eltern sehr irritierte, da dies bisher nicht in unserer Sprache vorgekommen war.

PAULA Das Wort „Wende" klingt mittlerweile für mich fremd – Wende hat etwas von sich zurückwenden, von zurück auf die richtige Bahn kehren. Für mich ist es ein Weitergehen, ein Lernen, ein Mitnehmen von Erfahrungen, die wichtig und verschieden sind. Zum 20-jährigen Jubiläum des Mauerfalls 2009 ging ich zufällig über die Bornholmer Brücke, auf der viele Menschen sich lebhaft austauschten. Lebensgroße Fotos von 1989 waren auf der Brücke ausgestellt. Überall sah ich leuchtende Augen. Für einen Moment war ich völlig aufgewühlt und der Zeit enthoben. Ich sah die lebhaften Menschen und erinnerte mich an die Aufbruchszeit und die Hoffnung kurz nach dem Mauerfall. Ich erinnerte mich an das Engagement, mit dem meine Klassenfreunde, meine Mutter und ich unseren neuen Kinderclub aufgebaut und mit tollen Projekten gefüllt hatten. Wir organisierten aus dem Nichts Möbel und gestalteten voller Unternehmungslust unsere eigenen Räume. Alles war neu und zu entdecken.

Es war aufregend, West-Berlin kennenzulernen. In den Tagen des Mauerfalls waren die Menschen aus Ost- und West-Berlin sehr offen füreinander. Als ich das erste Mal einen West-Berliner Bastelladen besuchte, war ich schockiert und fasziniert zugleich. All die Materialien, die meine Mutter und ich bisher mit viel Muße und Fantasie gesammelt hatten, konnte man dort vorgefertigt zum Zusammenstecken kaufen. Ich erahnte, dass unsere „Schätze" in dieser Gesellschaft nun keinen Wert mehr haben würden.

Wenn ich an die Wendezeit denke, erinnere ich mich wenig an meinen Vater. Er hatte für die Wiedervereinigung als Bürgerrechtler gekämpft, und dennoch fiel es ihm schwer, in der neuen Gesellschaft Fuß zu fassen. Schwierig waren auch die Ängste meiner Mutter vor Arbeitslosigkeit. Sie begann während ihres Vollzeitberufes drei Tage die Woche abends Sozialpädagogik zu studieren. Auch mein Schulwechsel verunsicherte mich. Die Lehrer machten uns aus ihrer eigenen Angst vor der neuen Gesellschaft heraus enormen Druck. Ich war 13 Jahre alt, hatte eine neue Schule, neue Freunde und fühlte mich weit weg von mir selbst.

Ich bin froh, dass die Menschen aus Westdeutschland uns derart finanziell unterstützt haben. Dennoch sehe ich die verpasste Chance, Ostdeutschland und den Übergang zur BRD bewusst mitgestaltet zu haben. Eine Welle aus Werbung, Geld und Konsum hat mich überrollt, und mittlerweile lebe ich darin. In Prenzlauer Berg entdeckte ich während der Wende eine unkommerzielle, bunte, neu erblühende Lebenskultur, die sich bereits in der DDR entwickelt hatte. Die Menschen trafen sich, organisierten sich selbst in Hausgemeinschaften und feierten Hoffeste. Leer stehende Häuser wurden mit Leben gefüllt. Auf dem Kollwitzplatz wurde traditionell die Walpurgisnacht als Volksfest gefeiert. Doch 1995 richtete die Polizei Wasserwerfer auf Erwachsene und Kinder, weil wir wie bislang jedes Jahr Walpurgisnacht feiern wollten, auch auf dem neuen Rollrasen. Auf diese Weise wurde das Walpurgisfest am Kollwitzplatz in den folgenden Jahren zu einer Straßenschlacht.

Die neu entstehende kreative Lebenskultur konnte sich nicht halten und wurde schließlich durch Hauskäufe aus dem Westen und steigende Mieten verdrängt oder kommerzialisiert. Auch das ostdeutsche Jugendradio DT64 verschwand trotz viel Protestes. Zwar liebe ich den Prenzlauer Berg mit seinen Hinterhöfen, in denen ich als Kind spielte, und den mittlerweile strahlenden Häuserfassaden immer noch, aber ich weiß, dass er ein kommerzieller Abklatsch einer ostdeutschen jungen Kultur geworden ist, die es dort kaum mehr gibt.

Ostdeutsche Biografiearbeit

PAULA Immer mehr erkenne ich, wie sehr diese Stereotype über Ostdeutsche alle verwirren und wirkliche Annäherung an das Thema verhindern. Früher begleitete mich als Ostdeutsche entweder ein heimliches Gefühl von Überlegenheit oder gegenteilig ein Gefühl, unbedeutend und falsch zu sein. Eine wirkliche Auseinandersetzung hatte ich nicht mitbekommen, weder in meiner Schule, in meiner Familie noch in der Öffentlichkeit. Um heute meine Erfahrungen als Ostdeutsche überhaupt wahrzunehmen und verarbeiten zu können, ist allein die Akzeptanz meiner Erlebnisse vonnöten, ohne Wenn und Aber. Das ist so wichtig, weil Stigmatisierung von Ostdeutschen eine grundlegende Auseinandersetzung durch Scham- und Schuldgefühle verhindert. Besonders bewegt mich die ehrliche Begegnung von Menschen verschiedener

Erfahrungen und früherer politischer Positionen in der DDR. Es ist, als würde sich ein Puzzle zusammenfügen, das meinen Blick vollständiger macht und Menschen näherbringt.

JULIANE Mich bewegt immer noch die Angst, die ich damals in der DDR empfunden habe. Im Zuge der Auseinandersetzung in der Biografiearbeit hat sich meine Beziehung zu Ostdeutschen, zu Ostdeutschland und der Oberlausitz stark zum Positiven verändert. Ich bin traurig darüber, dass einige meiner westdeutschen Freunde sehr irritiert und ablehnend reagieren, wenn ich versuche, sie an meiner Auseinandersetzung teilhaben zu lassen. Wenn es mir gelingt, mit ihnen darüber im Gespräch zu bleiben, merke ich, wie stark ihr Bedürfnis ist, ihre eigenen Geschichten zu erzählen. Ich denke, dass das gemeinsame Gespräch über deutsch-deutsche Vergangenheit dabei helfen könnte, irgendwann wirklich einen „dritten Weg" einzuschlagen.

Ostdeutsche Perspektiven

PAULA Meine Perspektive auf die DDR ist ambivalent und entwickelt sich weiter. Meine positiven Gefühle von Gemeinschaft und meine Wut über die politische Unterdrückung stehen nebeneinander. Für mich ist es wichtig, diese Polaritäten in mir selbst zu erkennen und, über die Frage nach dem Falsch oder Richtig hinaus, das Gefühl von Gemeinschaft mitzunehmen in meine jetzige Welt, was für mich Heimat bedeutet. Inzwischen bin ich selbständig und habe zusammen mit Ost- und Westdeutschen eigene Projekte gegründet, wie zum Beispiel unser Familienprojekt „Connected-Childhood", in denen wir nachhaltige Netzwerke gestalten. Dabei knüpfe ich an meine Hoffnung an und bringe meine Ressourcen und Erfahrungen als Ostdeutsche ein.

JULIANE Ich denke, dass meine persönlichen und familiären Erfahrungen in engem Zusammenhang mit den politischen Geschehnissen der deutschen Geschichte des 20. Jahrhunderts stehen. Als Ostdeutsche der Dritten Generation sehe ich, dass wir in Deutschland nun eine große Chance haben, dies aufzuarbeiten. Wir können die Perspektiven, die in beiden Gesellschaftssystemen entstanden sind, verknüpfen, um herauszufinden, wie wir selbst wirklich leben wollen.

Im Nachdenken über Ostdeutsche ist es wichtig zu verstehen, dass es nicht die eine ostdeutsche Erfahrung gibt, sondern viele verschiedene Geschichten und Perspektiven auf das Leben in der DDR. Unser „Aufbruch in die Vergangenheit" ist ein Experiment und ein Versuch, verschiedene Sichtweisen aufzuzeigen und nebeneinander stehen zu lassen. Es ist besonders herausfordernd, weil zum einen in unserer Gesellschaft ostdeutsche Erfahrungen häufig abgewertet werden, was es uns selbst erschwert, diesen Themen einen Stellenwert zu geben. Zum anderen haben Ostdeutsche unterschiedliche politische Hintergründe, die sie damals voneinander trennten und die es auch heute nicht leicht machen, sich gegenseitig zu vertrauen.

Eine Begegnung zwischen Menschen aus Ost- und Westdeutschland braucht eine Distanz zu der verbreiteten Annahme in Deutschland, dass die westdeutsche Perspektive die einzige wäre. So können wir die Ressourcen, die wir Menschen in Deutschland durch unsere Verschiedenheiten haben, sehen und anerkennen. Der Zugang zu der eigenen ostdeutschen Biografie kann die Auseinandersetzung mit dem, was in Ostdeutschland vor sich geht, erleichtern und neue Bezugspunkte schaffen.

An dieser Stelle wollen wir uns herzlich bei Laura Matthäus aus dem Berliner Counseling-Netzwerk bedanken, die uns das Thema nähergebracht hat. Seit Februar 2012 bieten wir eine regelmäßige Biografiegruppe innerhalb des Netzwerkes *3te Generation Ostdeutschland* an.

---

1 In der DDR wurde der Begriff „Pionier" für Jungen und Mädchen gleichermaßen benutzt.

„So etwas ist in meiner DDR nicht vorgekommen“[1]

Erinnerungen an ein Aufwachsen in der DDR und im vereinten Deutschland

Katja Warchold

Am Anfang war die Wut. Die Wut über Jana Hensels Text *Zonenkinder*[2], der 2002 erschienen war. Ich sträubte mich bei der Lektüre gegen das vereinnahmende „Wir“, obwohl einige biografische Parallelen zwischen mir und der Autorin existieren. Ich bin 1977 ein Jahr nach ihr geboren worden, habe ebenso wie Hensel im Ausland gelebt und bin aus einer ostdeutschen Stadt nach Ostberlin gezogen. Doch ihre melancholische Beschreibung einer ins Märchenhafte entrückten Kindheit in der DDR provozierte mich. Aus der Wut entwickelten sich Fragen: Woran erinnert sie, und wie beschreibt sie diese Erinnerungen? Darf, ohne den gesellschaftlichen Kontext zu berücksichtigen, über eine Kindheit in einem Land geschrieben werden, in dem die Politisierung so stark ins Private hineinreichte und auch im Alltag der Kinder präsent war? Antworten auf diese Fragen zu finden, gestaltete sich jedoch schwierig, schließlich handelt es sich bei *Zonenkinder* um einen autofiktionalen Text. Einerseits hat er dokumentarischen Charakter und erhebt den Anspruch, die Lebenswirklichkeiten der DDR darzustellen, und andererseits ist er ebenso wie viele literarische autobiografische Texte in hohem Maße fiktionalisiert. Nach dem Erscheinen von *Zonenkinder* wurden weitere Bücher von Autoren publiziert, die wie Hensel Mitte der 1970er Jahre geboren wurden und sich mit dem Heranwachsen in der DDR und in den Umbruchzeiten nach der

Wende beschäftigen. Im Folgenden werde ich deswegen weitere Formen des Erinnerns diskutieren, die sich in anderen autobiografischen oder autofiktionalen Texten über Kindheit sowie Jugend in der DDR und im Nachwendedeutschland finden lassen. Dabei geht es um Bücher der Autoren Daniel Wiechmann[3] (geb. 1974), Robert Ide[4] (geb. 1975), Peggy Mädler[5] (geb. 1976), Tobias Helbing[6] (geb. 1976) und eben Jana Hensel (geb. 1976).

Diese Erinnerungstexte, die nach der Jahrtausendwende erschienen sind, haben zahlreiche Leser erreicht und somit auch das kollektive Gedächtnis von der DDR geprägt. Die starke Resonanz der Leser auf diese Texte könnte darauf hindeuten, dass sie großes Potenzial zur Identifikation besitzen. Die Autoren sprechen dabei wahrscheinlich besonders ihre eigene Generation der Jahrgänge von 1975 bis 1985[7] an. Die identifikatorische Lesart wird begünstigt, weil die Autoren sich als Mitglieder einer Erinnerungsgemeinschaft verstehen und deswegen große Teile ihrer eigenen Erfahrungen als repräsentativ begreifen. Die Betonung gleicher „Sozialisations- und Generationserfahrungen"[8] spiegelt sich beispielsweise auf sprachlicher Ebene im Alternieren zwischen der Ich- und der Wir-Perspektive wider. Die Einbindung der individuellen Erzählung in die einer Generation hilft bei der Verortung und der Identitätskonstruktion. Diese autobiografischen Texte können beispielhaft für die Generation ihrer Autoren gelten. Sie geben einen Einblick, wie sich diese Jahrgänge an die DDR, an die Veränderungen des Wendejahres 1989 und der folgenden Jahre erinnern und welche Teile des Alltags heute noch vergegenwärtigt werden. Die Autoren beschreiben durch Rückgreifen auf das eigene sowie das kommunikative Gedächtnis,[9] aber auch durch „Erfinden" ein generiertes DDR-Bild mit typischen Elementen einer DDR-Kindheits- und -Jugendkultur, zu der die durch Erziehungs- und Bildungspolitik forcierte Mitgliedschaft in der Pionierorganisation oder die Jugendweihe gehörten.

Das Schlüsselerlebnis der Wende und der nachfolgenden Vereinigung stellte für diese Generation einen wesentlichen

Einschnitt in ihre Sozialisation dar und brachte einen „rasanten Wandel des vertrauten Alltags mit sich", der für viele „einen frühen und oft als existentiell erfahrenen Abschied von einer behüteten Kindheit" bedeutete.[10] Vor diesem Hintergrund versuchen die Autoren in ihren Texten, aus erinnernder Perspektive die Alltagswelt ihrer Kindheit und beginnenden Jugend wieder aufleben zu lassen. Zu diesem Zweck zitieren sie vor allem Elemente der DDR-Kindheitskultur wie zum Beispiel Figuren aus dem DDR-Kinderfernsehen, aus Kinderbüchern oder aus Zeitschriften wie der *Frösi.* Sie erinnern an Produkte der DDR-Warenwelt, etwa an Florena-Creme, Fit-Geschirrspülmittel und Spee-Waschpulver. Ich teile mit den Autoren Erinnerungen an Schulzeit, an Fahnenappelle, bei denen ausgezeichnet und getadelt wurde, an Arbeitsgemeinschaften, an Mathe- oder Russisch-Olympiaden, an Sportwettkämpfe wie Crossläufe, von denen Abzeichen, Urkunden und Medaillen geblieben sind, an Pioniernachmittage und Ferienlager, an Lieder und Geschichten über Karl Marx oder Ernst Thälmann, den Umbruch 1989 und an den ersten Besuch in West-Berlin oder in der BRD. Zu ihrem wie zu meinem Alltag gehörten Altstoffsammeln und Solidaritätsveranstaltungen mit Kuchenbasaren, Einkaufszettel auf dem Küchentisch, weil die Eltern erst spät von der Arbeit kamen, und das Unterrichtsfach „Produktive Arbeit" (PA), das ab der 7. Klasse auf dem Stundenplan stand.

Meinte Hensel nicht auch mich, wenn sie schrieb, dass wir in der Schule bereit waren, Ämter zu übernehmen? Schließlich war ich Mitglied im Freundschaftsrat der FDJ und band Erstklässlern bei der Aufnahme in die Pionierorganisation das blaue Halstuch um. Warum aber löste der Text bei mir diese Wut aus und keine begeisterte Identifikation wie bei einer 1976 geborenen Leserin, die in ihrem Brief an Hensel schwört, dass es ihr auch „ohne Bananen" gut ging und die mit einem Dank und in Anlehnung an den Pioniergruß „Mit ‚immer bereit'en Grüßen" endet?[11] Oder hätte ich Hensels Text ironisch verstehen sollen? Ironie ist für einige dieser

Autoren ja ein häufig genutztes literarisches Verfahren, um Distanz zur Vergangenheit herzustellen sowie die Positionierung in der Gegenwart kenntlich zu machen. Es ist bestens geeignet, dem Leser ein Identifikationsangebot zu unterbreiten. Wenn die ironische Kritik verstanden wird, entsteht das Gefühl des Dazugehörens zu einer eingeweihten Gruppe. Vor allem in den Texten von Hensel und Helbing, in denen die Wir-Erzählperspektive stark eingesetzt wird, finden sich abziehbildhaft die eben erwähnten typischen Elemente einer DDR-Kindheit wieder.

Helbing, der in einem christlichen Elternhaus aufgewachsen ist, gibt angeblichen Allgemeingültigkeiten über das Pionierleben Vorrang und erwähnt eher am Rand, dass er bis zur Wende vor seinen Mitschülern und Lehrern die Zugehörigkeit zur katholischen Gemeinde verheimlichte – aus Angst, als Außenseiter behandelt zu werden. Das Beschwören der kollektiven, gesellschaftspolitischen Elemente der Kindheitskultur, wie zum Beispiel die Pioniernachmittage oder das Altstoffsammeln, ermöglicht am ehesten einen „Ja-so-war-es-Effekt" und damit ein Identifikationsangebot für zahlreiche Leser. Allerdings wird eine kritische Auseinandersetzung mit der DDR-Vergangenheit dadurch nicht angeregt. Interessanter als die Informationen über die DDR-Kindheitskultur ist deswegen für mich die rückblickende Perspektive, die in manchen Texten intensiv beleuchtet, in anderen nur zaghaft angedeutet wird.

Bereits 2001 thematisierte Jana Hensel auf dem Kolloquium „Uwe Johnson und die junge Autorengeneration" in Neubrandenburg im Rahmen der Uwe-Johnson-Tage 2001 jenen Erinnerungsansatz, den sie in *Zonenkinder* realisierte. Junge ostdeutsche Autoren wie Falko Hennig oder Jochen Schmidt rekonstruierten und inszenierten Hensel zufolge in ihren Texten, die sie als „Herkunftsliteratur" deklariert, ideologisch entschlackt das DDR-Alltagsleben, so wie es „gewesen sein könnte".[12] Gleichzeitig werden die Texte „von den Realitätserwartungen" der Leser determiniert, die nach Hensels Meinung ein Identifikationsangebot für ihre Generation erwarteten. „In dieser Kinderwelt existiert kein Unrechtsstaat, es stören keine Menschenrechtsverletzungen, [...].“ Die Texte sollen „ein warmes, kuscheliges Wir-Gefühl erzeugen, in dem die Erinnerungen des Autors die Erinnerungen des Lesers stimulieren“[13].

Die Reduzierung auf eine ideologisch entschlackte Kinderwelt, als die die DDR sich in Hensels Rückblick darstellt, war der Leitfaden für *Zonenkinder.* Aber war unsere Generation mit den Jahrgängen von 1975 bis 1985 ideologisch so unbelastet, dass die Erinnerung entideologisiert werden kann? Diese Frage treibt auch die Autoren Ide, Wiechmann und Mädler um. So überlässt Ide die Antworten auf die Fragen, „wie viel Politik [...] in einer DDR-Kindheit“ steckte und ob die Kindheit nicht „von Harmlosigkeiten“ wie „Kartoffeldruck und Lampionumzug“ geprägt war, dem Leser.[14] Mädler erinnert sich „an ein kindliches Einverständnis“[15] mit dem Staat. Ihrer Meinung nach politisierten Geschichten, die in der Schule gelesen wurden, und Lieder wie das vom „Kleinen Trompeter“, von dem sie die Melodie mochte, sowie die allgegenwärtigen Transparente in öffentlichen Räumen den Alltag der Kinder. Mädlers wenige verschwommene Kindheitserinnerungen, deren Glaubwürdigkeit sie selbst bezweifelt, reiben sich an ihren gegenwärtigen Kenntnissen über den Staat DDR. Rückblickend schämt sie sich, als Fahnenträgerin, vermutlich mit Stolz erfüllt, beim Appell mitgewirkt und „vorformulierte Passagen“[16] auswendig gelernt zu haben. Ihre eigenen Erinnerungen – „meine im Rückblick so naiv und lieblich erscheinenden Kindheitserinnerungen“ – sind ihr manchmal „unangenehm“.[17]

Im Gegensatz zu Hensels und Helbings romantisierenden Darstellungen habe ich mich in Mädlers von Sehnsucht freiem, kritisch reflektiertem Text wiederfinden können. Ebenso wie sie finde ich es schwierig, die Erinnerungen an die Kindheit mit den heutigen Kenntnissen über die DDR in Einklang zu bringen. Mein Wissen über verschiedene Themen wie Verfolgung, Ausgrenzung und Überwachung, das ich seit der Wende in Gesprächen mit meinen Eltern erworben und mir angelesen habe, gibt den Erinnerungen an manche Erlebnisse, wie etwa an das Pionierlager in der Slowakei, einen bitteren Beigeschmack. Mit diesem Roman, der erst 2011 erschienen ist, hat Mädler meiner Meinung nach den Erinnerungsraum, den Hensel mit *Zonenkinder* geschaffen hat und den die thematisch ähnlichen Texte von Wiechmann und Ide progressiv gestaltet haben, am stärksten erweitert. Der Erfolg von Hensels Roman ist eng verknüpft mit einer erneuten „Ostalgie"-Welle, die 2003 möglicherweise aufgrund des Filmes *Good Bye, Lenin!* die Medien des Landes erreichte. Hensel beantwortete als eine der ersten einer Generation, welche mit der DDR vor allem Kindheitserinnerungen verbindet, die Fragen danach, wie sich diese Jahrgänge an die DDR erinnern und wie sie sich im vereinigten Deutschland eingerichtet haben. Die Art und Weise, in der Hensel diese zu jenem Zeitpunkt in den Medien kursierenden Themen bearbeitete, orientierte sich zwar an Florian Illies' *Generation Golf*, war aber für den ostdeutschen Kontext neu. Deswegen wurde die Autorin in den Medien zur Repräsentantin für DDR-Kindheit und Ostdeutschland stilisiert. Mit *Zonenkinder* gab sie gleichzeitig den Anstoß zu einer ganzen Reihe weiterer autobiografischer Texte.

Aber Hensel ist es nicht gelungen, ihrem eigenen Konzept zu folgen und eine Kinderwelt ohne ideologische Folie darzustellen. Eine Kindheit in der DDR war ebenso wie der Alltag gesellschaftspolitisch stark geprägt, geplant und normiert. Deswegen ist der Versuch, das Heranwachsen in der DDR ideologisch entschlackt zu schildern, zum Scheitern verurteilt. Hensel thematisiert, ausgehend von ihrer eigenen Biografie, einen retrospektiv erfahrenen Verlust von Erinnerungen, von DDR-spezifischem Wissen. Sie erinnert bei ihrer durch Bedürfnisse in der Gegenwart determinierten Herkunftssuche an das vermeintlich Alltägliche und Gewöhnliche und will damit nicht nur das „von außen auferlegte, sondern darüber hinaus selbst praktizierte und verinnerlichte Erinnerungsverbot rückwirkend [aufheben]".[18] Sie musealisiert die Alltagskultur der in den 70er Jahren Geborenen – getreu dem Motto „Man lernt die Dinge eben erst dann zu schätzen, wenn sie verschwunden sind“[19] –, fasst sie, wie der Literaturwissenschaftler Thomas Jung bemerkt, in homogenisierte Zeichen – Manne Murmelauge, Alfons Zitterbacke, Timur und sein Trupp, Volksarmee und Karl Eduard von Schnitzler – und erklärt mit ihnen ebenso selektiv wie rudimentär die Vergangenheit.[20] Sie berichtet somit in erster Linie von Elementen einer DDR-Kindheitskultur, die systempolitisch beeinflusst waren, und der Anteil der Dokumente, welche sich auf den Staat beziehen, überwiegt. So findet sich im Buch eine wahrscheinlich von der Autorin zum Ehrentag der Volksarmee gestaltete Seite aus einem Schulhefter, die eine Auseinandersetzung mit der vormilitärischen Erziehung von Kindern verlangt. Erinnert sei hier nur an Matheaufgaben, in denen die Reichweite von Raketen berechnet wurde, oder an den Sportunterricht, in dem ab der 5. Klasse Weitwurf mit einer Handgranatenattrappe, sogenannte F1, geübt wurde. Ide beispielsweise schildert, dass er bereits im Kindergarten nicht nur „Blumen“ malte, sondern auch „einen Soldaten mit einem Gewehr in der Hand“,[21] und kommentiert diese Militarisierung, die sich durch die Schulzeit zog: „Die kleine Gewalt gehörte zur Kindheit in der DDR – wie sie wahrscheinlich zu jeder Kindheit gehört. Das Seltsame ist, dass der Drill vergessen wird, wenn Ostdeutsche, egal ob jung oder alt, von ihrer unbeschwerten Jugend schwärmen“.[22] An das Gefühl, dass überall Krieg herrschte, kann sich Hensel jedoch erinnern: Sie berichtet von den Briefen, die sie abends gegen ihre Angst vor Bombenangriffen an Erich Honecker schrieb.

Interessant ist in diesem Zusammenhang die direkt oder indirekt thematisierte Kluft zwischen der Erinnerung daran, wie ein Ereignis in der Vergangenheit erlebt wurde, und der Bewertung in der Gegenwart. Wiechmann beispielsweise beschreibt einen Sportwettkampf in einem Ferienlager im Sommer 1984, bei welchem er als der „stärkste Pionier“ ausgezeichnet wurde. Das erfüllte ihn nicht nur mit Stolz, sondern er war glücklich und hatte das Gefühl, alles richtig gemacht zu haben. Somit erinnert er sich an ein intensives Glücksgefühl. Gleichzeitig hinterfragt er dieses, wenn er die Wettkämpfe aus der gegenwärtigen Perspektive heraus mit Krieg gleichsetzt und mit den Worten „Kindersoldaten in der DDR“[23] kommentiert. Hieran wird ein Konflikt zwischen individueller Erinnerung und dem offiziellen Diskurs über die DDR als Diktatur offenbart. Denn das öffentliche, staatlich approbierte Erinnerungsmuster an die DDR, das der Historiker Martin Sabrow als „Diktaturgedächtnis“ bezeichnet, fokussiert „den Unterdrückungscharakter der SED-Herrschaft und ihre [...] Überwindung in der friedlich gebliebenen Revolution 1989/90“ sowie „Verbrechen, Verrat und Versagen unter der SED-Herrschaft“ und die „Erinnerung an Leid, Opfer und Widerstand“.[24]

Wiechmann ist derjenige unter den genannten Autoren, der sich direkt mit diesem Dikaturgedächtnis auseinandersetzt. Er erzählt chronologisch vom staatlich durchorganisierten Bildungsweg von der Kindheit an – Kinderkrippe über Kindergarten und Schule mit Pionierorganisation – bis zu seiner beginnenden Jugend und nimmt bereits im Vorwort das Ergebnis seiner Sozialisation bis zur Wende vorweg: „Aber ich [...] war schon in jungen Jahren mit Eifer dabei, mich zu einer allseits gebildeten sozialistischen Persönlichkeit zu entwickeln. [...] Ich glaubte also fest an die Ideale einer besseren Gesellschaft [...]. Mit anderen Worten: Ich war ein hoffnungsloser Fall. [...] Ein Ossi eben.“[25] Parallel dazu stellt er seine innere Reifung innerhalb des gesellschaftlich gesetzten Rahmens dar. Auch wenn Wiechmann aus erinnernder Perspektive bereits als Kind erste Widersprüche entdeckte zwischen der „allgegenwärtigen politischen Rhetorik“ in Kindergarten, Schule sowie der Pionierorganisation auf der einen und der DDR-Realität auf der anderen Seite, konnte er diese damals nicht einordnen und in einen größeren Kontext stellen. Für ihn waren die propagandistischen Parolen noch keine hohlen Phrasen, sondern eine „stimmige Weltdeutung“, die zusammen mit dem durchgeplanten und deswegen oftmals als ausgefüllt wahrgenommenen kindlichen Alltag Sicherheit bot.[26] Mit den Veränderungen im Herbst 1989 und dem Bekanntwerden von erschütternden „Wahrheiten über die DDR“ in den 1990er Jahren wurden ihm seine „Illusionen“ geraubt: „Was vorher richtig gewesen war, galt jetzt als falsch“.[27]

Er schreibt wie die anderen Autoren direkt oder indirekt gegen das medial inszenierte Bild der DDR und der Ostdeutschen sowie gegen die Etikettierung „Unrechtsstaat“ an. Außerdem beschäftigt er sich mit unterschiedlichen Erinnerungsmustern, mit dem Diktaturgedächtnis auf der einen und medialer Vermarktung einiger Teile des DDR-Alltags auf der anderen Seite. Wiechmann wehrt sich gegen die Reduzierung der Erinnerungen auf die Stichworte „Knusperflocken, Spreewaldgurken und Schlagersüßtafeln“ sowie die klischeehafte Darstellung der Ostdeutschen als „putzige Ossis mit buntgemusterten Nylonbeutelchen“.[28] Er konnte, wie er am Ende seines Textes schreibt, der „Etikettierung“ der DDR als „Unrechtsstaat“ lange Zeit nicht zustimmen, weil er sich bewusst gewesen ist, dass er aufgrund seiner im Text beschriebenen Sozialisation möglicherweise an der Grenze der DDR gedient hätte und ihm nur seine späte Geburt im Jahre 1974 die Entscheidung darüber abgenommen hat. Hieran wird ersichtlich, wie eng die Debatte um die DDR-Vergangenheit mit der Verteidigung der eigenen Identität auch für jüngere ostdeutsche Generationen verknüpft ist. Wiechmann steckt „der Osten noch immer tief in den Knochen“, obwohl er „im Westen zu Hause ist“.[29] Auch Ide stellt die hypothetische Frage, was aus ihm geworden wäre, wenn die Mauer nicht gefallen wäre – ob er in die SED eingetreten wäre oder für das MfS gearbeitet hätte. „Es fehlen mir nur wenige Jahre Leben, und alles wäre anders verlaufen“.[30] Diese Erleichterung, zu jung gewesen zu sein, um Entscheidungen treffen zu müssen, die den weiteren Lebensweg entscheidend beeinflusst hätten, ist in den Texten ebenso spürbar wie eine aufklärerische Intention bei der Darstellung einer DDR-spezifischen Sozialisierung.

Doch trotz der zahlreichen Gemeinsamkeiten weisen die einzelnen Texte auch sehr unterschiedliche Annäherungen an die DDR-Vergangenheit auf. Ide, der von sich sagt, er sei im vereinten Deutschland angekommen, erklärt, dass er gleichzeitig in sich eine „nicht vergehen wollende [...] Sehnsucht" verspüre.[31] Obwohl er mehrere Erlebnisse aufführt, die eine beginnende Distanzierung zum Staat DDR noch vor dessen Ende aufzeigen, schmerzt es ihn, dass es bei einem Besuch in seiner ehemaligen, nun renovierten Schule nicht mehr „nach Bohnerwachs und zerkochten Kartoffeln" riecht.[32] Wiechmann begann in den 1990er Jahren, die eigene DDR-Biografie und den Staat kritisch und reflektierend zu hinterfragen, und kommt zu dem Schluss: „Mit keiner Träne trauere ich dem Osten hinterher."[33]

Eine fehlende Auseinandersetzung konnte dagegen zu einer Idyllisierung der Erinnerungsheimat führen, wie Hensel in ihrem Text verdeutlicht. Das Vergessen und Ausblenden in der Nachwendezeit führte in ihrem Fall zu einer äußerlichen Angepasstheit, aber inneren Heimatlosigkeit. Die DDR-Kindheit konnte darüber zu einer imaginären, märchenhaften Heimat, zu einer Fiktion werden. Ides Beobachtung ist zutreffend für Hensels Text:

> *Die eigene Kindheit soll in den Erzählungen keinen Schaden nehmen – ein Selbstbetrug. Viele junge Ostdeutsche sind stolz, von jener Seite zu kommen, die ihnen desto verwunschener erscheint, je länger sie verschwunden ist. Besonders in der Fremde befällt einen ein wohliger Schauer, wenn man Menschen trifft, mit denen man mit Hilfe weniger Worte ein tiefes Gefühl teilen kann – die Erfahrung vom Untergang eines Landes, in dem man selbst gelebt hat.*[34]

Diese unterschiedlichen Annäherungen an die Vergangenheit verdeutlichen, dass die ab Mitte der 1970er Jahre Geborenen den Weg ins vereinigte Deutschland „je nach Milieuzugehörigkeit, familiärer Situation und persönlicher Disposition"[35] unterschiedlich bewältigten. Der Versuch, ihre Eltern in die Annäherung an die DDR-Vergangenheit einzubeziehen, scheint bei den hier vorgestellten Autoren bisher nicht geglückt zu sein, eine Erfahrung, die auch den Mitbegründern der Initiative *3te Generation Ostdeutschland*[36] aufgefallen ist. Aus diesem Grund verstehen die Autoren ihre Texte möglicherweise als Kommunikationsangebot an die Eltern. „Prager Frühling, Biermann-Ausbürgerung, wo habt ihr denn gelebt?, frage ich. Genauso könnte ich fragen, wo habe ich denn gelebt? Ich als Teil einer kollektiven Erinnerung, zugehörig einer bestimmten Generation [...]".[37] Die Eltern der Ich-Erzählerin in Mädlers Text haben auf diese Fragen keine Antworten. Sie verstehen nicht, warum solche Fragen die Tochter umtreiben. Hensel und Ide beschreiben, wie bei Familienfeiern die Vergangenheit ruhen gelassen wird und kritische Fragen, zum Beispiel nach IM-Tätigkeiten, nicht gestellt werden, um Eltern und Verwandte nicht zu verletzen. Für Ide kommt hier die „doppelte Sprache, [...] auch das Schweigen über offensichtliche Dinge"[38] zum Tragen, ein Ausdruck, der sich auf die von den meisten DDR-Bürgern früh erlernte Fertigkeit bezieht, bei der Kommunikation zwischen öffentlichem und privatem Rahmen zu differenzieren.

Das Diktaturgedächtnis bietet für die meisten der jüngeren Generation Ostdeutschlands kein Identifikationsangebot und kaum Anknüpfungspunkte für die eigene Erinnerung. Obwohl das diktaturzentrierte Erinnerungsmuster mit seinem Täter-Opfer-Gegensatz die DDR erzählbar machen will, kann es, weil es allzu sehr vereinfacht, der Unterschiedlichkeit der Erinnerungen nicht gerecht werden. Deswegen ist in Ostdeutschland bis heute vor allem in der Alltagskommunikation und in literarischen Texten ein Erinnerungsmuster dominant, das der Historiker Martin Sabrow als „Arrangementgedächtnis" bezeichnet. Es wirkt

> *stärker in die gesellschaftliche Tiefe und pocht hier mit stillem Trotz und dort mit lauter Vehemenz auf sein Eigenrecht [und] verknüpft Machtsphäre und Lebenswelt [und erzählt, K.W.] von alltäglicher Selbstbehauptung unter widrigen Umständen, aber auch von eingeforderter oder williger Mitmachbereitschaft und vom Stolz auf das in der*

DDR Erreichte – kurz, es verweigert sich der säuberlichen Trennung von Biographie und Herrschaftssystem, die das Diktaturgedächtnis anbietet.[39]

In diesem Zusammenhang stellt sich schließlich die Frage nach dem Informationswert und der Relevanz der Kindheits- und Jugenderinnerungen für die kollektive Erinnerung an die DDR. Die Texte leisten neben der Archivierung und der Vermittlung von Alltagsgeschichte auch den Versuch der Konstitution einer Nachwendegemeinschaft. In diesem Sinne haben sie einen kollektiven Effekt. Sie beschäftigen sich mit der DDR und den Transformationsprozessen im gesellschaftlichen Umbau nach der Wende und können deswegen als „Verständigungstexte"[40] für verschiedene DDR-Generationen begriffen werden. Es sind aufgrund ihrer rückblickenden, erinnernden Perspektive Nach-Wende-Narrationen, die mehr über den heutigen Standpunkt 20 Jahre nach dem Mauerfall aussagen als über die DDR. Das Bedürfnis der „Neugründung" der DDR als Erfahrungs- und Erzählgemeinschaft wird umso dringlicher, je stärker die ostdeutsche Bevölkerung das Gefühl hat, dass ihre biografischen Erfahrungen nicht ausreichend wahrgenommen und gewürdigt werden und sie deren Eigenwert als gefährdet erlebt. Angesichts des literarischen Erinnerungsbooms wird deutlich, dass die „gedächtnisbasierten Erzählungen" über die DDR und Ostdeutschland nach der Wende die ostdeutschen Identitätsdebatten bereichern und einen Geschichtsentwurf mitbestimmen, welcher Identifikation bietet und an der Begründung der „sozialen Autobiographie der ostdeutschen Gesellschaft" beteiligt ist.[41]

20 Jahre nach dem Fall der Mauer ist der Disput um die „richtige" DDR-Erinnerung stärker geworden, weil „vordem selbstverständliches Alltagswissen über das Leben in der DDR [...] allmählich an Präsenz verliert und als Korrektiv der medialen Meinungsbildung eine immer geringere Rolle spielt".[42] Für Sabrow verdeutlicht die hohe Nachfrage

„nach alltagsgeschichtlichen DDR-Ausstellungen und ihre

> *Befriedigung in einer rasch wachsenden Zahl von – zumeist nicht nach professionellen Standards betriebenen – DDR-Alltagsmuseen [...], dass die DDR als Teil unserer selbstverständlichen Erfahrungswelt mehr und mehr verschwindet. Sie hat sich in einen Projektionsort verwandelt und ist dadurch im wörtlichen Sinne frag-würdiger und umstrittener geworden".*[43]

Die wichtigste Aufgabe für die nächsten Jahre wird die Auflösung des Gegensatzes zwischen den beiden Erinnerungsmustern – Diktaturgedächtnis einerseits und Arrangementgedächtnis andererseits – sein. Dabei geht es nicht darum, eine gemeinsame Erinnerung zu konstituieren, sondern „die Unterschiede zuzulassen und gemeinsam darüber nachzudenken, woher sie kommen".[44] In diesem Kontext leisten meiner Meinung nach die hier vorgestellten Beispiele autobiografischer beziehungsweise autofiktionaler Texte ebenso wie die Initiative *3te Generation Ostdeutschland* einen wichtigen Beitrag, weil sie zum Nachdenken über die DDR-Vergangenheit und die ostdeutsche Gegenwart anregen.

---

1 Jens Bisky: Geboren am 13. August. Der Sozialismus und ich, Berlin, 2004, S. 42. Auch wenn Biskys Text hier nicht weiter vorgestellt wird, weil er dem Jahrgang 1966 angehört, so bezeichnet dieses Zitat treffend die Tatsache, dass die Identifikation der Ostdeutschen mit der DDR selektiv ist und dass eine enorme Heterogenität bei den individuellen Erinnerungen zu beobachten ist.

2 Jana Hensel: Zonenkinder, Reinbek, 2002.

3 Daniel Wiechmann: Immer bereit! Von einem jungen Pionier, der auszog, das Glück zu suchen, München, 2004.

4 Robert Ide: Geteilte Träume. Meine Eltern, die Wende und ich, München, 2007.

5 Peggy Mädler: Legende vom Glück des Menschen, Berlin, 2011.

6 Tobias Helbing: Made in GDR. Einblicke in eine (a)normale DDR-Kindheit, Berlin, 2007.

7 Vgl. Bernd Lindner: Biographien aus einem verschwundenen Land. Die Jugendgeneration der DDR in literarischen Selbstbildern, in:

BIOS. Zeitschrift für Biographieforschung, Oral History und Lebenslaufanalysen, 16 (2003), S. 190–208.

8 Thomas Jung: Die Geburt der Popliteratur aus dem Geiste von Mozart und MTV. Anmerkungen zu Benjamin von Stuckrad-Barres Roman *Soloalbum*, in: ders. (Hg.): Alles nur Pop? Anmerkungen zur populären und Pop-Literatur seit 1990, Frankfurt a.M., 2002, S. 137–156 (148).

9 Das kommunikative Gedächtnis bezeichnet laut Aleida und Jan Assmann die mündliche Überlieferung über drei Generationen hinweg. Vgl. Jan Assmann: Das kulturelle Gedächtnis. Schrift, Erinnerung und politische Identität in frühen Hochkulturen, München, 1992; sowie Aleida Assmann; Jan Assmann: Das Gestern im Heute. Medien und soziales Gedächtnis, in: Klaus Merten; Siegfried J. Schmidt; Siegfried Weischenberger (Hg.): Die Wirklichkeit der Medien. Eine Einführung in Kommunikationswissenschaften, Opladen, 1994.

10 Thomas Ahbe; Rainer Gries: Die Generationen der DDR und Ostdeutschlands, in: Berliner Debatte Initial, 17 (2006), S. 90–109 (102).

11 Sandra Yemesin: Eine Wärmflasche für meine Erinnerungen, in: Tom Kraushaar (Hg.): Die Zonenkinder. Die Geschichte eines Phänomens, Hamburg, 2004, S. 77–80 (77).

12 Jana Hensel: Das Land, in dem ich war. Zur Konstruktion von Kindheit in Texten junger ostdeutscher Autoren nach 1989, in: Carsten Gansel (Hg.): Internationales Uwe-Johnson-Forum. Beiträge zum Werkverständnis und Materialien zur Rezeptionsgeschichte, Bd. 9, Frankfurt a.M., 2004, S. 191–199 (196).

13 Ebd.

14 Ide, Geteilte Träume, S. 101.

15 Mädler, Legende vom Glück, S. 87.

16 Ebd., S. 91.

17 Ebd., S. 47.

18 Elisabeth Herrmann: Individuelle Erinnerung als kollektive Identitätsstiftung nach dem Ende des Real-Sozialismus in Daniela Dahns *Westwärts und nicht vergessen* und Jana Hensels *Zonenkinder,* in: Carsten Gansel (Hg.): Rhetorik der Erinnerung. Zu Literatur und Gedächtnis in den ‚geschlossenen Gesellschaften' des Real-Sozialismus, Göttingen, 2009, S. 369–385 (372).

19 Hensel, Zonenkinder, S. 36.

20 Vgl. Thomas Jung: Phantomschmerz beim Ausverkauf der Erinnerung. Über Jana Hensels *Zonenkinder,* in: Die Horen, 3 (2003), S. 119–130.

21 Ide, Geteilte Träume, S. 82.

22 Ebd., S. 84.

23 Wiechmann, Immer bereit!, S. 99.

24 Martin Sabrow: Die DDR erinnern, in: ders. (Hg.): Erinnerungsorte der DDR, München, 2009, S. 11–27, hier S. 18f.

25 Wiechmann, Immer bereit!, S. 11f.

26 Ahbe; Gries, Generationen der DDR, S. 102, Sp. 1.

27 Wiechmann, Immer bereit!, S. 167.

28 Ebd., S. 9.

29 Ebd.

30 Ide, Geteilte Träume, S. 140.

31 Ebd., S. 19.

32 Ebd., S. 46.

33 Wiechmann, Immer bereit!, S. 170.

34 Ide, Geteilte Träume, S. 67.

35 Ahbe; Gries, Generationen der DDR, S. 102, Sp. 2.

36 Siehe etwa Johannes Staemmlers Beitrag „Wir, die stumme Generation Ost“ in diesem Band, S. 212–215.

37 Mädler, Legende vom Glück, S. 131.

38 Ide, Geteilte Träume, S. 145.

39 Sabrow, DDR erinnern, S. 18f.

40 Thomas Kraft: Schwarz auf weiß oder Warum die deutschsprachige Literatur besser ist als ihr Ruf. Eine Werbeschrift, Idstein, 2005, S. 57.

41 Siegfried J. Schmidt: Gedächtnis – Erzählen – Identität, in: Aleida Assmann; Dieter Harth (Hg.): Mnemosyne. Formen und Funktionen der kulturellen Erinnerung, Frankfurt a.M., 1991, S. 378–397 (393).

42 Sabrow, DDR erinnern, S. 20.

43 Ebd.

44 Annette Leo: Die DDR im Museum. Geteilte Erinnerungen an einen untergegangenen Staat, www.bpb.de/themen/oPFP3N,0,0,Die_DDR_im_Museum.html [2.4.2012].

Wissen, wie es war

ROLAND JAHN

Gern stellen mir Journalisten auch heute noch die Frage, was ich denn als Ostler über dieses oder jenes denke. Oder, bei Gesprächen über die Geschichte der Stasi-Unterlagen-Behörde, ob denn die Stasi-Akten nicht von den Westlern dazu benutzt würden, den Osten kleinlaut zu halten. Eigentlich habe ich keine Lust, auf diese Fragen zu antworten. *Den* Ostler kenne ich nicht, *den* Westler, der den Osten kleinlaut halten will, auch nicht. Ich finde es ohnehin besser, sich von solchen Allgemeinplätzen fernzuhalten. Ich selbst? Der Begriff Ostler rauscht an mir vorbei, ich nehme ihn für mich nicht an.

Ich bin in Jena geboren, dort aufgewachsen. Dort hätte ich fast komplett die ersten 30 Jahre meines Lebens verbracht, wenn mich die Stasi nicht gut einen Monat vor jenem Geburtstag aus dem Land geworfen hätte. Ich habe noch für einen kleinen Moment versucht, die Frage des Landes, in dem ich leben sollte, in das ich gegen meinen Willen verbracht wurde, durch die Verweigerung eines Passes der Bundesrepublik hinauszuzögern. Das war ein Protest gegen den Staat DDR, der mich meiner Heimat beraubt hatte und mir ein neues Zuhause aufzwang. Dann habe ich mich in Berlin niedergelassen, im Westteil der Stadt. Und da war ich West-Berliner. Eine ganz spezielle Gattung des Bundesbürgers. Ich lebte sechs Jahre in einer Stadt, in der es nur eine Himmelsrichtung gab. Wohin man auch schaute, überall war Osten. Doch die meisten West-Berliner sahen nicht richtig hin.

Wir waren eine kleine Gruppe von Ex-DDRlern, die auf der westlichen Insel mitten in der DDR versuchte, eine Brücke der Kommunikation zwischen beiden Teilen der Stadt zu schlagen. Belächelt, bemitleidet oder auch angefeindet. Denn in der Mehrzahl war den Westdeutschen die DDR ziemlich egal. Nicht wenige derjenigen, die sich als progressiv verstanden, wollten zudem die DDR gar nicht genau wahrnehmen. Menschenrechtsverletzungen hin oder her, wer die DDR deswegen kritisierte oder gar die DDR und die Bundesrepublik als ein Land begriff, war ein Kalter Krieger, ein Revanchist, ein Kommunistenhasser.

Auf der offiziellen Bühne stellten sich die meisten Politiker gut mit der Parteiführung der SED, die die DDR fest im Griff hatte. Entspannungspolitik. Pragmatismus. Wirtschaftsinteressen. Alle, die in diesem Kontext, wie etwa die Grünen-Politiker Petra Kelly oder Gert Bastian, an die eingesperrten politischen Häftlinge, die Verhinderung der Meinungs- und Reisefreiheit, die manipulierten Wahlen und die unterdrückte Opposition erinnerten, galten im offiziellen Polit-Diskurs schnell als Störenfriede.

Schnee von gestern. Die Mauer verschwand, und ich konnte das leben, was ich war. Weder Osten noch Westen. Ich war deutsch. So schnell ging das für die meisten anderen nicht. Umbrüche schaffen Verunsicherung. Wer seinen Job verliert, neue Regeln lernen muss, der sucht nach Halt. Das Untergegangene und Vergangene glänzt da gern vollkommener, als es war. Ossi zu sein, war für manche auch ein Schutzschild, ein Heimplatz, eine Vertrautheit in einer neuen Welt. Ich hatte kein Bedürfnis, am Alten festzuhalten. Ostler war ich schon länger nicht mehr, Westler auch nicht wirklich. Ich war eben Deutscher und gern auch Europäer.

Dennoch habe ich die letzten 20 Jahre damit verbracht, nicht ausschließlich, aber doch zu einem wichtigen Teil meines beruflichen Lebens, mir die Geschichte des Ostens, der DDR anzuschauen. Dieses Regime, mit dem ich mich so in die Haare bekommen hatte und das mein Leben und das meiner Familie sowie Tausender anderer Familien heftig durcheinandergebracht und beschädigt hat. Was ich erlebt hatte, wusste ich. Aber was es für andere, insgesamt für die Gesellschaft bedeutet, dass die DDR als Diktatur existiert hat, das wollte ich wissen. Ich wollte wissen, wer verantwortlich war, wie es funktioniert hatte und wie die Diktatur jeden Einzelnen beeinflusst hat. Bei der Beschäftigung mit der DDR als Journalist und jetzt als Bundesbeauftragter für die Stasi-Unterlagen muss ich zwei Dinge erkennen. Nach wie vor liegt es an einem selbst, ob man sich den Kategorien unterwirft, die andere an einen anlegen. Was heißt das schon: Wessi oder Ossi? Aber gleichzeitig ist auch unübersehbar: Die DDR hat ihre Bürger unfrei gehalten, sie zur Anpassung gedrängt und Widersprechen bestraft. Das hat die Gesellschaft verändert. Tiefgreifend, lang andauernd, mit Folgen auch für unser jetziges Miteinander. So habe ich es erfahren. Die Praxis und das Prinzip der Abgrenzung haben die Menschen nicht nur im Handeln, sondern auch im Denken beschränkt. Sich das einzugestehen, ist schmerzhaft.

Der Schritt danach war eines der besten Dinge, die ich erlebt habe. Anzukommen in einer weit offenen Gesellschaft, in der jeder Gedanke sein darf und die Selbstbestimmung in alle Richtungen möglich ist. Frei zu sein von der Angst. Frei zu sein, jede Meinung zu äußern. Frei zu sein, mein Leben so zu gestalten, wie ich es will. Angst vor zu viel Freiheit hatte ich dabei nie, auch wenn ich lernen musste, mit der Fülle der Möglichkeiten umzugehen. Mit dem Risiko der falschen Entscheidung leben zu lernen, so anstrengend das ist, war für mich dennoch eindeutig besser, als bevormundet zu werden. Freiheit ist ein ständiger Prozess. Freiheit heißt auch, alte Denkmuster, die einem verordnet werden oder die man sich im Leben selbst auferlegt, aufbrechen zu können, ganz unabhängig davon, in welcher Gesellschaft man lebt.

Die DDR erlebt und gelebt zu haben, ist für mich eine Erfahrung, die mir hilft, die Freiheit in der heutigen Gesellschaft zu definieren. Es ist ein Spiegel, in dem ich heute Freiheit messen kann. Diese Chance haben auch die nächsten Generationen, wenn sie sich mit der Vergangenheit ihrer Eltern und Großeltern beschäftigen. Die Vergangenheit ist kein Gefängnis, sie bietet die Chance für neue Erkenntnis. Sich auf diese Suche zu begeben, das lohnt sich, egal, woher man kommt. Nehmt Euch die Freiheit dazu.

Ansichten einer zersplitterten Generation

Bin ich ostdeutsch?
Vom Umgang mit den kleinen Unterschieden

Anne Schreiter

Als die Mauer fiel, war ich noch nicht mal ganz sechs Jahre alt. Bin ich tatsächlich anders als die jungen Erwachsenen, die nur knapp 60 Kilometer weiter westlich geboren wurden? Bin ich bescheidener, weil ich meinen ersten Pfirsich-Maracuja-Joghurt noch mit meinem Bruder teilen musste? Bin ich politisch sensibilisierter, weil ich auf den Schultern meines Vaters und mit Kerze in der Hand unbedarft „Egon, rück das Westgeld raus" mitkrakeelte? Bin ich dankbarer, weil meine Eltern aus politischen Gründen nicht studieren durften, ich aber schon? Bin ich emanzipierter, weil meine Mutter schon immer Vollzeit gearbeitet hat? Darf ich stolz sein, ein bisschen DDR-Geschichte miterlebt zu haben, und genervt, wenn meine Herkunft nach wie vor erklärungsbedürftig erscheint? Bin ich ostdeutsch?

Was heißt das eigentlich? Dass ich ordentlich Sächsisch sprechen kann? Als Grund reicht das kaum aus, denn wirklich anders komme ich mir als Ostdeutsche unter Westdeutschen meiner Generation zunächst nicht vor. Viel schwerer wiegen die Unterschiede in politischen Ansichten oder in den Voraussetzungen für Akademiker- und Arbeiterkinder. Doch inzwischen kann zumindest theoretisch jeder ins Ausland reisen, dem Konsum frönen und sich kritisch zu bestehenden Verhältnissen äußern. Auch ich kann das, allerdings in dem Wissen, dass es ganz anders hätte kommen können.

Das sehe ich an meinen Eltern und Verwandten. Sie alle sind hauptsächlich Gewinner der Wende. Ihnen geht es wirtschaftlich besser als zuvor, sie genießen Reise- und Wahlfreiheit und müssen sich weniger um die selbstbestimmte Zukunft ihrer Kinder sorgen. Eine ab und an aufflackernde Ostalgie wird schnell wieder vom Wissen um die Einschränkungen durch das DDR-Regime überlagert. Die Erzählungen aus der Familie mischen sich mit meinen eigenen Erinnerungen und werden dadurch besonders eingefärbt: die unbändige Freude in meinem ersten richtigen Spielzeugladen kurz hinter der Grenze, als ich mir für das Begrüßungsgeld etwas aussuchen durfte. Der Westen war reich und herrlich bunt. Aber ebenso das seltsame Gefühl, im Trabant zwischen schicken Westautos zu stehen, aus denen uns die Köpfe zugedreht wurden. Der Westen war anfangs auch sehr fremd.

Wir besaßen weniger als die Menschen drüben im Westen, das erschien mir zumindest schon recht früh so. Die politischen Ausmaße wurden mir aber erst später bewusst. Ich erfuhr, dass meine Großeltern bespitzelt, meine Eltern systematisch benachteiligt wurden. Die Menschen wiederum hielten zusammen, wurde mir erzählt. Ich kam also aus einem Land, das schlecht zu sein schien, in eines, das fremd war und auch seine Tücken hatte. Das war für mich als Kind verwirrend.

Aber meine Familie und Freunde blieben die gleichen; die politischen, wirtschaftlichen und gesellschaftlichen Veränderungen besorgten oder euphorisierten mich als Kind kaum. Und so wurde das Neue schließlich ganz normal. Der Auslandsaufenthalt in den USA war im Laufe der Zeit normal geworden, obwohl meine Eltern noch nie da gewesen waren. Das Studium, die Auslandssemester, all das wurde selbstverständlich für mich, und doch wurde mir stets die Exklusivität dieser Ereignisse durch meine Familie gespiegelt. Dadurch wurde nicht nur das Bild von der Vergangenheit mitbestimmt, sondern auch die Linse auf die Gegenwart scharf gestellt.

Wenn ich heute mit gängigen Ost-Stereotypen oder dem Unwissen über die neuen Bundesländer konfrontiert werde, fühle ich mich daher meist nie selbst, sondern stellvertretend für meine Familie angegriffen. Dabei sehe ich mich immer in der Verantwortung, schiefe Ansichten geradezurücken –

nicht selten haben auch Vertreter meiner Generation aus Westdeutschland bestimmte Einstellungen gegenüber dem Osten einfach übernommen. Genauso ärgere ich mich über unreflektierte Ostalgiker, die oft alle Klischees bestätigen. Mir scheint es dann manchmal so, als würden die jungen Menschen in Ost und West die konstruierten Grabenkämpfe ihrer Eltern austragen und sich weniger an einer eigenen Perspektive abarbeiten. Denn was wirklich nervt, sind nicht die Witze über Mandys, Bananen und Rechtsextremismus – Humor hat immer etwas Verbindendes. Es ist vielmehr die Kombination mit Ignoranz und Selbstgefälligkeit, die mich wütend macht, und das überall in Deutschland.

Die DDR gibt es nicht mehr, und das ist gut so. Die Menschen gibt es aber noch. Die Vertreter der Dritten Generation Ostdeutschland haben dabei die nicht leichte und verantwortungsvolle Aufgabe einer Mittlerrolle zwischen Ost und West. Sie sollten daher das Erbe der vorherigen Generationen nicht beiseiteschieben, gleichzeitig sollten sie sich davon aber auch nicht vereinnahmen lassen.

Vielleicht bin ich gerade deswegen ostdeutsch, weil mir bewusst ist, dass ein gesamtdeutsch geprägtes Leben mit all den Möglichkeiten und Freiheiten und zugleich den Anforderungen etwas Besonderes ist. Es hätte auch anders verlaufen können. Heute esse ich ganz selbstverständlich einen Pfirsich-Maracuja-Joghurt. Manchmal fällt mir dabei ein, dass mir vor 22 Jahren nie zuvor etwas besser geschmeckt hatte als dieses Discounter-Produkt. Das lag vielleicht an den ungewohnten Geschmacksverstärkern, vielleicht an der Ehrfurcht vor dieser anfangs seltenen Ware. Die hat sich inzwischen abgenutzt. Was bleibt, ist ein Gefühl der Dankbarkeit, dass ich heute viel mehr haben kann, viel mehr entscheiden darf, als es ohne die Wende für mich je möglich gewesen wäre. Meine Generation und ich haben deshalb aber auch eine besondere Verantwortung, wie wir mit dieser Freiheit umgehen.

Wendekinder
Zwei Schwestern im Gespräch

JANA WESSENDORF · ANNE WESSENDORF

Als im Spätsommer 2011 der Artikel „Wir, die stumme Generation Ost" von Johannes Staemmler in *Die Zeit* erscheint, fühlen wir uns angesprochen und kommen ins Gespräch über die gesellschaftliche und politische Wende, die wir als Heranwachsende miterlebt haben. Einige Wochen später stehen wir nach einem gemeinsamen Mittagessen noch ein Weilchen auf der Dachterrasse des Bürogebäudes, in dem Anne arbeitet, und blicken über die Bankenstadt Frankfurt am Main. Hier haben wir auch einige Zeit zusammen gewohnt, bevor Jana vor ein paar Jahren in die Schweiz gezogen ist. Wieder kommen wir auf die Wende zu sprechen. In seiner Rede zum Tag der Deutschen Einheit hatte der Bundespräsident Christian Wulff unlängst die DDR wieder als Unrechtsstaat gebrandmarkt. Wir sind uns einig, dass die öffentliche Auseinandersetzung mit der DDR weitgehend an uns und unseren Empfindungen vorbeigeht. Wir stellen fest, dass wir uns, um das zu ändern, beteiligen müssen an dem, was da besprochen wird.

JANA Ich frage mich, warum wir uns eigentlich in der öffentlichen Auseinandersetzung mit der DDR so wenig wiederfinden.

ANNE Vielleicht liegt es daran, dass die persönliche Erlebniswelt in einem ziemlichen Gegensatz zu dem Bild steht, das in der Öffentlichkeit heute von der DDR gezeichnet wird. Die Gesellschaft, in der wir jetzt leben, verurteilt die DDR als Unrechtsstaat. Für die guten Erinnerungen an meine Kindheit in der DDR ist in diesem Urteil kein Platz, sie gehen darin unter.

Der Übergang von der Kindheit in die Jugend fiel bei mir zeitlich mit der Wende zusammen. Darin liegt gleichzeitig auch eine Schwierigkeit für mich: Die DDR habe ich nur als Kind erlebt, das vereinigte Deutschland nur als Jugendliche und dann als Erwachsene. Woran kann ich nun festmachen, ob etwas Gutes und Schönes, an das ich mich aus DDR-Zeiten erinnere, wirklich so gut war, wie es mir scheint, oder ob es mir nur so vorkommt, weil ich zu DDR-Zeiten die Welt noch mit der Begeisterung eines Kindes sah?

JANA Zweifelst du deine Erinnerung an die guten Dinge in der DDR an?

ANNE Nein, ich zweifle nicht meine Erinnerungen als solche an. Ich finde es nur schwierig, ausschließlich die Gefühls- und Erlebnisweisen aus der Kindheit zur Verfügung zu haben, um die DDR-Zeit mit meinem jetzigen Leben zu vergleichen und die Unterschiede zu bewerten. Wenn wir zum Beispiel als Kinder hin und wieder unsere Verwandten in Berlin besuchten und auch ein Besuch im Erlebnisbad SEZ (dem Sport- und Erholungs-Zentrum) in Berlin-Friedrichshain anstand, dann durchflutete mich ein Gefühl der Glückseligkeit, wenn ich nach dem ewig langen Anstehen endlich die Münze für das Drehkreuz am Eingang in der Hand hatte. Und der Spaß, den wir hatten, wenn wir kurz danach im landesweit bekannten Wellenbecken durch die künstlich erzeugten Wellen gesprungen sind! So intensiv kann ich mich heute gar nicht mehr freuen. Inwieweit liegt das nun daran, dass ich heute einfach zu gesättigt bin, weil ich in einer sogenannten Überflussgesellschaft lebe, und inwieweit daran, dass ich kein Kind mehr bin?

JANA Dieses Gefühl der Glückseligkeit ist sicher im besonderen Maße ein Gefühl der Kindheit, in der man die Dinge unreflektierter und mit weniger Lebenserfahrung sieht.

Erinnerst du dich noch an unseren ersten Besuch im Westen? Es war der Tag der Maueröffnung, und wir haben uns in die Schlange gen Westen eingereiht. Ich hatte ein bisschen Bammel, dass wir womöglich nicht rüber dürfen, weil vielleicht irgendetwas im Pass nicht stimmt oder so etwas in der Art.

ANNE Ja, wir wollten eigentlich nach Erfurt, um Möbel für dein Zimmer zu kaufen, und sind dann kurzerhand in die andere Richtung auf die Autobahn aufgefahren. Ich war damals zehn Jahre alt. Als Erstes ist mir aufgefallen, wie glatt die Straßen drüben waren. Die Schlaglöcher waren mit ebenen, rechteckigen Flicken ausgebessert worden und nicht mit den unförmigen, wulstigen „Flatschen", welche die Straßen der DDR in Holperstrecken verwandelten. Das war damals ein richtiges Aha-Erlebnis für mich. Wieso war ich selbst noch nicht darauf gekommen, dass man das auch so machen konnte? Dann der Geruch der Luft – so sauber. Und der Besuch in dem Supermarkt, der eigentlich gerade seine Pforten schließen wollte. Als wir an der Tür sagten, woher wir kamen, wurden wir herzlich begrüßt und eingelassen, obwohl wir gleich darauf hinwiesen, dass wir kein „Westgeld" hatten. Zum Schluss bekam jede von uns noch eine tolle Comic-Postkarte geschenkt, weißt du das noch?

JANA Ja, das weiß ich noch. Ich sehe uns noch vor dem Supermarkt stehen. Staunend durch die Scheiben nach innen schauend. Ungläubig. Wie in eine andere Welt hineingeworfen.

ANNE Auch mir ist dieser Anblick und die damit verbundene Begeisterung haften geblieben. Heute ist das ein alltäglicher Anblick für mich, der keine großartigen Glücksgefühle mehr auslöst. Daraus schließe ich, dass materielle Vielfalt an sich wohl nicht unmittelbar das gefühlte Glück vergrößert. Oder inwieweit vergleiche ich hier möglicherweise wieder Äpfel mit Birnen, weil ich die Erlebniswelt eines Kindes der einer Erwachsenen gegenüberzustellen versuche? Ich kann es nicht sagen. Auch das ist ein gutes Beispiel für meine oben beschriebene Schwierigkeit, die Erinnerungen aus der DDR-Zeit mit den Eindrücken der heutigen Zeit zu vergleichen.

Die Prägung unserer Kinderjahre ist im Übrigen nur die eine Seite. Auf der anderen Seite habe ich mich an die veränderten gesellschaftlichen Umstände angepasst und identifiziere mich mit ihnen. Das bringt mich auch in einen inneren Zwiespalt; manchmal fühle ich mich hin- und hergerissen zwischen dem politischen Denken und dem gesellschaftlichen Konsens, wie diese sich mir heute präsentieren, und dem, was ich früher als politische und gesellschaftliche Wahrheit erlebt habe. Man könnte mir entgegnen, das von früher war keine Wahrheit, das war Ideologie. Aber wenn etwas, das ich schon einmal als Wahrheit angenommen hatte, sich im Nachhinein so einfach als Ideologie herausstellen konnte, wäre es dann nicht leichtsinnig, gar töricht, den gleichen Fehler noch einmal zu begehen und sich jetzt so einfach auf den neuen gesellschaftlichen Diskurs einzulassen? Bereits die Wahl der Themen, mit denen sich die Öffentlichkeit beschäftigt, unterliegt doch dem gesellschaftlichen und damit einem systembedingten Einfluss. Manchmal wünsche ich mir, ich müsste nicht so viel zweifeln und könnte einfach mitmachen.

Ganz abgesehen davon will sich die verinnerlichte Wahrheit von damals auch nicht so leicht als Ideologie abtun lassen. Im Gegenteil, manchmal habe ich den Eindruck, dass der Kalte Krieg, der in meiner Kindheit zwischen Ost und West tobte, in meinem Inneren noch nicht ausgestanden ist. Es ist, als ob es ein Ost-Ich und ein West-Ich in mir gibt, die sich zeitlich nacheinander gebildet und auch nicht automatisch miteinander verzahnt haben. Mein enger Freund André, mit dem ich kürzlich bei einem Besuch auf dem Feldberg im Taunus über dieses Thema gesprochen habe, sagte es mit den folgenden treffenden Worten: „Ich habe mich damals einfach um 180 Grad gedreht und bin unreflektiert in die andere Richtung losmarschiert. Den kleinen Jungen, der stellvertretender Freundschaftsratsvorsitzender und Mannschaftssieger der DDR-Spartakiade im Schach geworden war, habe ich einfach stehen gelassen. Und dort steht er heute noch und wartet darauf, dass ich ihn abhole." Es sind zwei innere Welten, die es miteinander zu versöhnen und zu integrieren gilt. Auch mehr als 20 Jahre nach der offiziellen Wiedervereinigung muss ich mir die Vereinigung dieser beiden Welten mühsam weiter erarbeiten.

JANA Das empfinde ich anders. Für mich ist es eher ein Bonus, das Wertesystem aus meiner Kindheit in mir zu haben, nicht etwas, das in Konkurrenz zum heutigen steht, sondern ich verstehe beide Systeme als Ergänzung zueinander. Vielleicht hat es etwas damit zu tun, dass André und du zweieinhalb Jahre jünger seid als ich. Da ich zum Zeitpunkt der Grenzöffnung bereits 13 Jahre alt war, konnte ich damals die Tragweite der Geschehnisse schon eher erfassen und mich mit ihnen bewusst auseinandersetzen. Ich hatte damals in dem Sinne Glück, dass die Wende für mich just zu dem Zeitpunkt kam, als die Weichen für das Erwachsensein und das Berufsleben gestellt werden mussten. Ich glaube, dass man sich als so junger Mensch auf solch tiefgreifende Veränderungen noch viel leichter und unbeschwerter einstellen kann als in späteren Lebensjahren. Hast du, rückblickend, eigentlich damals von mir als deiner älteren Schwester mehr Halt oder Unterstützung erwartet?

ANNE Nein, ich habe mich damals eigentlich nicht verloren gefühlt. Die Tragweite des Umbruchs war mir noch gar nicht so bewusst. Ich habe natürlich mitbekommen, dass da etwas Wichtiges vor sich ging, das unser Leben und unseren Alltag veränderte. Jedoch erlebt man als Kind ja viele Dinge dieser Welt zum ersten Mal, muss sich immer wieder in völlig neuen Situationen zurechtfinden, auf bislang nie Gesehenes einstellen, so dass die innere Flexibilität auch noch besonders groß ist. Das Nachdenken hat erst Jahre danach begonnen. Die Verunsicherung und Spaltung, die der Umbruch in meinem Inneren ausgelöst hat, wird mir erst jetzt so richtig bewusst.

JANA Das Alter, in dem ich damals war, die Pubertät, ist eine Zeit, in der man sich von den Eltern ein Stück weit abnabeln, sich unterscheiden möchte und gegen das Bestehende rebelliert. Vielleicht war es gerade deshalb zu diesem Zeitpunkt sogar besonders leicht für mich, ein verändertes Wertesystem kennenzulernen und mich mit diesem zu identifizieren. Natürlich verlief auch dieser Prozess nicht immer problemlos. Gerade am Anfang war ja das gesamte Umfeld mitgerissen vom Strudel der sich täglich ereignenden Neuigkeiten. Es war zu der Zeit schwierig, einigermaßen konstante Anhaltspunkte, Richtungsweiser zu finden. Auch die Lehrer, die vor der Wende noch viel von Kollektiv und Teilen erzählt hatten, sprachen auf einmal davon, dass man selbst sehen müsse, wo man bleibt, auch mal seine Ellbogen einsetzen müsse. Die gleichen Menschen senden auf einmal andere Botschaften.

Auch habe ich mich am Anfang gefragt, warum die Menschen alle unser Land verlassen wollen, habe bemerkt, dass unsere Eltern jeden Abend gebannt vor Fernseher und Radio saßen, wir beim Abendbrot zum ersten Mal auch Fernsehen schauten. Mit der Zeit aber, zumindest erinnere ich mich heute so zurück, verlief meine Anpassung doch recht unkompliziert. Ich habe mich schnell im neuen System zurechtgefunden. Als junger Mensch habe ich die gewaltigen Möglichkeiten gesehen, die sich nun auf einmal boten. Ich bin damals in keine Sinnkrise geraten. Heute, Jahre später, erlebe ich es so, dass die Prägung meiner Kindheit wieder verstärkt in das Bewusstsein tritt und mich an diversen Werten und Entwicklungen der heutigen Zeit und Gesellschaft zweifeln lässt. Ich denke unter anderem daran, wie die soziale Marktwirtschaft in der Realität im Widerspruch zu ihrem theoretischen Ansatz des verantwortungsvollen Umgangs mit den Ressourcen gelebt wird. Ich denke auch an die Ellbogenmentalität in unserer heutigen Gesellschaft und im Arbeitsleben, die in großem Gegensatz zum Kollektivgedanken des Kommunismus steht, oder die Zweiklassengesellschaften im Gesundheits- und Bildungswesen, die als normal hingenommen werden.

ANNE Für die Generation unserer Eltern war es bestimmt nicht so leicht.

JANA *(nachdenklich)* Für die damals Erwachsenen kam die Wende häufig auf dem Höhepunkt oder auf dem Weg zum Höhepunkt ihrer gesellschaftlichen Leistungsfähigkeit. Mit dem Umbruch war nicht nur eine gesellschaftliche Vision gescheitert. Karrieren waren abrupt beendet. Das Arbeitsleben veränderte sich massiv. Ungekannte Arbeitslosigkeit, berufliche Umschulungen und Neuanfänge prägten in den Nachwendejahren für viele von uns Wendekindern das Bild unserer Eltern und der Erwachsenen um uns herum. Der Verlust der Orientierung ist eine gemeinsame Erfahrung der Dritten Generation Ostdeutschlands und der Generation ihrer Eltern, denn Eltern und Kinder mussten sich parallel in die neue Welt einleben.

ANNE Diesen Verlust der Orientierung spüre ich noch heute. Vielleicht gehört das allerdings auch zum Erwachsensein dazu, auch ohne gesellschaftlichen Umbruch?

JANA Ich stelle mir vor, es ist vielleicht ein bisschen wie beim Erlernen des Fahrradfahrens. Am Anfang kannst du kaum das Gleichgewicht halten, und die Stützräder bewahren dich vor dem Umfallen. Irgendwann, wenn du ein Gleichgewichtsgefühl entwickelt hast, werden die Stützräder abgeschraubt, und du musst fortan die Wackler selbst ausgleichen. Das ist zwar anstrengender, verschafft aber auch Freiheit.

ANNE Im Vergleich zu unserer Generation beobachte ich immer wieder, dass sich DDR-Bürger, die schon zum Zeitpunkt der Wende erwachsen waren, teilweise nur unzureichend mit der neuen Welt identifiziert haben – von einer inneren Verarbeitung des Umbruchs ganz zu schweigen. Ich glaube, dass die Ursache dieses Phänomens auch darin liegt, wie die Wende vollzogen und wie sie im vereinten Deutschland gesellschaftlich diskutiert wurde. An der DDR wurde und wird in der öffentlichen Debatte ja kaum ein gutes Haar gelassen. Was aber, wenn man sich dort eigentlich ganz wohl gefühlt hat? Dann ist man doch automatisch in der Verteidigungsposition. Ein offener, konstruktiver Dialog über die Unterschiede zwischen Ost und West ist so gar nicht möglich. Der immer wieder gehörte Satz: „Es war nicht alles schlecht" ist für mich zum Ausdruck einer chronischen Verteidigungshaltung ehemaliger DDR-Bürger und zum Symbol der gesellschaftlich nicht akzeptierten und verhöhnten Trauer um das Verlorene geworden. Denn über das Verlorene kann man nicht öffentlich sprechen, ohne sich dem Vorwurf der „schalen Ostalgie" auszusetzen mit all ihren Konnotationen – Angriff, Herablassung und Spott – und den daraus resultierenden Gefühlen bei den Betroffenen. Das Gefühl der Demütigung, das dem vernichtenden gesellschaftlichen Urteil entspringen muss, ein halbes Leben lang etwas wesentlich falsch eingeschätzt oder übersehen zu haben. Das Gefühl des Unverstandenseins. Die Wut über die Ablehnung. Das Ergebnis ist ein innerer Rückzug bis hin zur Resignation. Wenn ich beobachte, wie sich Menschen, die ich von Kindesbeinen an kenne, in diesem Sinne zurückziehen, macht mich das traurig. Es hat in mir eine gewisse Bedrückung ausgelöst, die mir zu einem unterschwelligen Begleiter geworden ist. Bemerkenswert finde ich, dass hier wieder ein „Rückzug ins Private" stattfindet, der bereits als gesellschaftliches Phänomen der DDR beschrieben und als symptomatisch für deren demokratische und politische Unzulänglichkeit gewertet wurde. Dieser Rückzug ist nicht nur auf der persönlichen Ebene, sondern auch für unsere heutige Gesellschaft ein trauriger Verlust, zeigt sich in ihm doch auch eine verpasste Chance auf einen echten Dialog, um im Rahmen der Wiedervereinigung das Beste aus beiden Welten zusammenzuführen. Aus gesellschaftlicher Sicht ist die Wiedervereinigung leider eine Einbahnstraße geblieben. Übrigens entdecke ich diese Empfindung des Nicht-dazu-Gehörens ein Stück weit auch an mir selbst und glaube es auch bei dir wahrzunehmen.

JANA *(runzelt die Stirn)* Du hast recht, ich selbst kenne dieses Gefühl auch, das du beschreibst. Wenn ich mich mit Dritten über meine Herkunft unterhalte, kommen bei den Gesprächspartnern häufig als Erstes die bekannten, schon so oft strapazierten Plattitüden und Klischees zur Sprache. Ich habe dabei oft das Gefühl, dass meine ehrliche Meinung zu diesem Thema, die von der undifferenzierten, generalisierten Verurteilung der DDR abweicht, nicht gehört werden möchte. Ich fühle mich dann genötigt zu beschwichtigen, sage, was das Gegenüber offenbar hören möchte. Dann bin ich sauer, ziehe mich zurück und fühle mich wieder unverstanden. Wenn mir ein Gesprächspartner provokant und überheblich sogenannte Fakten an den Kopf wirft, die gar nicht auf eigenen Erfahrungen mit dem Land meiner Kindheit basieren, dann fehlen mir für ein echtes Gespräch das ehrliche Interesse und der Versuch eines offenen und einigermaßen differenzierten Umgangs mit der Thematik. Die DDR, das waren für mich nicht nur Mauertote, Unrechtsstaat und Sportdoping. Die DDR, das waren auch knapp 17 Millionen Menschen mit einer eigenen Kultur, Mentalität und ihrem Wertesystem. Dies alles aber fehlt vollkommen in der gesellschaftlichen Diskussion und Aufarbeitung oder findet keine Beachtung. Ich denke, hier haben Deutschland und seine Menschen im Sinne eines wirklichen Zusammenwachsens noch viel nachzuholen.

Oftmals begegnet mir der offenste Umgang mit dem Thema DDR im Ausland, bei Nichtdeutschen. Dort spüre ich ehrliches Interesse und eine weniger vorgefertigte Meinung. Richtig gefreut habe ich mich bei einer Diskussion auf einer Berghütte in den Alpen, als ein Schweizer, der in den Vorwendejahren oft beruflich in der DDR zu tun hatte, auch positive Seiten aufzählte, zum Beispiel das Bildungswesen. Vieles sei ungeprüft in die gleiche Schublade gesteckt worden wie die politischen Themen. Es war spannend und beruhigend für mich, die Ansicht eines Außenstehenden dazu zu hören, ohne das Gefühl zu bekommen, meine Erinnerungen seien „ideologische Verblendungen".

ANNE Als eine Botschaft der demokratischen Idee habe ich inzwischen verinnerlicht, dass die Gesellschaft davon lebt, was der Einzelne denkt, glaubt und fühlt. Und das ist gerade einer der Gründe, warum ich mich freue, einen öffentlichen Dialog zu führen. Es ist für mich ein Weg und auch ein Zeichen dafür, dass es möglich ist, sich einzubringen und damit nicht zuletzt dem inneren Rückzug entgegenzuwirken.

JANA Aber müssen wir uns beide nicht auch fragen, warum wir in 20 Jahren niemals so intensiv miteinander darüber gesprochen haben wie jetzt?

ANNE Dafür gibt es sicherlich mehrere Gründe. In den ersten Jahren nach der Wiedervereinigung waren wir beide Teenager und mittendrin im Trubel der neuen Zeit. Sicher spielte auch unsere familiäre Situation eine Rolle, die in diesen Jahren ja gleichfalls eher unruhig war. Später waren wir lokal oft weit voneinander getrennt und haben die Wiedersehen für aktuellere Themen genutzt. Spätestens jedoch, als wir beide drei Jahre zusammen in Frankfurt gelebt haben, hätten wir mehr als Gelegenheit dazu gehabt. Aber ich glaube, zumindest ich hatte mich zu dem Zeitpunkt noch gar nicht so bewusst mit der Thematik auseinandergesetzt. Mein Umgang mit der Wende glich lange Zeit mehr einem Getriebensein als dem Versuch einer aktiven, bewussten Aufarbeitung. Es war einfach zu viel, was da bewältigt werden musste. Du weißt ja, dass ich bald nach der Wende regelmäßig von Eisenach zu einem Reitstall nach Hessen gefahren bin, um dort Reitunterricht zu nehmen. Eines Tages sprang dort fröhlich ein neuer Hund auf mich zu. Nach dem Namen gefragt, antwortete mir meine Reitlehrerin, dass der Hund Gorbi heiße, als Abkürzung von Gorbatschow. Dann fügte sie noch etwas hinzu, das ich akustisch nicht richtig verstand. Sie sagte: „Gorbi, nach dem Heilsbringer der Deutschen“, und lächelte mich an. Oder hatte sie „Halsbrecher“ gesagt? Aus dem Osten kannte ich vor allem die Stimmen, die Gorbatschow als Verräter bezeichneten. Ich war also verwirrt, hatte aber nicht den Mut, sie zu fragen und mir Klarheit zu verschaffen. Es dauerte Jahre, bis ich meine Antwort auf diese Frage fand. Und es war eine wichtige Frage, denn es war auch die Frage danach, ob sich die Westdeutschen eigentlich über den Zugewinn der Ostdeutschen freuten, ob ich willkommen war. In vielerlei Hinsicht ist die Wiedervereinigung ein hochemotionales Thema für mich, an das eine tiefe Verunsicherung gekoppelt ist. Bislang habe ich wohl eher versucht, dies mit mir selbst auszumachen. Ich wollte es in gewisser Weise aussitzen, die Büchse der Pandora lieber nicht öffnen.

JANA Vielleicht haben neben der Initiative *3te Generation Ostdeutschland* auch die starken politischen Veränderungen in Nordafrika und im arabischen Raum dazu beigetragen, dass das im Inneren versunkene Thema für einen selbst wieder aktuell wurde. Bei dieser Gelegenheit bin ich immer wieder froh und stolz zugleich, dass unsere „Revolution", unsere Wende so friedlich ablief. Ich denke, es brauchte eine gewisse Initialzündung für unsere Auseinandersetzung mit der Vergangenheit. Es war sicherlich auch dieser Artikel in *Die Zeit*, der uns einen konkreten Anlass dazu geliefert hat. Und obwohl ich in einigen Teilen unglücklich darüber bin, wie die gesellschaftliche und geschichtliche Aufarbeitung der DDR abgelaufen ist und bis heute abläuft, genieße ich mein Leben sehr. Ich bin froh, dass wir in unserem Land das Glück der Wiedervereinigung hatten. Ich wäre heute nicht in meiner Wahlheimat Zürich, hätte vielleicht nicht diesen beruflichen Erfolgsweg einschlagen können, hätte es möglicherweise niemals auf meine geliebten Galápagos-Inseln geschafft, wenn es die Wende nicht gegeben hätte. Und heute weiß ich, dass mir dann ganz sicher sehr viel entgangen wäre.

ANNE So empfinde ich das auch. Ich lebe seit inzwischen acht Jahren in Frankfurt am Main und fühle mich hier pudelwohl. Mein Freundes- und Bekanntenkreis besteht zu einem großen Teil aus ehemaligen sogenannten Klassenfeinden, die mir sehr ans Herz gewachsen sind und die ich nicht mehr missen möchte.

JANA Lass uns auf dieser schönen Note enden.

ANNE Einverstanden. 20 Jahre sind eine lange Zeit. Aber nicht wieder so lange warten!

Ossi in den Niederlanden
Ein Erfahrungsbericht

Christine Steinhäuser

Wenn ich einem Niederländer erzähle, dass ich nicht nur unüberhörbar deutsch – der Akzent verrät mich auch nach zwölf Jahren noch –, sondern ostdeutsch, ein DDR- und ein Wendekind bin, dann gibt es erst mal nur zwei Möglichkeiten. Entweder mein Gegenüber lacht mich freudestrahlend an: „Ah, Berlin! Ist ja so hip, ich liebe Berlin, vor zwei Jahren war ich noch in diesem Club in Friedrichs... äh ...berg, wie heißt der noch ...?" Oder aber die Stirn legt sich in tiefe Denkerfalten: „Schlimm, die Stasi. War das wirklich so wie in *Das Leben der Anderen*?"

Ein Ostdeutscher ist für die Niederländer zunächst mal ein Berliner, denn diese Stadt fasziniert Niederländer wie keine andere. Die wohlbetuchteren älteren Semester kaufen sich dort ein Pied-à-terre, die jungen machen dort ein paar Mal im Jahr anständig Party oder ziehen gleich ganz in die deutsche Hauptstadt. Auch wegen der Teilung, die man immer noch sieht. Wegen des bis heute spürbaren Ost-Flairs. Meistens sage ich an dieser Stelle, dass man dies in Greifswald Schönwalde II oder in Leipzig Anger-Crottendorf noch viel besser genießen kann. Und ich sage, dass ich Berlin zwar mag und ganz gut kenne, aber bisher nicht dort sesshaft geworden bin. Der niederländischen Begeisterung tut das aber keinen Abbruch; ich bin es schon: exotisch, hip, ostig. Und die Stasi? Geduldig erkläre ich, dass ich mit meinen 13 Jahren im Herbst '89 noch mit keinem „Stasi-Mann" persönlich das Vergnügen gehabt hatte. Allerdings glaubte ich mich zu erinnern, dass kurz nach dem genehmigten Ausreiseantrag von Verwandten im Jahr zuvor abends mal zwei Leute vor der Wohnungstür gestanden hätten, auf die diese Beschreibung hätte passen können.

Das reicht. Ob ich will oder nicht, ob ich *kann* oder nicht – ab diesem Moment (also grob ab der vierten Gesprächsminute) bin ich die allgemein anerkannte Expertin für Ost-Angelegenheiten.

Soweit die Fremdwahrnehmung durch die Niederländer: ein Spaziergang zwischen Extremen. Das hat mit meiner Selbstwahrnehmung und mit meiner zusammengewürfelten Identität aus ostdeutsch-gesamtdeutscher und deutsch-niederländischer Sozialisation wenig zu tun. Wenn es mir eines zeigt, dann, dass das Leben im Ausland mich öfter zwingt, über meine ostdeutsche Herkunft nachzudenken. Einfach weil hier öfter jemand danach fragt als in Deutschland. Und das bewirkt, dass ich mich selbst frage: Wie geht es mir als Wendekind im Ausland? Wie geht es anderen Ostdeutschen der Dritten Generation „im Exil" – im Auslandsstudium, als Expats, als Ausgewanderte?

Dieses Nachdenken über meine Identität beginnt schon bei der Frage: Was verschlägt ein Wendekind ausgerechnet ins niederländische Amsterdam? Damals, mit Anfang zwanzig, war es nicht mehr als eine vage Ahnung, dass ich eine Weile aus Deutschland weg müsste. Weg aus Leipzig, wo ich seit gut zwei Jahren studierte, aber vor allem eins gelernt hatte: Radio zu machen. Mein Wohnzimmer war das Uniradio Mephisto 97.6, ein Mitte der 1990er Jahre ins Leben gerufenes journalistisches Ausbildungsprojekt, das gleichzeitig als Lokalradio für Leipzig fungierte. Im harten Kern waren wir damals vielleicht 30 ost- und westdeutsche Studenten, die nicht selten in WGs zusammenwohnten, bei Mondschein in die Steinbrüche zum Baden fuhren und gern alkoholisch angehaucht über das Leben philosophierten. Wir fühlten uns großartig, denn wir schmissen neben dem Studium täglich vom Interview bis zur fertigen Sendung das Programm der Welle. Als sich nach zwei Jahren mein Kreis der charmanten Chaoten auflöste, weil viele nach Berlin gingen – der nächsten hippen Herausforderung entgegen –, kam ich ins Grübeln. Berlin faszinierte auch mich, aber es war mir damals zu groß und zu unübersichtlich; die rasanten Veränderungen in der Stadt stressten mich insgeheim eher, als dass sie mich inspirierten.

In Leipzig ging das Leben weiter; beim Sender ergab es sich, dass ich mehr und mehr Interviews zu Personen produzierte – Liedermacher, Schriftsteller, Wissenschaftler –, die durch den Lokalbezug unseres Radios meistens Ossis waren und den längeren Teil ihres Lebens in der DDR verbracht hatten. Die Brüche in den Biografien waren erstaunlich und erschreckend, das ganze Arsenal menschlicher Erfahrungen wurde hier erzählt – allein das ist schon der Traum eines jeden Interviewers. Im Rückblick waren diese Interviews für mich mehr als nur journalistische Praxis; sie waren auch identitätsstiftend, denn sie ergänzten die DDR- und Umbruchserfahrungen meiner Eltern und unseres kleinbürgerlich-christlich-angepassten Umfeldes mit teils ähnlichen, teils entgegengesetzten Perspektiven. Was ich als Kind und Jugendliche vom Leben in der DDR nur schemenhaft überblicken konnte, kam nun, knapp zehn Jahre nach ihrem Ende, postwendend und konzentriert zu mir zurück. Und hinterließ gemischte Gefühle, denn neben aller Neugier auf die Vergangenheit nervte sie mich auch und katapultierte mich mitten ins Wendekinder-Dilemma: Wie viele Interviews ich auch führen und wie viele Sachbücher ich auch lesen würde, ich würde sie nie ganz fassen können, schließlich war ich einfach „zu jung" gewesen. „Sei froh!", riefen Eltern und Lehrer im Chor: „Ihr habt alles noch vor euch. Ihr seid die erste Generation, die uneingeschränkt vom neuen System profitieren kann!" Allerdings ging die Mär von der Gnade der späten Geburt bei mir nicht ganz auf. Ich fühlte mich mit meinen Anfang zwanzig oft in einem Paradox gefangen: Ich war „zu jung", weil die Sozialisation in der DDR zu kurz gewesen war, um ein echter Ossi zu werden. Das hätte mir in der neuen gesamtdeutschen Zeit vielleicht zunächst auch nicht viel genützt, weil ich dann wie die älteren Ostdeutschen hätte umlernen müssen. Allerdings hätte ich dann einen festen Ausgangspunkt gehabt, von dem aus ich mein Leben hätte gestalten können. Von unsicherem

Grund aus gelang mir das zwar auch, denn auf der anderen Seite war ich begeistert von den neuen Möglichkeiten und probierte einiges aus – Studienfächer, Nebenjobs, Interessen. Allerdings tat ich das nicht mit der Unbefangenheit, die uns die Elterngeneration für unser „Leben in der Freiheit" gewünscht hatte. Dafür war ich nun wiederum „zu alt", hatte zu viel von der DDR mitbekommen, als dass ich schnurstracks und punktgenau hätte entscheiden können, was ich mit dem Raum der unbegrenzten Möglichkeiten in meinem Leben anfangen wollte. Und vor allem, was genau ich eigentlich einzubringen hatte in die neue Welt, ob die nun weiterhin Leipzig oder vielleicht Berlin heißen würde (komischerweise kam der alte Westen Deutschlands nie in Frage). Es musste jedenfalls Veränderung her, so viel war klar.

Eine andere Sprache, andere Landschaften und eine andere Lebenskultur waren jetzt dran. Die neue Erfahrung sollte sich von der bisherigen ausreichend unterscheiden, um mich selbst jenseits meiner ostdeutschen Seite kennenzulernen, und doch vertraut genug sein, um mich wohlzufühlen. Amsterdam hatte genau das zu bieten. Die Sprache erinnerte mich an das Platt der Fischer in meiner Heimat in Vorpommern; aber ich hatte zwei Jahre zu tun, sie so gut zu lernen, dass ich ihre Poesie und ihren Witz verstand. Die Küste Nordhollands ist rauer als die der Ostsee; aber Wasser und Segelboote sieht man auf Schritt und Tritt. Die Amsterdamer sind Großstädter von heiterer Gelassenheit, die wie alle Niederländer vom Bäcker an der Ecke bis zum Betriebschef jeden duzen. Man sieht sie gut gelaunt und halsbrecherisch auf angerosteten Fahrrädern durch die Gegend brettern, mit vollen Einkaufstüten am Lenker und je einem Kind über Vorder- und Hinterrad oder auch im Bankeranzug, die Aktentasche lässig auf den Gepäckträger geknallt, mit gegeltem Haar dem Wind die Stirn bietend. „Irgendwie sind wir doch alle gleich", scheint die Botschaft zu sein. Dass dadurch die sozialen Unterschiede und Hierarchien nicht so klar sichtbar werden wie in Deutschland, ist mir hier von Anfang an sympathisch gewesen.

Ich nehme an, dass mir das aus meiner Kindheit im DDR-typischen Neubauviertel vertraut ist, in dem bei zehn Familien in einem Aufgang der Uni-Professor neben dem Bauarbeiter wohnte. Wir Nachbarskinder fanden uns in jedem Haushalt mühelos zurecht, weil der Grundschnitt der Wohnungen immer gleich war, auch wenn die Schrankwände und die Bücherbestände geringfügig variierten. Natürlich ist klar, dass es unter der Oberfläche dieser DDR-Sozialromantik sehr wohl Unterschiede und Probleme gab, die nicht nur – wie heute in Holland – mit sozialer Klasse, Herkunft und Beruf zu tun hatten, sondern auch mit der politischen Position des Einzelnen in einem undemokratischen System. Dass der Arzt in der Wohnung unter uns „Partei" oder womöglich Schlimmeres war, wussten wir Kinder ganz genau. Trotzdem halte ich die relative Bescheidenheit, pragmatische Bodenständigkeit und das mehr auf die Gruppe und weniger auf das Individuum gerichtete Verhalten vieler Niederländer und Ostdeutscher für vergleichbar – übrigens nicht nur im Positiven. Es gibt ein niederländisches Sprichwort, das diese (vermutlich calvinistisch geprägte) Mentalität folgendermaßen beschreibt: *„Doe maar gewoon, dan ben je al gek genoeg."* Frei übersetzt: „Verhalte dich normal, dann bist du schon verrückt genug." Ehrgeiz war in den Niederlanden lange verpönt, Erfolg wurde mit dem Mantel des Understatements bedeckt. Individualismus wurde nur so lange proklamiert, wie er sich nicht zu sehr von der Masse abhob. Kein Wunder, dass einige meiner holländischen Freunde mit diesem Sprichwort selbstkritisch auch Gleichmacherei und Kleinbürgermief assoziieren. Gedanken, die einem Wendekind angesichts mancher fleischgewordener Klischees in der ostdeutschen Heimat irgendwie bekannt vorkommen.

Neben diesen Ähnlichkeiten entdeckte ich an den Niederländern aber auch Züge, die wohltuend anders waren, als ich es aus meiner (ost-)deutschen Sozialisation gewohnt war: Sie nehmen sich selbst nicht so ernst. Sie lachen gern und relativieren ihre Probleme. Sie erledigen ihre Aufgaben unaufgeregt und mit genau dem Aufwand, der nötig ist, um eine Sache in Tüten zu kriegen. Preußische Verbissenheit (dieser typisch deutsche Mix aus Disziplin, Ordnung, Gründlichkeit und Perfektionismus) liegt den meisten fern, Improvisieren ist ihre Stärke. Für ein Wendekind, das sich verzettelt hatte, genau die richtige Umgebung. Ich lernte, die Dinge niederländisch-lockerer anzugehen. In meinen ersten Amsterdamer Jahren ging die Rechnung auf – ich war geografisch und mental weg aus Ostdeutschland. Ich saugte niederländische Lebensart und Kultur auf wie ein Schwamm. Meine niederländische Assimilation war nach ein paar Jahren dermaßen fortgeschritten, dass ich als Kulturredakteurin beim niederländischen öffentlich-rechtlichen Rundfunk angenommen wurde. In meinem Kopf formte sich eine neue Landschaft aus niederländischer Literatur, Kunst, Schauspiel, Film und (Pop-)Musik, die stark untereinander vernetzt waren. In diesem *„kikkerlandje"* („Froschländchen", wie die Niederländer ihr kleines Land liebevoll nennen) war die Szene überschaubar. Da hatte ich mein Neuland und war erst mal glücklich, weil ich es einigermaßen überblicken konnte. Damals war mir nicht bewusst, warum ich mich in dieser Größenordnung so zu Hause fühlte. Heute vermute ich, dass ich nicht zufällig in ein Land gegangen bin, das momentan 16,7 Millionen Einwohner hat – fast genau die Einwohnerzahl der DDR.

Doch mit der Zeit holte mich Ostdeutschland in Holland ein: Ostdeutsche Literatur erschien in niederländischer Übersetzung und fand Beachtung; Filme wie *Good Bye, Lenin!* und *Das Leben der Anderen* wurden auch in den Niederlanden Kult. An der Berichterstattung in den Medien überraschte mich, mit welcher Lust niederländische Journalisten ihre Themen in Ostdeutschland – und längst nicht mehr nur im hippen Berlin – suchten und wie treffsicher sie die Stimmungen dort beschrieben. Dass manche Korrespondenten ihre ansonsten nuancierten Artikel mit einem letzten Satz à la Adorno ruinierten: „Es gibt kein richtiges Leben im falschen", irritierte mich aber trotzdem. Andererseits bekleckerten sich die Deutschen auch nicht gerade mit Ruhm in der sogenannten Unrechtsstaat-Debatte, die bereits ein paar Jahre schwelte, ohne dass sie da schon so geheißen hätte. In den Gesprächen mit niederländischen Bekannten kamen die alten Fragen nach meiner Herkunft jetzt regelmäßig, und zu meinem eigenen Erstaunen hörte ich mich nun ausführlich antworten und niederländische Wissenslücken über die DDR füllen. Ich widerlegte Vorurteile, erzählte, was ich aus eigenem Erleben noch wusste, und auch, wie sich Ostdeutschland nach der Wende veränderte. Ich fuhr wieder öfter in die Heimat und produzierte in größeren Abständen Features für den niederländischen Rundfunk über ostdeutsche Themen.

Mir blieb zunächst verborgen, dass die Aufgeschlossenheit der Niederländer gegenüber diesen Themen längere Wurzeln hat als nur den allgemeinen Sinneswandel dem Nachbarland Deutschland gegenüber, der sich in den letzten zehn, 15 Jahren in Holland vollzog. Bis in die Mitte der 1990er Jahre hinein war ein Deutscher in den Niederlanden vor allem ein „*mof*" („Muffliger") – ein Schimpfwort, das die Niederländer im Zweiten Weltkrieg für die deutschen Besatzer gebraucht hatten. Das Trauma der deutschen Nazi-Verbrechen hat tief gesessen und reproduzierte sich scheinbar unaufhörlich in der jeweils nächsten Generation. Annette Birschel, eine (west-) deutsche Journalistin, die seit gut 15 Jahren in den Niederlanden lebt, beschreibt in einem ihrer Bücher, wie sie mit ihrem Kind im Supermarkt Deutsch redete und ein ihr unbekannter, etwa 30-jähriger Niederländer seinen Einkaufswagen in den ihren rammte und sagte: „Ich dachte, ihr hättet begriffen, dass ihr hier nicht willkommen seid."[1] Ich selbst habe solche Erfahrungen nie gemacht; weitere (west- wie ost-)deutsche Bekannte und Freunde, die länger als ich im Land leben, allerdings schon. Doch heutzutage jubeln die Niederländer ganz selbstverständlich für die deutsche Mannschaft, wenn sie es selbst nicht in die Fußballweltmeisterschaft geschafft haben. Deutschland ist inzwischen ein beliebtes Reiseziel der Niederländer geworden, und vor meiner Haustür eröffnete das „Café

Brecht", das erste Berlin-inspirierte Wohnzimmercafé, das deutsche Biere und Weine, Brezeln und Bionade ausschenkt und abends immer überquillt von jungen Niederländern. Mein deutscher Akzent ist salonfähig geworden.

Vielleicht war die Stimmung gegenüber allem, was deutsch ist, schon am Umschlagen, als ich 1999 nach Amsterdam kam; vielleicht haben die Niederländer darüber hinaus aber einfach eine Schwäche für Leute aus dem „anderen" Deutschland? Dafür sprechen auch ein paar historische Fakten. Trotz der schlechten Erfahrungen mit Nazi-Deutschland und den Vorbehalten gegen ein stalinistisches „Sowjet-Deutschland" nahmen die Niederländer mit typischem holländischem Kaufmannsgeist schon 1947 wieder Handelsbeziehungen mit der Sowjetischen Besatzungszone auf. Nachdem sich mit dem Mauerbau die Koexistenz von zwei deutschen Staaten endgültig manifestiert hatte und Willy Brandts neue Ostpolitik einsetzte, waren die Niederlande eines der ersten NATO-Mitglieder (nur Belgien kam ihnen zuvor), die 1973 die DDR als Staat anerkannten und diplomatische Beziehungen aufnahmen. Der niederländische Historiker Jacco Pekelder nennt dafür im Wesentlichen drei Gründe: Innenpolitische Querelen, bei denen der linke Flügel das Thema auf die Agenda setzte, weil es Anti-Establishment war; die Antistimmung zum Kalten Krieg, die auf die Entspannung der beiden Blöcke setzte und der späteren Friedensbewegung vorausging, und als Drittes antiwestdeutsche Ressentiments, die in den 1960ern zum Teil dadurch geschürt wurden, wie in der BRD mit den Nazi-Verbrechern umgegangen wurde.[2]

Die DDR als das proklamierte antifaschistische Deutschland, das anders als die Bundesrepublik aus den Schrecken der Nazi-Zeit gelernt haben wollte, hatte bei vielen Niederländern verständlicherweise bessere Karten. Wichtiger als die offiziellen politischen Kontakte waren allerdings die zwischenmenschlichen Begegnungen, die größtenteils von den Kirchen organisiert wurden und während der gesamten DDR-Zeit bestanden, schreibt die Historikerin Beatrice de Graaf in ihrer

Promotionsschrift zum Thema. Niederländische Christen, unter ihnen der Publizist und Osteuropa-Experte Hans Ester, die in den 1970er und 1980er Jahren teils intensiven Kontakt zu DDR-Bürgern pflegten, erlebten diesen als „viel authentischer und menschlicher als vergleichbare Erfahrungen mit West-Deutschen", so Ester in der Tageszeitung *Reformatorisch Dagblad*.[3] Außerdem, so kommentiert De Graaf, war die DDR „äußerlich nicht zu trennen von den Verwüstungen des Zweiten Weltkriegs. Das muss bei vielen Niederländern für Mitgefühl gesorgt haben. [...] Nächstenliebe und Katastrophentourismus lagen nah beieinander".[4] In den letzten Jahren der DDR hatten etwa 400 niederländische Kirchengemeinden Partnerschaften mit ostdeutschen Gemeinden. Wider Erwarten kamen nach der Wende nur noch mehr hinzu, weil es zwischen ost- und westdeutscher Kirche Spannungen gab. Der belehrende Ton vieler westdeutscher Hilfsangebote bewirkte, dass die Ossis „uns um Rat fragen, weil wir keine Westdeutschen sind", zitierte die Tageszeitung *Trouw* Anfang der 1990er Jahre einen niederländischen Kirchenvertreter.[5] Als Außenstehende im deutsch-deutschen Einigungsprozess erschienen die Niederländer insofern neutral, als sie in der Lage waren, ostdeutsche Sichtweisen überhaupt als mögliche Perspektiven anzuerkennen.

Ein frühes Zeugnis dieser neutralen Offenheit ist die Hitsingle „Over de Muur" der niederländischen Band Het kleine Orkest. Harrie Jekkers, Kabarettist und Sänger der Band, schrieb dieses Lied über die Berliner Mauer 1983, auf dem Höhepunkt der niederländischen Friedensbewegung und am Vorabend der größten Demonstration gegen das nukleare Wettrüsten in Den Haag. 1984 wurde die Single veröffentlicht und sofort zum Kulthit. Als fünf Jahre später die Mauer fiel, landete sie erneut in den Charts. Noch heute fehlt sie in keinem niederländischen Rundfunkbeitrag über die DDR und die Wende, und zu jedem '89er Jahrestag bricht Jekkers aufs Neue die Journalistenherzen, indem er resolut jeden Kommentar zu seinem größten Erfolg verweigert. Recht hat er – das Lied spricht ja für sich. In „Over de Muur" fliegen nur die Vögel ungehindert von Ost nach West und umgekehrt, während die Menschen in beiden deutschen Staaten mit dem jeweiligen politischen System zurechtkommen müssen: Andersdenkende im – wie er singt – „Heilsstaat DDR" werden für verrückt erklärt und eingesperrt; die sogenannte Freiheit in der BRD vermag nur derjenige zu nutzen, der es sich auch finanziell leisten kann. Dass hier an *beiden* Systemen Kritik geübt wurde, während im wiedervereinigten Deutschland vor allem die westdeutsche Perspektive Gültigkeit erlangte, wodurch sich ein Teil der Ostdeutschen um die historische Chance eines wirklichen Zusammenwachsens betrogen sah, hat mir die Niederländer einmal mehr sympathisch gemacht. Ich kann daher offen in jedes Gespräch über Ostdeutschland gehen und reden, wie mir der Schnabel gewachsen ist. Mit dem Unbehagen, das andere Wendekinder im Dialog mit Westdeutschen manchmal noch heute überfällt, muss ich mich nicht herumschlagen. Im Gegenteil, in den Niederlanden ist ostdeutsch zu sein einfach cool.

Aber was heißt zwei Jahrzehnte nach der Wende ostdeutsch zu sein für jemanden, der in den Niederlanden lebt? Gibt es außer der mehr oder weniger intensiven Sozialisation in der DDR und der Erfahrung der friedlichen Revolution 1989 weitere Gemeinsamkeiten unter den Ostdeutschen? Diese Frage stellte ich in einer Radioproduktion aus Anlass des 20-jährigen Wendejubiläums anderen Ostdeutschen unterschiedlichen Alters, die wie ich seit längerer Zeit in Amsterdam lebten. Die Antwort lautete: kaum. So unterschiedlich wie die Biografien in DDR, Wende-, gesamtdeutscher und niederländischer Zeit sind auch ihre persönlichen Beschreibungen des Ostdeutsch-Seins. Antworten waren beispielsweise: ungefragt und bedingungslos helfen; Sehnsucht nach der Aufbruchsstimmung des Wendejahres 1989/90 (nach dem Gefühl, direkt und konkret etwas in der Gesellschaft verändern zu können); hohe Flexibilität im Umgang mit neuen Lebenssituationen; eine gewisse Nähe zu anderen ehemaligen

Ostblock-Völkern; die Lust am Entwickeln einer eigenen Meinung; die Tendenz, in Alltagssituationen in erster Linie zugunsten der anderen (des „Kollektivs“) zu entscheiden und dabei manchmal die eigenen Grenzen zu vernachlässigen. Diese unterschiedlichen Versuche, die eigenen ostdeutschen Spuren im Hier und Jetzt zu benennen, haben mit den Klischees von „Jammer-Ossis“ und „Besser-Wessis“, wie ich sie heute in Ostdeutschland immer noch manchmal anklingen höre, nichts mehr zu tun. Die Charakterisierungen sind differenzierter geworden.

Gerade in der Dritten Generation, ob nun im Ausland oder in Deutschland lebend, kann ostdeutsch zu sein beispielsweise heißen, ganz klar den eigenen Weg zu gehen *und* sich in der Gruppe eher unterzuordnen. Für mich selbst und die meisten Wendekinder, die ich hier getroffen habe, steht das nicht im Widerspruch. Im Gegenteil, die ambivalenten Erfahrungen einer Kindheit in der DDR und einer Jugend in der Nachwendezeit sind das beste Rüstzeug für ein Leben in der globalisierten, vernetzten und in jeder Hinsicht mobilen Welt des 21. Jahrhunderts, in der Identitäten fragmentarischer und facettenreicher werden, Normen und Werte im Miteinander ständig neu ausgehandelt werden müssen und althergebrachte Hierarchien und Systeme obsolet werden. Solche frühen ambivalenten Erfahrungen waren bei mir zum Beispiel die Parallelität von Pionierorganisation und Christenlehre; die direkte Konfrontation mit rechtsextremen Schlägern zu Beginn der 1990er Jahre, unter denen ich plötzlich einen ehemaligen Klassenkameraden erkannte; oder das Gefühl der absoluten Freiheit nach dem Abitur und der darauffolgende Cocktail aus Praktika, Nebenjobs und beruflichen Umwegen. Diese Erfahrungen schulen ganz allgemein den Blick für mehrere Perspektiven auf eine Sache und fördern das heute so gefragte Denken *„outside the box“*. Wenn ich mich selbst und andere Wendekinder heute in unserem Alltag in den Niederlanden anschaue, fällt mir auf, dass wir andere Sichtweisen und Vorschläge ins Gespräch bringen. Nicht unbedingt bessere oder grundsätzlich entgegengesetzte, sondern einfach andere. Das passiert oft automatisch und ohne dass uns immer bewusst ist, ob und was daran nun genau ostdeutsch inspiriert sein könnte. Obwohl sich diese Andersartigkeit schon gar nicht an bestimmten Inhalten festmachen lässt, würde ich sagen, dass es unterschwellig oft um Solidarität und soziale Gerechtigkeit geht.

In den Niederlanden kommen in den letzten Jahren gerade diese Werte, aber auch die sprichwörtliche niederländische Offenheit, Toleranz und Nüchternheit stark unter Druck. Unter anderem durch den Internetboom um die Jahrtausendwende hielten neureiches Yuppietum und ein für die Niederländer untypischer Materialismus Einzug. Im Zusammenhang damit wurden die sozialen Unterschiede auch nach außen hin sichtbarer. Seit dem 11. September 2001 und den politischen Morden an dem rechtspopulistischen Politiker Pim Fortuyn 2002 sowie dem umstrittenen Filmemacher Theo van Gogh 2004 stehen sich alteingesessene Niederländer und die größten nichtwestlichen Migrantengruppen (wie die Marokkaner) gegenüber. Auf der Straße und im Parlament wurde der Ton aggressiver, rechtsliberaler und konservativer. Gewalttätiger Rechtsextremismus wie in (Ost-)Deutschland kommt in Holland zwar nicht so oft vor, dafür ist die Xenophobie 2010 endgültig in der Gesellschaft angekommen. In dem Jahr wurde mit 15,5 Prozent der Stimmen der Rechtspopulist und Islamgegner Geert Wilders erneut ins Parlament gewählt. Dieser unterstützte mit seiner (von einigen Sozialwissenschaftlern als faschistisch bezeichneten) Freiheits-Partei die Minderheitenregierung aus Liberalen und Christdemokraten zwar nur mittels einer Duldungsklausel, praktisch konnte er aber jede politische Entscheidung boykottieren. Ende April 2012 ließ er so die Regierung nach wochenlangen Verhandlungen über den Sparkurs zur Verringerung des niederländischen Staatsdefizits platzen, was Neuwahlen im September 2012 zur Folge hat. Als Begründung ließ er vor der versammelten Presse verlauten, er beuge sich den „Bürokraten im Superstaat Brüssel“[6]

nicht. Das von ihm mehrfach angegriffene Europäische Parlament hatte noch im März die niederländische Regierung aufgefordert, sich öffentlich von Geert Wilders wegen seines diskriminierenden Internetportals gegen Osteuropäer zu distanzieren – ohne Erfolg. Schlimmer als der außenpolitische Imageschaden durch Wilders' politische Kapriolen sind die Spuren, die diese bei den Regierungsparteien hinterlassen haben: partei-ideologische Selbstzensur und allmähliche Übernahme politisch rechter Positionen, die nicht wenigen Bürgern und Parteimitgliedern an der Basis die Haare zu Berge stehen ließen. In den nur anderthalb Jahren ihrer Amtszeit hat die Minderheitenregierung trotz Bürgerprotesten einschneidende Reformen durchgesetzt, deren Folgen für die einst so solidarische niederländische Gesellschaft nicht absehbar sind, beispielsweise eine Erhöhung der Kosten für Kinderbetreuung, Mieten, Krankenversorgung und Studium bei gleichzeitiger massiver Schließung von Museen, Theatern und anderen kulturellen Institutionen. Laut einer Umfrage blicken die Niederländer zum ersten Mal seit vielen Jahren pessimistischer auf die wirtschaftliche Entwicklung als ihre sonst so sorgenschweren deutschen Nachbarn.

In den Niederlanden zu leben, ist für mich so spannend, weil in diesem kleinen Land politische Entscheidungen und gesellschaftliche Spannungen schneller und intensiver für den Einzelnen spürbar werden als im großen, föderalen Deutschland. Viele Probleme und Herausforderungen könnten so oder so ähnlich bald auch auf die Menschen in (Ost-) Deutschland zukommen. Umgekehrt erlebe ich täglich im Kleinen, dass ich mit meiner etwas anderen Sichtweise gerade jetzt in den Niederlanden am richtigen Fleck bin. Das mag auch damit zu tun haben, dass sich Niederländer und Ostdeutsche im Kern eben gar nicht so unähnlich sind.

---

1 ANNETTE BIRSCHEL: Do is der Bahnhof. Nederland door Duitse ogen [Da ist der Bahnhof. Die Niederlande aus deutschem Blickwinkel], Amsterdam, 2008.

2 Vgl. JACCO PEKELDER: Nederland en de DDR. Beeldvorming en betrekkingen 1949–1989 [Die Niederlande und die DDR. Bildformung und Beziehungen 1949–1989], Amsterdam, 1998.

3 HANS ESTER: Nederlandse beelden van de DDR [Niederländische Vorstellungen von der DDR], in: Reformatorisch Dagblad, 17.2.1999.

4 BEATRICE DE GRAAF: Over de Muur. De DDR, de Nederlandse kerken en de vredesbeweging [Über die Mauer. Die DDR, die niederländischen Kirchen und die Friedensbewegung], Boom, Amsterdam, 2004, S. 12.

5 Oostduitse kerken: Nederlandse steun nog steeds nodig [Ostdeutsche Kirchen: Niederländische Unterstützung noch immer nötig], in: Trouw, 30.8.1993.

6 DAVID HAAKMAN: Wilders: ik kon niet anders – Roemer bedankt PVV-leider [Wilders: Ich konnte nicht anders – Roemer dankt PVV-Chef], in: NRC Handelsblatt, 24.4.2012.

Zerrissenheit
Zwischen Heimat Ost und Heimat West

Nancy Kunze-Groß

Ich wuchs behütet in einem kleinen thüringischen Dorf auf und erlebte die Grenzöffnung und den Niedergang der DDR als Kind nur am Rande. Meine Familie zog später in eine nahegelegene Kleinstadt um, in der ich meine Schule beendete. In der nächsten größeren Stadt, Jena, begann ich ein Studium und lernte während dieser Zeit meinen jetzigen Mann kennen, der aus Hessen kommt. Schnell war uns beiden klar, dass wir gemeinsam etwas aufbauen wollten. Vieles sprach dafür, dies in Westdeutschland zu tun. So machte ich mich Anfang 2004 auf und zog zu ihm nach Hessen nahe Frankfurt am Main – 350 Kilometer weg von zu Hause an einen Ort, in dem ich außer ihm niemanden kannte.

Was bedeutet Heimat eigentlich für mich? Liegt sie dort, wo ich aufgewachsen bin, also in Ostdeutschland, in Thüringen, wo meine Wurzeln und Kindheitserinnerungen sind? Oder liegt sie im westdeutschen Hessen, wo ich inzwischen seit acht Jahren wohne, neue Freunde und eine Arbeit gefunden habe, die mir sehr viel Spaß macht? Und spielt dabei der Ost-West-Unterschied eine große Rolle, oder liegt es eher an regionalen Besonderheiten, wo man sich zu Hause fühlt? Ich begebe mich auf Spurensuche.

Heimat ist Sprache

Sehr prägnant unterscheiden sich Sprache beziehungsweise Mundart der beiden Gegenden. Hier wird nämlich nicht einfach „hessisch gebabbelt", sondern eine Sonderform gesprochen, die für Außenstehende besonders schwierig ist. Ich kann mich noch gut an eine Begebenheit erinnern, die wenige Tage nach meinem Umzug nach Hessen geschah und mir ein unbehagliches Gefühl vermittelte: Ich befand mich vormittags in einem Bus auf dem Weg in die nahegelegene Kleinstadt. Vor mir saßen zwei ältere Damen um die 60 und unterhielten sich im ortsüblichen Dialekt. Ich verstand kein einziges Wort, nicht mal das Thema. In diesem Augenblick kam ich mir wie eine Ausländerin in Deutschland vor, welche die Landessprache nicht beherrscht. Ich kam aus einer anderen Welt!

Auch bei einigen Familienangehörigen und Freunden meines Mannes hatte ich anfangs Probleme, dem Gespräch zu folgen. Inzwischen habe ich mir einige wenige Wörter der hiesigen Mundart angeeignet und kann sie insgesamt besser verstehen. Wenn aber zu Fastnacht ein „Ureinwohner“ der Gegend auf der Bühne steht und im ortsüblichen Idiom seine Rede hält, brauche ich noch immer einen Übersetzer.

Auf der anderen Seite gibt es den Dialekt meines Herkunftsgebietes: thüringisch mit direkten Einflüssen aus Sachsen-Anhalt und Sachsen. Das vermisse ich sehr! Wenn ich ihn höre, dann ist es wie zu Hause zu sein. Dennoch merke ich auch, dass ich diesen Dialekt kaum noch selbst sprechen kann und mir schon Kommentare wie: „Haste hier etwa schon alles vergessen?“ anhören muss. Mittlerweile tauchen die ersten Verständnisprobleme mit dem Thüringisch auf, so dass ich bei gewissen Menschen genau hinhöre oder sogar das eine oder andere Mal nachfrage.

Kompliziert wird es auch, wenn es um Uhrzeiten geht. Hier in Hessen heißt 8:45 Uhr viertel vor neun und 9:15 Uhr viertel nach neun. Das klingt für Ostdeutsche nicht logisch, denn wir kennen viertel und drei viertel. So ist bei uns 8:45 Uhr drei viertel neun und 9:15 Uhr schon viertel zehn. In Hessen ticken die Uhren also anders. Das führte am Anfang meiner Beziehung zu Missverständnissen. Mittlerweile verabrede ich mich meist in der hessischen Variante, auch wenn ich mit Ostdeutschen spreche, die mich dann irritiert anschauen. Das ist alles gar nicht so einfach, und Deutsch ist eben nicht gleich Deutsch.

Heimat sind Menschen

Auch die persönlichen Kontakte in Ost- und Westdeutschland spielen bei der eigenen Definition von Heimat eine große Rolle. Als ich mich damals entschloss, zu meinem jetzigen Mann nach Hessen zu ziehen, kannte ich dort sonst niemanden. Anfangs bedeutete das eine gewisse Vereinsamung, denn ich hatte meine Schwierigkeiten, nach dem Umzug neue, dauerhafte Kontakte zu knüpfen. Erst nach und nach haben sich beständige Freundschaften entwickelt.

Gleichzeitig musste ich erfahren, dass sich viele Kontakte zu Bekannten und Freunden in meiner Herkunftsgegend verloren. Man traf sich aufgrund der Entfernung nicht mehr und verlor sich aus den Augen. Hier ist ein Stück Heimat in Thüringen abhanden gekommen. Inzwischen gibt es nur noch einen kleinen Kern, mit dem ich in regelmäßigem Kontakt stehe. Dabei helfen Telefon und soziale Netzwerke. Ich habe auch wieder begonnen, Briefe zu schreiben oder Postkarten zu verschicken.

Die eben genannten Schwierigkeiten würden sich wohl ebenso zeigen, wenn ich nach Dresden oder Stuttgart gezogen wäre. Was mir in Hessen guttut, sind die vielen Menschen gleichen und unterschiedlichen Alters, die ebenfalls aus Ostdeutschland kommen und hier leben, wohnen und arbeiten. So kann ich mit anderen gemeinsame Erinnerungen teilen und mir so ein Stück Heimat bewahren.

Aufbruch

Bei der Entscheidung, Thüringen zu verlassen, spielten wie bei so vielen anderen die beruflichen Aussichten eine entscheidende Rolle. Nur wenige verlassen ihre Heimat aus purer Abenteuerlust. Bereits zu Beginn meines Magisterstudiums in Thüringen war mir klar, dass ich aufgrund meiner Fächerwahl Erziehungswissenschaften, Rechtswissenschaft und Psychologie sowie der Arbeitsmarktlage wohl zu Hause keine angemessene und gut bezahlte Stelle finden würde. So befasste ich mich relativ früh mit dem Gedanken, nach dem Studium mein Thüringen zu verlassen und woanders zu leben. Es ist kein schönes Gefühl zu wissen, dass man die Heimat, in der man aufgewachsen ist, hinter sich lassen muss, um an einem anderen Ort beruflich etwas erreichen zu können. Es stand auch nicht wirklich zur Debatte, dass mein Mann aus seiner Heimat nach Thüringen zieht. Denn in der Steuer- und Wirtschaftsberatung hätte er dort nicht die Karrierechancen gehabt, die sich ihm inzwischen hier in Hessen geboten haben. Die Bezahlung wäre zudem deutlich geringer gewesen.

Für das Verlassen meiner Heimat sprach auch, dass ich dort lange nach einem angemessenen Nebenjob gesucht hatte, um mir mein Studium zu finanzieren, aber nichts Passendes fand. In Hessen war gleich die erste Bewerbung erfolgreich für einen Job mit einer großen Portion Eigenverantwortung, angemessener Bezahlung und recht flexiblen Arbeitszeiten. Nach dem Abschluss meines Studiums als Diplompädagogin unterschrieb ich schnell den ersten richtigen Arbeitsvertrag – mit einem Gehalt, das mir gegenüber dem, was ich aus Thüringen kannte, traumhaft erschien! Schnell war mir klar, dass es in Mittelhessen wesentlich bessere Aussichten auf Arbeit, Gehalt und diverse Zusatzleistungen gibt. Gerade das hat bei mir maßgeblich dazu beigetragen, dass ich es nicht bereue, meine alte Heimat verlassen und mir woanders etwas Neues aufgebaut zu haben.

Die beruflichen Aussichten sind allerdings nur zu einem kleinen Teil regional bedingt. Hier spielt der Unterschied zwischen Ost- und Westdeutschland eine große Rolle. Mit Sicherheit gibt es in Ostdeutschland einige Ballungsräume, die wirtschaftlich florieren und in denen die Menschen gut verdienen. Und es gibt auch in Westdeutschland Orte, in denen die Arbeitslosigkeit höher und der Verdienst geringer ist. Was aber meine Berufsmöglichkeiten und meine Zukunftsaussichten angeht, bietet mir Westdeutschland immer noch bessere Bedingungen als Ostdeutschland.

Zu sehen, welche vielversprechenden Entwicklungen die Städte meiner Herkunftsgegend nehmen, wie viel sich dort verändert hat und welche Möglichkeiten es nun gibt, stimmt mich sehr positiv. Da kommt immer wieder der Wunsch auf, vielleicht doch eines Tages zurückzukehren.

Aus beruflichen Gründen fuhr ich bereits einige Male mit dem Zug durch meine alte Heimatstadt. Dabei sah ich bekannte Gebäude und Wege, die ich gegangen bin. Das war ein seltsames Gefühl. Einerseits verspürte ich den Drang, aussteigen sowie Orte und Personen besuchen zu wollen und Erinnerungen zuzulassen. Andererseits reichte mir auch dieses Durchfahren und Sehen. Ich war ja mal da gewesen. Meine Erinnerungen sind nur noch Vergangenheit.

Gestern wirkt nach. Aber wie!?

Obwohl es *ein* Deutschland gibt und ich im Westen mit meinen Mitmenschen nie schlechte Erfahrungen gemacht habe, unterscheidet sich die Mentalität hier stark von der im Osten. In beiden Teilen sind die Menschen freundlich und offen, aber besitzen doch unterschiedliche Einstellungen in Bezug auf Lebensstandard, Einkommen und Kultur. In Ostdeutschland sind die Gehälter niedriger, die Lebenshaltungskosten aber auch. So empfinde ich manchmal ein seltsames Gefühl der Nichtzugehörigkeit gegenüber in Ostdeutschland wohnenden Freunden und Bekannten, wenn ich von meinem Lebensstandard erzähle und merke, wie dies manche nicht nachempfinden können.

Auf meine Sichtweise von Heimat wirken wohl die unterschiedlichen Vergangenheiten beider Teile Deutschlands und was mir darüber erzählt wurde. An die DDR kann ich mich nicht mehr allzu gut erinnern. Ich war Jungpionierin, morgens standen wir in der Grundschule immer zum Appell, und für arme Kinder in Russland sammelten wir Kuscheltiere. Auch gab es immer frische Milch in der Pause. Erinnerungen habe ich außerdem an das Sandmännchen und seine Freunde, die *Bummi*-Zeitung oder Knusperflocken. Die Comic-Helden Abrafaxe und die Geschichten von Nimmerklug sind mir noch bestens bekannt. Doch wenn ich davon in Hessen erzähle, kann kaum jemand etwas damit anfangen. Hier gibt es andere

Kinderstars, die ich wiederum nicht kenne. Genauso kann ich in Gesprächsrunden manchmal nicht mitreden, was mitunter frustrierend sein kann. Viele Fernsehserien, die hier in Westdeutschland in meiner Generation in den 1980ern bereits Kult waren, gab es in Ostdeutschland erst nach 1990. Das plötzliche Überangebot an Fernsehserien und Filmen habe ich damals als Überfrachtung empfunden. Obwohl mein Mann und ich zur gleichen Generation gehören, sind wir doch unterschiedlich aufgewachsen. Und dies zeigt noch heute Nachwirkungen.

Meine Kindheitserinnerungen sind mir ein Schatz. Um sie am Leben zu halten, schaue ich mir gern Fotos von Orten und Personen an, zu denen ich eine starke emotionale Verbindung besitze. Auch kaufen wir viele Ostprodukte, die ich bereits aus Kindertagen kenne. Sie werden von Bekannten und Verwandten aus den neuen Bundesländern importiert, da es diese in Mittelhessen nicht immer zu kaufen gibt. Diese Produkte ziehen aber langsam zunehmend hier in die Einkaufsregale ein, und so vermischt sich beides.

Zu meiner Vergangenheit gehört aber auch mein Umgang mit der Diktatur in der DDR und mit der Wiedervereinigung. Ich habe über das Thema zahlreiche Gespräche gesucht, viel gelesen und Ausstellungen besucht. Wie gerufen kam da eine Lesung des ehemaligen deutschen Verteidigungsministers Franz Josef Jung, der sein Buch *Die letzten Tage der Teilung – Wie die deutsche Einheit gelang* vorstellte. Darin beschreibt er, wie er aus Sicht eines Westdeutschen die Zeit unmittelbar vor, während und nach der Wiedervereinigung als politischer Mitgestalter erlebte und wie er durch den Aufbau hessisch-thüringischer Beziehungen an der deutschen Einheit mitwirkte. Natürlich stand aufgrund des politischen Hintergrunds das Negative des DDR-Regimes stark im Vordergrund. Aber politische Diskussionen bieten wenig Raum für persönliche Emotionen. Umso beruhigender empfand ich das anschließende persönliche Gespräch mit Beate Jung, der Ehefrau des Autors, die nicht nur die positive wirtschaftliche, sondern auch die kulturelle Entwicklung Thüringens lobte.

Zerrissenheit zwischen Ost und West

Meine Heimat befindet sich weder allein im ostdeutschen Thüringen noch allein im westdeutschen Hessen. Sie ist hier, wo ich jetzt lebe und arbeite, mir etwas aufgebaut habe. Und doch ist sie auch dort, wo meine Wurzeln und Kindheitserinnerungen liegen. Zu Hause im Osten beinhaltet für mich viele positive und auch einige negative Erinnerungen an eine Zeit, die sehr prägend war. Zu Hause im Westen steht für mich für Mut und Stolz: In einer fremden Gegend mir etwas Neues aufzubauen! Ich fühle mich in Mittelhessen wohl, aber trotzdem kommt manchmal Heimweh auf. „Heimat ist kein Ort, Heimat ist ein Gefühl!", singt Herbert Grönemeyer dazu in einem Lied. Ost und West sind unterschiedlich in Bezug auf die Mentalitäten der Leute, ihren Umgang mit der Vergangenheit, aber auch hinsichtlich der beruflichen Aussichten in den Regionen.

Beide Gegenden fügen sich zu meiner Heimat, aber mein Heimatgefühl ist doch auch immer zerrissen. Denn einerseits entfremde ich mich meiner thüringischen Heimat zusehends, und gleichzeitig gehöre ich noch nicht vollständig zur hessischen dazu. Mit gemischten Gefühlen betrachte ich also gespannt, wie sich meine zerrissene Heimatverbundenheit in den nächsten Jahren entwickeln wird.

„Kaffee und Kuchen für Wessis umsonst!“

Nikola Richter

Ich muss hier etwas gestehen: Meine Freunde und ich waren erstaunlich ost-ignorant. Eine meiner Klassenkameradinnen war als Teenager kurz vor 1989 von ihren Eltern zu einem Englischsprachkurs nach Großbritannien geschickt worden. Von dort aus wollte sie Karten zu ihrer Familie nach Bremen verschicken und wurde im Postamt gefragt: *„West- or East-Germany?“* Und sie antwortete ganz empört: *„North-Germany“*. Diese Antwort ist ihr nicht zu verübeln, sie ist genauso naiv wie geografisch korrekt, zeigt allerdings auch, dass viele junge Westdeutsche den Osten als DDR, als eigenen Staat kaum auf dem Schirm hatten – wie ich auch nicht. Ich kannte lediglich die Transitstrecke nach West-Berlin, hatte mal von dem Holzgestell am Brandenburger Tor nach drüben geschaut, doch sogar als dann die Mauer fiel, sprachen wir in der Schule, in den Pausen nicht viel über das Ereignis – abgesehen von durch Lehrer geführte Diskussionen im Geschichtsunterricht.

Hingegen zu Hause war der 9. November 1989 ein großes Thema: Mit meiner Familie saß ich vor der *Tagesschau*, aber dennoch erinnere ich mich an kein einziges konkretes Bild von diesem Tag. Meine Erinnerungen sind überlagert von den Szenen der Freude an der Mauer, die heute jeder kennt. Sie haben sich in ein kollektives Gedächtnis gegraben, man glaubt, man war selbst dabei, so oft wurden sie wiederholt. Mein Vater erzählte, einer seiner Kollegen sei noch nachts, es muss nach der Schabowski-Pressekonferenz gewesen sein, mit dem Porsche nach Berlin gerast, um dabei zu sein, als die Geschichte sich drehte. Meine Verwandten in West-Berlin riefen an, sie klopften mit dem Hammer kleine Stücke aus dem heutigen

Grenzdenkmal und zeigten uns beim nächsten Besuch, nach unserer Autobahnfahrt an den nun leer stehenden Kontrollhäuschen vorbei, ihre Beute. Als wir auf einer Harzreise im darauffolgenden Winter in das zusammengebrochene Land namens DDR fuhren, zeigte sich uns diese andere Welt durch starken Kohlegeruch, bröckelnde Fachwerkhäuser und graubraune Fassaden. In einem Altersheim am Fuße des Brocken saßen alte Leute in ihren Rollstühlen auf einer Veranda mit halb zerbrochenen Fenstern. Es war deprimierend, daran erinnere ich mich, der Verfall war offensichtlich. Aber meine Eltern wollten endlich die DDR sehen, die Ex-DDR, dieses Übergangsland, das sie immer nur als abgetrenntes Gebiet wahrgenommen hatten. Im Sommer 1990 fuhren wir nach Schwerin und dann nach Rügen, wo wir campten und uns an Freiluft-Waschbeckenbatterien die Zähne putzten. Uns faszinierten Schilder an Ortseingängen wie „Kaffee und Kuchen für Wessis umsonst!“. Mir gefielen die Worte Wessi und Ossi, dadurch klangen wir so gleich, fast harmlos, wie Brüder und Schwestern aus einem Comic. Die Begriffe waren für mich nicht politisch belegt oder belastet. Denn auch wenn ich vor allem, was ich über die Revolution in Leipzig und Berlin hörte, großen Respekt empfand, betraf sie mich nicht direkt.

Mein Leben in Bremen ging ganz normal weiter. Okay, die Trabi-Witze nahmen zu, der Soli kam. Heute frage ich mich, warum eigentlich alle diese Begriffe das Niedlichkeits-I angehängt bekamen. Wollte man sich die DDR sympathisch, klein und schutzlos reden? Die erste Ostdeutsche in meinem Alter lernte ich kennen, als ich nach Paris umzog, um dort in einer französisch-japanischen Familie ein halbes Jahr als Au-pair-Mädchen zu arbeiten. Meine Vorgängerin kam aus Jena und war schlecht auf die Bundesrepublik zu sprechen, wie unser gemeinsames Land jetzt hieß. Und auf die Alt-BRD-Bürger sowieso. Ihre Eltern waren arbeitslos geworden, sie selbst genoss aber die Freiheit, nun in Frankreich Französisch lernen zu können. Was ich dann auch anmerkte. Sie fuhr mir über den Mund: „Du weißt doch gar nicht, was Freiheit ist. Weil du immer Freiheit hattest." Und ich dachte: „Woher weißt du denn, was ich weiß?" Das war Stillstand. Keine Annäherung.

2009 feierte man 20 Jahre deutsche Einheit, und Podiumsdiskussionen, Talkshows, Rückblickssendungen sowie Konferenzen gruben sich gegenseitig das Wasser ab. Auch ich wurde in ein paar Diskussionsrunden geladen, weil ich mit etwa 80 anderen Europäerinnen und Europäern für das europäische Blogging-Portal *elections.thinkaboutit.eu* schrieb. Der inhaltliche Fokus dieses Blogs war es, vor den Europawahlen die Themen und Aufgaben des Europäischen Parlaments aufzugreifen. Die Themen, die auf dem Blog das meiste Interesse hervorriefen, hatten mit Nachhaltigkeit, Energie, Minderheiten, Identität und der schwerfälligen Bürokratie der EU zu tun – aber nicht mit Ost und West. Mein Text über 1989 erhielt keinen einzigen Kommentar, der über Toilettensprüche auf Flughäfen oder über die Webkampagnen der deutschen Parteien zur Europawahl schon. War die politische Ost-West-Geografie der digitalen Generation, die in Euros zahlte, abhandengekommen? Im neuen politischen Raum namens EU waren die Grenzen durchlässiger denn je. Bei den Blogger-Treffen in Brüssel und Rotterdam für das oben genannte Blog-Portal redeten alle Englisch, egal, ob sie aus Rumänien, Spanien oder Dänemark kamen. Als Auszeichnungen trugen wir Notebooks, iPhones und Flip-Kameras nach Hause.

Die neue Vokabel für den Lebenslauf war das „Auslandsjahr", das man an einer europäischen Universität verbracht hatte. Als ich 1998 bis 1999 im britischen Norwich studierte, schrieb ich E-Mails an meine Tübinger Studienfreundinnen, die sich auf Paris und Moskau verteilt hatten. Meine private Landkarte reichte wie selbstverständlich von West bis Ost. Und ich dachte kein bisschen darüber nach, denn es fällt mir erst jetzt auf, da ich diese Sätze niederschreibe.

Im Jubiläumsjahr 2009 redeten dann auf einmal alle von ihren binären Erfahrungen. Das war der große mediale Aufhänger, Deutschland saß auf der Talkshow-Therapiecouch. Auch ich war von dieser Massennostalgie ergriffen. Ich lud in meine Wohnung zu einem „Ostprodukte-Fest“ ein, zu dem jeder ein Ostprodukt, das überlebt hatte, mitbringen sollte. Ich wollte wissen, wer welche Lebensmittel kannte, und hoffte darauf, neue „Überlebende“ kennenzulernen. Es kamen: Spreewaldgurkengläser, Bautz'ner Senf und Halloren-Kugeln. Ich gestehe: Von Halloren-Kugeln hörte und kostete ich an diesem Abend zum ersten Mal. Und der einzige anwesende Ossi klärte uns über Alfons Zitterbacke auf, ein in der DDR beliebtes Kinderbuch, das auch der Götterspeise „Alfons Zitterpudding“ den Namen gegeben hatte, die ein Gast uns kredenzte. Es ist so banal, aber das miteinander Sprechen, der Austausch und das Zuhören können das historische Bewusstsein stärker prägen als jede Geschichtsstunde.

Die Strukturen, die meine Zeit- und Raumwahrnehmungen und die vieler meiner Generation prägen, unterstützen ebenfalls das miteinander Sprechen oder das gegenseitige Schreiben, den Austausch und das Zuhören beziehungsweise Lesen: das Stipendienprogramm Erasmus, das seit 1987 dafür sorgt, dass sich europaweit immer dichtere Bekanntschaftsnetze in der jüngeren Generation knüpfen, und das World Wide Web, das ab 1989 an Bedeutung gewann. Wenn du die folgenden Fragen mit JA beantworten kannst, gehörst du auch zu dieser Generation:

– Sprichst du, neben Englisch, mindestens eine europäische Sprache fließend?
– Kommen deine Freunde auf Facebook aus mindestens fünf unterschiedlichen Ländern?

Es scheint fast so, als könnten wir gar nicht mehr anders als den – vielsprachigen – Dialog zu suchen und zu führen. Analog dazu entstanden seit den 1990er Jahren immer mehr EU-orientierte Websites, die den innereuropäischen Austausch nicht nur der Parteipolitik überlassen wollten. Seit 2001 existiert beispielsweise *cafebabel.de,* ein mehrsprachiges Online-Magazin, in dem engagierte junge Autorinnen und Autoren, oft während ihres Auslandsjahres, aus ganz Europa berichten.

Seit 2005 gibt es die von der Bundeszentrale für politische Bildung initiierte und finanzierte einst fünf-, jetzt wieder dreisprachige Presseschau *eurotopics.net*, seit 2008 das studentische Projekt *europeandme.eu*, das sich als *„Europe's first online lifestyle magazine from young Europeans for young Europeans"* beschreibt, oder seit 2009 das europäische Online-Debatten-Portal *theeuropean.de*.

Solche Unternehmungen durchbrechen Grenzen und Klischees, zeigen die Menschen hinter politischen, kulturellen, wirtschaftlichen Prozessen und regen dazu an, sich Gedanken über eine gesamteuropäische Zukunft, über das, was uns näher zusammenbringt, zu machen. Diese Generation ist Post-Ossi und -Wessi. Man kann sie auf die Dreieinigkeit Mobilität, Multilingualität und – seit den 2000er Jahren – Prekarität bringen. Statt ideologischer Grabenkämpfe sorgen wir uns, gut ausgebildet, viel herumgekommen, um unsere Arbeitsverträge – die wir oft gar nicht haben. Obwohl wir so viele Praktika absolviert haben, wahrscheinlich sogar in ganz Europa. Wir sind zurückgeworfen auf unsere kleinen Existenzsorgen, und die große europäische Idee verschwindet derzeit unter einem staatlichen Schuldenberg, der wiederum die kleinen Existenzsorgen größer werden lässt. Und das verbindet dann den Italiener mit der Spanierin, die Schwedin mit dem Ossi, dem Wessi, dem Nordi und dem Südi. Wir sind alle Euris.

Hüben und drüben
Und wo bin ich jetzt?

Robert Ide

In Leerstellen und Halbsätzen ist die alte Grenze noch erlebbar. Eine Spurensuche nach Resten der Teilung von Ost und West im Alltag von Stadt, Sprache und Seelenleben.

Neulich in Prenzlauer Berg: Eine Gruppe angetüterter Mädels schlenkert Absatzschuh an Absatzschuh über den holprigen Bürgersteig, sie lallen Lieder der Sorte Komische Oper. Vor einem Restaurant der Sorte biologisch korrekt erhalten sie spontanen Applaus der Gäste; eine ältere Frau klatscht besonders laut, bevor sie ausruft: „So was habe ich noch nie erlebt – bei uns in West-Berlin!" An den Nebentischen wird es umgehend still: „West-Berlin, gibt's das noch? Und Ost-Berlin, soll das hier sein, im Katalogbezirk Prenzlauer Berg mit seinem ungeschriebenen Lebensmotto ‚Gutmenschen aller Bundesländer, vereinigt euch'?" Die Mädels, sie sind nicht mal so alt wie das vereinte Deutschland, ziehen schnell weiter.

Was kümmert sie eine Teilung, die man nur noch in Halbsätzen erahnen kann? Dabei liegt sie genau unter ihren Absätzen: die deutsche Geschichte, die keine gemeinsame sein durfte.

Das kaputtgetretene Kopfsteinpflaster im Katalogbezirk, die in sich verschobenen Gehwegplatten, in denen die tiefergelegten Kinderwagen stecken bleiben, sie gehören zu den letzten Zeugnissen eines sanierten Stadtgebietes, das die DDR-Führung baulich aufgegeben hatte. Ein Gebiet, das nun mit seinen hohen Mieten jene Künstler und Lebenskünstler vertreibt, die den Bezirk einst mit Mut und Lebensmut vor dem intellektuellen Verfall retteten. Unsichtbar oder zumindest gut versteckt sind die neuen Grenzen des Geldes, die sich durch Berlin und Deutschland ziehen. Die alte Grenze aber, die vor 50 Jahren das Land, viele Familien und die Adern seiner wichtigsten Stadt brutal zerteilte, sie ist noch immer erlebbar: in Spurenelementen, Leerstellen, Halbsätzen. Die Narben der Mauer finden sich nicht nur an der ehemaligen Todeszone, sondern auch im Inneren vieler Menschen.

André Herzberg sitzt in seiner Wohnung mit Hinterhofblick, aus deren Wänden ausgebeulte Steckdosen *Made in GDR* ragen, und drückt die *Play*-Taste seines Computers. Der Sänger der einst subversiven Band Pankow („Dasselbe Land zu lange gesehen / dieselbe Sprache zu lange gehört / zu lange gewartet / zu lange gehofft / zu lange die alten Männer verehrt") ist etwas angegraut, auf dem Schoß des 54-Jährigen hockt seine Tochter, und auf dem Computer läuft ein Lied mit dem programmatischen Titel „Ein neuer Tag in Pankow". Doch kaum sind die Gitarrenklänge verhallt, schleicht sich aus seinem Mund die halblaute Frage: „Ob das auch mal Leute aus dem alten Westen hören wollen?" Hinter dieser Frage verbirgt sich ein schales Gefühl, ein leises Unbehagen vieler Ostdeutscher, auch ehemals Oppositioneller. Der als Wahnsinn empfundene Mauerfall brachte bei allem Freiheitsgewinn auch Niederlagen: Verluste an Nischen, Verluste an Träumen, den Verlust des Wortes Wahnsinn. Und die Frage: Interessieren die sich so für uns wie wir uns für die?

Die und wir – diese Denke ist auf beiden Seiten noch vorhanden, auch wenn alle offiziellen Gedenkveranstaltungen und wohlfeilen Fernsehdokumentationen suggerieren wollen, dass es nur eine gemeinsame Seite und Sache gibt, ja, immer gab. Aber hinterm Horizont der Erinnerungen geht's weiter – in einem Heute, in dem das verschieden erlebte Gestern eingraviert ist. Auch wenn die Mauer nur noch am Berliner Humboldthain vor sich hin gammelt, am Griebnitzsee still der Opfer gedenkt oder als Fotomotiv auf dem Potsdamer Platz rumliegt wie eine abgekippte Ladung Gestern. Auch wenn die Supermarktkette Kaiser's in ihren Filialen in Berlins früheren

Ostbezirken (nicht wenige sind ehemalige DDR-Kaufhallen) ostdeutsche Waren verschämt, aber betont als „Produkte aus der Region" ausweist. Auch wenn der *Tagesspiegel* seine Tagestipp-Kolumnen abgeschafft hat unter anderem mit der Begründung, es gebe keine Ost- und West-Berliner mehr. Auch wenn man in Prenzlauer Berg plötzlich laut schweigt, weil jemand das Wort „Westen" sagt.

Der Westen ist der neue Osten. So hat es der Hamburger Sänger Bernd Begemann bei einem Konzert in den abgeschrammelten Berliner „Wühlmäusen" formuliert, tief im alten Herzen der Stadt, die sich woanders erneuert, eine andere hippe Mitte findet. Viele Sehnsuchtsorte wie der Ku'damm haben sich in Normalität verwandelt. Im alten Westen Deutschlands ist der Umbau Ost angekommen – am sichtbarsten im Ruhrgebiet mit fast schon ostdeutschen Arbeitslosenzahlen. In Berlin spürbar wurde dieser Prozess für viele mit der Abwrackung des Fernbahnhofes Zoo oder der Schließung des Flughafens Tempelhof. Hier kann man nun auf freiem Felde ins Offene gehen. So wird im Osten des Landes schon lange improvisiert.

Nach jeder Umwälzung und Revolution bleiben Brachen. Gerade die wilde Überwucherung der Leerstellen macht Berlin so attraktiv. Für Zuzügler und Nachzügler, für Studenten aus aller Welt, für Mode, Kunst und Musik. Neue Netzwerke spinnen sich zusammen, nicht nur online, und überlagern alte Narben, verdecken sie zuweilen. Aber Narben verschwinden nicht.

Das Plattenlabel der Gruppe Pankow ist auf Ostbands spezialisiert. Mit dem neuen Album vom Herbst 2011 hatte es wieder Einladungen zu Ostalgie-Touren geregnet, die André Herzberg nicht annehmen wollte. Der gesamtdeutsche Musikmarkt ist noch geteilt. Wie der gesamtdeutsche Pressemarkt: In Berlin immerhin gibt es Aufweichungen. Wie der gesamtdeutsche Sport: „Wer lässt sich nicht vom Westen kaufen? Eisern Union!" Wie die gesamtdeutsche Sprache: Nicht Plaste oder Plastik ist entscheidend unterscheidend, nicht Dreiraum-

oder Dreizimmerwohnung, sondern die Tatsache, dass ein Fakt jetzt eine Tatsache ist, ein Kollektiv nun ein Team zu sein hat und dass mit Frankfurt immer Frankfurt am Main gemeint ist und nie Frankfurt an der Oder.

Hüben und drüben. Das sind nicht bloß überholte Kategorien einer Generation, die ihre Unterschiedlichkeit einst beim deutsch-deutschen Badeurlaub am Balaton zu verdecken versucht hatte. 2011 hat sich in Berlins neuer Mitte die Initiative *3te Generation Ostdeutschland* konstituiert und dazu eine Konferenz organisiert. Mehr als 150 Leute zwischen 25 und 35 Jahren waren dabei, noch in der DDR geborene Frauen und Männer, die jetzt in der neuen Bundesrepublik, die viele ihrer Eltern noch BRD nennen, Karriere machen. Nun hocken sie als Banker und Software-Entwickler an Ossi-Stammtischen in Frankfurt – nicht an der Oder natürlich – und fragen sich, ob sie ihre Heimat verraten haben. Auf dem Forum konnte man das Flirren der verwühlten Gefühle beinahe mit Händen greifen, spielerisch-ernsthaft wurde ergründet, welche Emotionen der Mauerfall und die schnelle Einheit ausgelöst haben. Neben Freude, Neugier und Aufbruch waren das auch negative Gefühle: Angst um die Eltern, die arbeitslos geworden waren; schmerzhafter Verlust von Heimat, die in der Schule stets mit dem Vaterland DDR verbunden war; Wut auf Gleichaltrige, die sich nicht für die alten DDR-Comics und Kinderbücher interessierten, sondern nur von den Heldenfiguren schwärmten, deren Abenteuer nicht durch einen Umbruch unterbrochen worden waren. Im Freiheitstaumel etwas verloren zu haben, dieser schale Geschmack bleibt selbst jungen Wendegewinnern auf der Zunge kleben. Mit ihren Eltern, Onkels und Tanten sprechen sie darüber nicht, aus falscher Rücksicht und aus Angst vor der Frage: Hast du auch mitgemacht bei der Diktatur? Mit anderen ist das schon gar kein Thema. Das Schweigen ist eingeübt, es war im halben Land täglich trainierter Alltag gewesen. So entstand eine doppelte Sprache, die viele Ostdeutsche noch im Munde führen. Mit der sie manchmal, für westdeutsch Sozialisierte schwer verständlich, nur Zwischentöne treffen. Weit in der bundesdeutschen Provinz kompensiert mancher Vorzeige- und Nachlebe-Ossi sein kollektives Alleinsein mit übereifrigem Konsumismus. In der Hoffnung, dass so niemand seine Verletzungen sieht.

Innere Grenzen gehen mit äußeren einher, zwischen Stadt und Land, Wachstum und Schrumpfung, Neu und Alt. Und mittendrin sind die Spuren der Erinnerung. Michael Hacker, Jahrgang 1979, Projektmanager aus Berlin und Mitglied der Initiative *3te Generation Ostdeutschland*, drückt seine Suche so aus: „Wenn ich erzähle, dass ich aus Hoyerswerda komme, ähneln sich die Reaktionen, egal, ob mein Gegenüber aus dem Osten oder dem Westen kommt: eine Mischung aus betretenem Lächeln und der Erwartung, bestätigt zu bekommen, dass alles stimmt, was man über die Stadt hört und liest – die Rechtsradikalen, die Plattenbauten, die Schrumpfung der Stadt." In Leipzig entdeckte Hacker mal eine Postkarte, die seinem Lebensgefühl entsprach: „Die Vergangenheit ist ein Ort, an dem du nicht warst."

Leerstellen sind nicht allein zwischen Ost und West gerissen worden. Das ist ein beharrliches Missverständnis der Vereinigung. Sie klaffen auch zwischen Ost und Ost, „zwischen Herkunft und Ankunft", wie die Journalistin Ulrike Nimz in der *Freien Presse* treffend geschrieben hat, einer ehemaligen SED-Zeitung übrigens, die seltsamerweise schon zu DDR-Zeiten diesen Namen trug und nach wie vor in Chemnitz erscheint, einer Stadt übrigens, die sich früher Karl-Marx-Stadt zu nennen hatte. Dass ich hier „übrigens" schreibe, zeigt vielleicht auch eine kleine Verbitterung – die ich innerlich meine nötig zu haben?

Zur Ehrlichkeit gerade in den ostdeutschen Erinnerungsgemeinschaften, in denen die bunte Vergangenheit zur Nische ausgebaut wird, muss gehören: Die Narben, die der Umbruch hinterlassen hat, wurden gerissen von der 1961 zementierten Teilung. Erst der Mauerbau führte zu Lücken in den Schulatlanten des Ostens und auf der Landkarte des Interesses vieler Westdeutscher und West-Berliner. Auch das war der Mauerbau: die Einbetonierung West-Berlins. Wer heute mit der S-Bahn nordwärts zum Badesee rausfährt, sieht die Enge am Fenster vorbeifliegen. Erst das Märkische Viertel, das an der früheren, von dieser Seite bunt bemalten Grenze mit neuer Hochhausarchitektur protzte, dann Einfamilienhäuser, die sich zusammendrängen, dichter und dichter aneinandergepresst, bis plötzlich das weite Feld beginnt. Das Umland, das es für West-Berliner nicht gab. Ende Gelände, von einem Meter auf den anderen.

Manche Wunden sind ganz offenkundig. Auf Autobahnen sieht man Reste alter Grenzanlagen, spürt flüsternd den Asphalt des Aufbaus Ost, der manche Strecke im früheren Westen alt aussehen lässt. Und auf dem Weg nach Berlin deuten Schilder zu den beiden Mitten der Stadt: Berlin-Zentrum (Alexanderplatz), Berlin-Zentrum (Zoo). Die Grenze lässt sich auch per Fahrrad erkunden, auf alten Kolonnenwegen, deren Laternen früher ein lebensbedrohliches Licht auf jeden Schatten warfen. Oft geht es vorbei an sich gegenseitig abweisenden Häuserwänden. Gut zu sehen ist das an der Bernauer Straße, an der die Geldgrenze zwischen Neu-Mitte und Wedding mit der alten zusammenfällt. Oder an der Bernburger Straße am Rand von Kreuzberg: auf der einen Seite Sozialbauten, auf der anderen Hochpreisappartements, die sich zu einer Grünfläche öffnen, die einmal Ost-Berliner Exklave war. An mancher Fassade sieht man noch einen verblassenden weißen Strich oder einen unverputzten Streifen. Dort stieß die Mauer an. An der Spree kann man den Grenzverlauf noch in seinem wilden Zickzack verfolgen, hier sind zahlreiche Grundstücke weiterhin unbebaut und überwuchert. Offenheit kann auch das sein:

Leere.

Noch eine offene Wunde im Herzen der Stadt, des Landes: der Anhalter Bahnhof. Im 19. Jahrhundert drittgrößter Bahnhof der Welt. Berlins erste S-Bahn-Station. Im Zweiten Weltkrieg zerstört. Später umfahren von der DDR-Reichsbahn wie ganz West-Berlin oder zumindest unterirdisch durchquert mit zahllosen Geisterstationen. Jetzt eine Ruine am ehemaligen Mauerstreifen. Nicht „übrigens“: Vom Anhalter Bahnhof ließen die Nazis Tausende Juden ins KZ Theresienstadt abtransportieren. Viele Narben der Mauer haben oft noch eine unheilvolle Vorgeschichte. Das Gestern war auch mal ein Heute. Und morgen entsteht an diesem Ort wieder der aktuelle *Tagesspiegel*, die erste freie Zeitung der nach dem Krieg zerbombten Stadt.

Auf dem Musikalbum „Ein neuer Tag in Pankow“ singt André Herzberg einen Song, der von den Wunden erzählt, die vernarben, aber nicht verheilen: „Ich bin für dich da (wenn du mich suchst)“. In diesem Lied heißt es:

Ich kann mich nicht selber neu erfinden
Kein anderer sein als der, der ich bin
Die Zeit und die Zeiten haben mich verändert
Wie Dich auch, mein Freund.

Der Abdruck dieses Textes erfolgt mit freundlicher Genehmigung durch den *Tagesspiegel*.

Zurück in die Zukunft
Von Frankfurt West nach Frankfurt Ost

Stephanie Maiwald

„Was willste denn da drüben?", „Wie jetzt Frankfurt?! – Frankfurt am Main?" Das waren noch die harmloseren Reaktionen auf meinen Entschluss, nach dem Abitur von Frankfurt am Main nach Frankfurt an der Oder zu ziehen. Dort an der kleinen Europa-Universität wollte ich studieren, und der von mir ausgewählte Studienort hatte 1999 definitiv etwas Exotisches. Das Unbekannte hat mich fasziniert, und der Numerus clausus letztlich den Ausschlag gegeben. Meine Erwartungen bezogen sich daher vor allem auf die Uni mit gutem Ruf, weniger auf die Umgebung, in der diese sich befand.

Die Trainingsgruppe meines Schwimmvereins schenkte mir zum Abschied eine Taschenlampe: weil es im Osten doch so dunkel sei. Sie fügten den Hinweis hinzu, dass mich dort garantiert niemand von ihnen besuchen kommen würde. Fast schon trotzig bezog ich mein erstes Studentenzimmer in Neuberesinchen, dem Plattenbauviertel im Randbezirk von FfO. Ich wollte es wissen.

Über zehn Jahre später engagiere ich mich für die Initiative *3te Generation Ostdeutschland*. Wäre ich bei meiner Ankunft in Frankfurt (Oder) dazu befragt worden, hätte ich geantwortet, dass Herkunft in unserer Generation doch kein Thema mehr sein sollte und dass es eine solche Initiative junger Leute nicht bräuchte. Vielleicht hätte ich gar skeptisch eine Prise Ostalgie darin vermutet. Schließlich hatte ich durchaus ein Bild von Ostdeutschland vor Augen. Ich kannte Halloren-Kugeln schon vor 1989. Durch ständige Kontakte in die DDR war für meine Familie und mich die Wiedervereinigung ein

Ereignis, das uns sehr naheging und das ich freudig erlebte. Die Mutter meines Vaters war Anfang der 1950er Jahre bei Nacht über die Grüne Grenze geflohen. Er ist immer ganz still, wenn irgendwo über den „jammernden Ossi" geschimpft wird, denn er tut sich schwer mit Zuschreibungen nach dem Muster typisch Ossi – typisch Wessi. Schließlich hätte er selbst genauso gut im Osten aufwachsen können: „Was kann ich dafür, dass meine Mutter so mutig war?"

Jedes Jahr besuchte uns die von mir und meiner Schwester heiß geliebte „Tante Änne" aus Halle/Saale, eine Nenntante, die aufgrund ihres Alters immer wieder in den Westen reisen durfte. Ihre Anwesenheit garantierte eine tolle anarchische Zeit, in der meine Eltern wenig zu sagen hatten: Kartoffelpuffer bis zur Übelkeit und Brettspiele bis tief in die Nacht. In den Herbstferien 1989 waren wir zu Besuch in Halle; da schien der Mauerfall noch unvorstellbar. Wenig später stand die befreundete Familie bei uns im Wohnzimmer, und alle lagen sich mit Tränen in den Augen in den Armen. Mit viel Anfangseuphorie und später auch Sorge haben wir die Nachwendejahre dieser Freunde begleitet – es gab Urlaub in Meck-Pomm, aber auch Arbeitslosigkeit in Halle.

In Frankfurt (Oder) habe ich den Abstand zwischen west- und ostdeutschen Studierenden zunächst oft als unüberbrückbar empfunden – manchmal stärker als den zwischen deutschen und polnischen Kommilitonen. Die Ostdeutschen, die Frankfurt (Oder) als Studienplatz gewählt hatten, stammten meist aus der Umgebung und pendelten nach den Seminaren in die Region zurück. Die Westdeutschen – gerade im Studiengang Kulturwissenschaften – waren meist Abiturientinnen bürgerlicher Herkunft, die sich durch den finanziellen Rückhalt ihrer Familie das extravagante Studium leisten konnten. Ich selbst gehörte ja auch dazu. Und zum ersten Mal habe ich begriffen, dass ein großer Teil meiner Generation, der meiner ostdeutschen Altersgenossen, nicht oder nur wenig erben wird. Ich verstand, dass meine ostdeutschen Kommilitoninnen und Kommilitonen keine finanzielle Absicherung ins Nest gelegt bekommen hatten und dadurch vielleicht eher auf Sicherheit setzten als auf Experimente.

Meine Naivität war mir peinlich, und das Erstaunen der Nachbarin darüber, dass es mich aus den alten Bundesländern in den Osten verschlagen hatte, deutete ich als Kompliment. Ich lernte, dass man einen Ostdeutschen daran erkennt, dass bei ihm „Frankfurt" Frankfurt an der Oder heißt, und einen Westdeutschen daran, dass bei ihm „Frankfurt" Frankfurt am Main heißt. Das hatte ich ja schon im Rhein-Main-Gebiet gehört. Aha, so ist das wohl mit den Perspektiven. Aber warum gleich dem anderen Ignoranz unterstellen? Und nicht verständliche, regionale Bezugnahme?

Ich hatte einige ostdeutsche Freunde, aber zunächst wenig Kontakt zu „richtigen" Frankfurtern in meinem Alter. Das lag zum einen an der Tatsache, dass viele zur Ausbildung weggingen, und zum anderen daran, dass sie sich irgendwie bedeckt hielten. Zumindest war das meine Vermutung. In Neuberesinchen zeigten sich nur die Glatzen. Ich suchte nach Leuten mit Interessen, die meinen ähnlich waren.

Ein Kommilitone von mir hieß Sandy. Er litt darunter, dass jeder bei seinem Namen dachte, er sei eine Frau. Seine Schwester hieß Conny, und wir scherzten zusammen, dass seine Mutter sich während der Schwangerschaft nur jeweils einen Namen für ihr Kind ausgedacht hatte, der dann ohne Rücksicht auf das Geschlecht des Kindes vergeben wurde. In den letzten Semestern zeichnete er hinter seinen Namen immer das Zeichen für männlich, mit Kreis und Pfeil, damit es nicht mehr zu Verwechslungen kam. Durch Sandy habe ich viele Einblicke erhalten. Er hat mir ostdeutsche Autoren empfohlen, und wir haben gemeinsam Ausflüge nach Brandenburg unternommen. Ich habe ihn in Strausberg bei seiner Mutter besucht, die in einer Platte wohnte. Er sagte mit einem Augenzwinkern, die wenigen Einrichtungsmodelle hätten zumindest den Vorteil gehabt, dass man in jeder Wohnung gleich wusste, in welcher Küchenschublade das Besteck war.

Seine Mutter war zu DDR-Zeiten Staatsbürgerkundelehrerin gewesen. Ich habe ihn damals gefragt, wie das für ihn sei. Und ob seine Mutter denn nichts gemerkt und unternommen hätte. Heute schäme ich mich nicht für die Frage, sondern für die Art und Weise, in der ich sie gestellt habe. Ich kann mich nicht mehr an den Wortlaut erinnern, aber ich weiß noch genau, dass ich bei der Wahl meiner Worte sehr unsicher war. Er hat damals nur darauf geantwortet, dass ich das nicht verstünde. Sandy und ich haben uns dann im Laufe des Studiums irgendwie aus den Augen verloren und erst vor kurzer Zeit im Internet wiedergefunden. Bei unserer nächsten Begegnung möchte ich ihn fragen, wie er meine – wie soll ich es nennen? – Unwissenheit, Projektion und Naivität empfunden hat.

Vom ersten Tag an habe ich Frankfurt (Oder) als ein großes Labor empfunden. Das ist wohl das Privileg der Außensicht. Ein Grenzort in jeder Hinsicht, an dem man viel probieren darf und viel bewegen kann. Bei näherem Hinsehen waren die politisch formulierten Probleme auch Chancen – ohne die Probleme schmälern zu wollen. Aus einem verlassenen Fabrikgelände wurde ein Ort für Theater, Konzert, Kino und Party für Jugendliche und Studenten. Die Stadtkassen waren leer, aber es ließen sich in Eigeninitiative EU-Gelder finden. Das Kleist-Theater wurde trotz großen Protestes geschlossen, aber die kleinen Theaterinitiativen wurden stärker. Einige Bürger fragten sich, wie man Anreize schaffen und damit dem demografischen Wandel entgegenwirken könnte; sie versuchten, Modelle für Rückkehrer zu entwerfen. Studenten-WGs gründeten sich, und die „Neu-Frankfurter“ gliederten sich mehr und mehr in die Stadt ein. Studentische Projekte während der Kleist-Festtage brachten durch viel Engagement Farbe in die Stadt. „Progranicze“, ein deutsch-polnischer Verein, veranstaltete Kultur auf beiden Seiten der Oder. Gleichzeitig schüttelten wir gemeinsam mit den anderen aktiven Leuten darüber den Kopf, dass der größte innerstädtische Platz am Oderturm ein Parkplatz war.

Aus Sicht der Frankfurtoderaner waren neue Leute immer Wessis. Alles, was sie taten, wurde irgendwie mit Skepsis verfolgt. Sie konnten es ja nicht gut meinen, egal, ob es der neue Leiter des Kleist-Forums war oder die Präsidentin der Universität. Irgendwann entwickelte ich eine Wahnsinnswut. Darüber, sich mit seinem Westsein im Osten verstecken zu müssen. Von vielen Ossis im Westen habe ich von dem Zwang der Assimilierung gehört. Doch als Wessi im Osten habe ich das auch erlebt. Es bestand ein ständiger Rechtfertigungsdruck: was ich hier wolle, wenn ich denn etwas wollte. Warum ich mich engagierte, wenn ich mich engagierte. Als ob mir das Recht abgesprochen werde, mich einzubringen. Meine konstruktiv gemeinte Kritik wurde unsachlich aufgenommen und oft auf eine sehr grundsätzliche Ebene gehoben. Da warf mir zum Beispiel ein nach dem Fall der Mauer geborener Frankfurter Schüler vor, ich sei ein „dummer Laberwessi". „Wie verhalte ich mich dazu?", habe ich mich da gefragt. Was heißt das für mich und für den Ort, an dem man gemeinsam lebt? Und auch für die gemeinsame Zukunft, die man gestalten will?

Ich wehre mich gegen kleinkariertes Denken, egal welcher Art. Wenn man sich dem ergeben würde, hieße das ja, nie eine gemeinsame Ebene finden zu können. Das hieße auch, dass ein weiteres Gespräch, eine weitere Kooperation unmöglich oder sinnlos wäre. Die kulturellen Unterschiede zwischen Nord und Süd sind größer als die zwischen Ost und West, davon bin ich überzeugt.

Ich wünsche mir, dass absolute Deutungsansprüche auf beiden Seiten aufgegeben werden. Braucht es eine vierte, fünfte und gar sechste Generation dafür? Und was sind die Voraussetzungen? Wohl das Sichtbarmachen der individuellen Erfahrungen. Und der Austausch darüber. Es gibt Fragen, die für uns alle wichtig sind, zu denen wir alle etwas zu sagen haben, die wir nur gemeinsam beantworten können: Wer sind wir? Wie wollen wir leben? Was ist uns wichtig? Der Strukturwandel nach 1989 in den ostdeutschen Regionen war so umfassend, und nun kann beispielsweise auch das Ruhrgebiet davon profitieren. Regionale Themen werden globale Themen und umgekehrt.

Ich würde gern wissen, wie meine Kommilitonen von damals heute zu unseren Diskussionen aus der Studienzeit stehen. Würden wir dieselben Argumente anführen? Kann ich von meiner Wut erzählen? Und sie von ihrer? Würde man weitermachen, mit diesem untergründig stets vorhandenen Misstrauen? Stehen die gemachten Erfahrungen immer noch in Konkurrenz zueinander und fürchten die Bewertung des jeweils anderen? Kann etwas nicht einfach nur anders sein? Ohne als besser oder schlechter zu gelten? Und damit meine ich natürlich immer beide Seiten. Die meines Schwimmvereins und die meiner Mitstreiter im Frankfurter Kulturclub. Ich bin mir sicher, wir könnten uns heute freier darüber austauschen als damals. Und daher hoffe ich auf weitere Gelegenheiten des Wiedersehens.

Im Dezember 2011 fuhr ich zum ersten Mal nach vielen Jahren wieder nach Frankfurt (Oder). Vorher las ich in der *Süddeutschen Zeitung:* „Das Glitzern währte nicht lange: Im Hauptbahnhof von Frankfurt an der Oder ist ein halber Weihnachtsbaum gestohlen worden. Diebe hätten am Samstag die obere Hälfte des in der Bahnhofshalle aufgestellten künstlichen Weihnachtsbaums samt Kugeln und Lichterkette mitgehen lassen, teilte die Bundespolizei in Berlin mit." Ob das wohl auch in der Zeitung gestanden hätte, wenn es in Esslingen oder Remscheid passiert wäre? Früh am Morgen erreiche ich mit dem RE 1 den umgebauten Bahnhof, der zu Studienbeginn ein einziges Baugerüst war. Ich schaue anders auf die Stadt und frage mich, ob ich sie als lebenswert empfinde. Was müsste sie mir eigentlich bieten, damit ich bleibe? Würde ein gutes Jobangebot ausreichen? Ein vielseitiges Kulturangebot? Habe ich das Gefühl, dass man hier Kinder großziehen könnte? Ob sich diese Fragen auch die Dritte Generation stellt, die in Frankfurt (Oder) geboren und später weggezogen ist?

Ich bin positiv überrascht. Das Zentrum hat sich strukturell entwickelt und überhaupt gar nichts von dem Flair, das die

Süddeutsche Zeitung mit ihrer Geschichte über den geköpften Weihnachtsbaum vermittelt hat. Besonders die Karl-Marx-Allee, die bei meinem Wegzug gähnend leer schien, funkelt nun zur Weihnachtszeit. Neuberesinchen wirkt im inneren Kern zerfallen oder weggesprengt, aber am Außenrand sind alle Plattenbauten saniert und versprechen schönen Ausblick. Ich entdecke verblichene Aufkleber der Kampagne „FF – Freundliches Frankfurt". Man hatte sie zu meiner Studienzeit vor dem Hintergrund zahlreicher rechtsextremer Übergriffe in den 1990ern ins Leben gerufen. Beim Recherchieren erfahre ich, dass das Programm neu aufgelegt worden ist. Es scheint leider noch Bedarf zu geben. Doch die Stadt wirkt an diesem Adventssonntag sehr offen. Viele internationale Studenten im Stadtbild, und der alternative Weihnachtsmarkt in der Marienkirche ist trotz Eintrittspreis brechend voll. Das Oderufer ist nun gänzlich erschlossen, und man kann sich vorstellen, wie hier an lauen Sommerabenden am Ufer flaniert wird.

Neu an der Oder ist auch eine kubanische Bar. Es heißt, dass einem Kubaner dieses Fleckchen Erde gefiel und er sich entschied, seinen Deutschlandtrip an dieser Stelle vorerst zu beenden. Eine kleine improvisierte Strohhütte mit Buchstaben in Leuchtschrift, die gen Osten zeigen. Der Osten ist hier polnisch, und meine Erinnerungen an das Freudenfest zum EU-Beitritt Polens auf der Grenzbrücke im Mai 2005 werden wieder lebendig. Sind wir nicht alle ein bisschen europäisch? Der Cuba Libre kostet hier nur ein paar Euro. Im Winter ist die Kneipe geschlossen, im Sommer von allen gut besucht. Das verraten zahlreiche überdeckte Stühle im anliegenden Schuppen. An diesem Ort haben sich die Vorstellungen übereinander weggekürzt. Zumindest für die Länge einiger Drinks.

Das Spargelprinzip
Die Vorurteile eines Wessis im Realitätscheck

Hagen Pietzcker

Am Anfang der Mitarbeit in der Initiative *3te Generation Ostdeutschland* stand für mich die Frage, wie das wohl ist, sich als Wessi an einem Projekt zu beteiligen, in dem es zunächst vorrangig um Ostdeutsche geht, und welche Erfahrungen ich hier wohl machen würde? Zugegeben, ich fühle mich schon lange als Gesamtdeutscher, habe viele ostdeutsche Freunde sowie einige Verwandte und lebe mit einer Frau aus Rostock zusammen. Meinen ersten richtigen Job nach dem Studium hatte ich als Junior-Berater in einer Ostberliner PR-Agentur. Heute arbeite ich als wissenschaftlicher Mitarbeiter für die Thüringer Abgeordnete und Bundestagsvizepräsidentin Katrin Göring-Eckardt und bin als ihr Referent vor allem zuständig für den Politikbereich „Erinnerungskultur SED-Diktatur". Ich war ohnehin auch nicht der einzige Wessi: Der West-Anteil im Projektteam *3te Generation Ostdeutschland* beträgt immerhin ein Drittel.

Hier muss zunächst gesagt sein, dass die Begriffe „Ossi" und „Wessi" während der Arbeit am Projekt wie auch im weiteren Kreis der Interessierten und Engagierten oder auf der Konferenz im Sommer 2011 eine erfrischende Unverkrampftheit erfahren haben – es war deutlich und dennoch angemessen unironisch, sie so zu verwenden, dass es nie verletzend, sondern immer hilfreich und vor allem wertfrei war. Daher auch ihre Verwendung in diesem Text.

Es war also interessant zu sehen, ob und wie in diesem Projekt Unterschiede zwischen Ossis und Wessis zu erleben und wahrzunehmen sein würden, wie ich sie zum Teil bei den zweiten Generationen aus Ost und West beobachtet hatte. Insbesondere auf eine Eigenschaft, die mir häufiger bei Ostdeutschen aufgefallen ist, war ich gespannt – das „Spargelprinzip". Es bedeutet: „Wer zuerst den Kopf rausstreckt, wird abgestochen". Damit es keine Missverständnisse gibt: Das ist natürlich keine reine Ossi-Eigenschaft, das Spargelprinzip gibt es selbstverständlich auch im Westen, zum Beispiel in weiten Teilen der Parteienpolitik. Aber es ist mir trotzdem bei und unter Ossis besonders aufgefallen. Man könnte es beschreiben als eine ständige Aufmerksamkeit, dass ja nur niemand zu sehr ausschert, sich gar nach oben absetzt oder vielleicht die Führung übernehmen will, vielleicht einfach nur zu selbstbewusst auftritt.

Das ist kein plattes Wessi-Klischee, ich habe es mehrfach selbst zu spüren bekommen. So bei Familienbesuchen von Freundinnen und Freunden, bei denen mir viel Misstrauen oder zumindest Distanziertheit begegnet ist, manchmal, und das ist mir bestätigt worden, nur aufgrund eines selbstverständlich selbstbewussten, weil auch anerzogenen sicheren Auftretens. Eine ganze Reihe von Menschen aus den neuen Bundesländern fühlte sich dadurch in der Tat verunsichert! „Warum?", dachte und denke ich immer wieder, „Ihr habt die Mauer gekippt, Ihr seid Vorbilder!" Ebenso habe ich das bei verschiedenen Projekten und Arbeitszusammenhängen erlebt, bei denen gerade die Ossis ein Auge untereinander auf die Rollenverteilungen hatten, bis hin zu Vorgesetzten, die sehr darauf achteten, eher wie sanfte Familienoberhäupter zu führen, um so eine Verbindung zu den Angestellten aufrechtzuerhalten, die sie qua Funktion schon nicht haben konnten – Leitung und Verantwortung ja, aber nicht zu herausgehoben, eher versteckt, wenn auch nicht verschämt. Das häufig noch zu findende Harmonie- und Gemeinschaftsstreben gerade innerhalb der zweiten Generation Ost ist real, und es ist nicht grundsätzlich schlecht. Eine Ellbogenmentalität, wie sie nicht nur in Arbeitszusammenhängen im Westen zu erleben ist, bietet keine überzeugende Alternative. Allerdings ist sie vielleicht offener, ehrlicher. Man weiß, wo die Fronten verlaufen. Bei der überdeckenden Pseudoharmonie der Ossis (man möge diesen Ausdruck verzeihen) ist oft versteckte Missgunst mit im Spiel. Und dieses Spiel wird eben häufig nicht offen geführt, oder erst spät, und das ist eigentlich zum Nachteil aller. Es werden nämlich Konflikte nicht offen angesprochen und durchgearbeitet. Unbehagen bleibt eher unter der Decke, subtil, nicht ausgesprochen oder leider oft mit anderen Argumenten verbrämt.

Auch in der Öffentlichkeit gibt es dafür verschiedene Beispiele. Die Auseinandersetzung um die Nominierung Joachim Gaucks zum Bundespräsidenten, in der es um seine Rolle in der Friedlichen Revolution und die Frage ging, ob er ein Bürgerrechtler war, wurde fast ausschließlich von ebenfalls ehemals ostdeutschen Bürgerrechtlern geführt. Der Tenor war, neben der Kritik an seinem angeblich mangelhaften Freiheits- und Sozialbegriff, Gauck sei gar kein echter Bürgerrechtler gewesen – was dieser aber auch nie behauptet hatte.

Vielleicht ist die Kritik der Ex-Bürgerrechtler auch von einem Gefühl geprägt, die eigenen Leistungen im Widerstand würden nicht angemessen öffentlich gewürdigt, während Gauck wie ein strahlender Hoffnungsträger und Freiheitskämpfer dasteht? Warum aber, so die Frage eines naiven Wessis, ist es so schwer, zu gönnen oder sich mitzufreuen, dass ein ehemaliger Bürgerrechtler – in welchem Maße auch immer er es war – zum höchsten Vertreter des Staates wird? Gibt es eine größere Anerkennung der gemeinsamen Leistung, der Leistung der Menschen im Osten vor 1989? Am Ende können nicht alle Bundespräsident werden, die es verdient hätten – warum aber dann so viel Ablehnung aus dem Osten, wenn es schließlich einer aus dem Osten wird? Auch das Studium der Leserbriefspalten von *Neues Deutschland*, *Junge Welt*, die beißenden Beiträge meiner Leib- und Magenblätter *Berliner Zeitung* oder *Eulenspiegel* verschlagen mir da manchmal den Atem. Es ist schwer, das noch als rationale Kritik oder auch nur gute Satire zu sehen. Man kann da manchmal nur noch Missgunst sehen und auch – Neid.

Doch im privaten und familiären Umfeld sind solche Phänomene gleichfalls zu beobachten. So hat beispielsweise die mediale Präsenz einiger Teammitglieder im Rahmen der Konferenz wie auch des Gesamtprojektes zu Konflikten mit den Eltern geführt, nach dem Motto: „Warum musst Du das Thema denn in der Öffentlichkeit auswalzen? Was machst Du denn da im Fernsehen?" Bemerkenswert: Die Oma des einen oder des anderen Teammitglieds hat sich sehr über einen Artikel und ein großformatiges Foto des Projektteams in der *SUPERillu* gefreut, einige Eltern haben aber eher skeptisch reagiert – aus anderen Gründen als unsere Altersgenossen übrigens, die das vielleicht eher uncool fanden. Es war der Gang in die Öffentlichkeit, die von einigen „Zweitis", also der Elterngeneration, nicht verstanden wurde. Ist das Angst vor der Öffentlichkeit, die das Thema selbst ins Familiäre tragen könnte, oder ist es das Unverständnis für den Wunsch, das Thema in die Öffentlichkeit zu bringen, wo doch selbige aus verschiedensten Gründen meist gemieden wurde oder wird? Weil Öffentlichkeit für die Dritte Generation, also die Kinder, gleichzeitig auch Prominenz bedeutet, eben herausgehobene Köpfe, und kommt die Elterngeneration damit nicht klar?

Ähnliches war bei ostdeutschen Medienvertretern zu erleben: Während Journalisten aus der Dritten Generation Ostdeutschland das Thema begeistert mitverfolgten und zum Teil sogar an der Konferenz teilnahmen, war bei ihren Kollegen aus der zweiten Generation eher Skepsis bis offene Ablehnung zu spüren. Aber auch Teilnehmer der Konferenz berichteten von Konflikten, als sie ihren Eltern von der Initiative *3te Generation Ostdeutschland* erzählten. Gerade in der zweiten Generation gibt es doch noch viele Hinweise für die Wirksamkeit des Prinzips: „Wer den Kopf erhebt, der wird abgestochen." Und wenn der Kopf aus der eigenen Familie stammt und auch noch über die eigene Familie öffentlich spricht, dann ist der Konflikt umso größer.

Zurück zur Eingangsfrage: Ist das Spargelprinzip nun wirklich typisch ostdeutsch, und hat es eine besondere Rolle in der Arbeit der Initiative *3te Generation Ostdeutschland* gespielt? Waren die Reglements, die streng basisdemokratischen Entscheidungsprozesse, auf die sich das Projektteam nach langem Ringen geeinigt hatte, übertrieben? War es notwendig, den Arbeitsprozess, das Machtgefüge in der Gruppe so mühsam auszutarieren, wo es eigentlich nur um die Organisation einer ersten Konferenz gehen sollte? Oder war es schlicht dem Spargelprinzip geschuldet, dass man sich gegenseitig schon im Vorfeld Ketten anlegte, damit keiner ausschert oder eine Sonderrolle einnehmen kann? Und wie viel klassisches Wessi-Vorurteil musste man mitbringen, um so etwas überhaupt zu denken?

Während der Arbeit am Projekt zur Konferenz wie auch den Folgeprojekten stellte sich klar heraus: Es waren nicht in erster Linie die Ossis, die großen Wert darauf legten, beispielsweise die streng basisdemokratischen Entscheidungsstrukturen einzuführen. Die Konflikte, die es selbstverständlich auch gab, waren nie der Herkunft geschuldet. Um es kurz zu machen: Es waren nicht die Unterschiede zwischen Ost und West, welche die Konflikte in der Projektarbeit gekennzeichnet haben. So weit sind wir also schon, möchte man da sagen. Diese Projektgruppe, die Initiative sieht sich nicht als „Ossi-Klub", und das ist eine der schönsten Bestätigungen nicht nur für die Projektarbeit, sondern für die dahinterstehende Idee überhaupt: Es ist eine gesamtdeutsche Initiative, die davon ausgeht, dass wir uns in dieser Generation alle näher und ähnlicher sind, als es häufig und vor allem von den zweiten Generationen in Ost und West vermittelt wird!

Daraus folgt gleichwohl die Frage: Sollte man Unterschiede dieser Art überhaupt noch suchen? Ja, das sollte man, meine ich. Nicht, um wertende oder gar spaltende Befunde zu suchen. Es ist und bleibt wichtig, sich darüber zu verständigen, ob und welche Unterschiede es gibt, um daran zu arbeiten, sie gegebenenfalls zu überwinden – und auch zu begreifen, woher sie kommen, wenn es sie denn noch gibt. Es ist an dieser Generation, der Dritten Generation Ost und West, sich gegenseitig diese Fragen zu stellen, sie ehrlich in den gesellschaftlichen Diskurs zu tragen und zu diskutieren.

Es bleibt eine tolle Erfahrung und Lehre aus dem bisher Erlebten: Es reicht nicht, das Spargelprinzip zu überwinden, indem man anderen nicht übelnimmt, wenn sie den Kopf für eine Sache hoch- und herhalten. Man muss auch lernen, den Kopf erhoben zu halten, wenn andere einen „abstechen" wollen. Das gilt für uns alle, völlig egal, ob Ossi oder Wessi!

Einstellungen, Ausschnitte, Perspektiven

Ein Interview mit der Filmemacherin Nadja Smith und dem Fotografen Sven Gatter

Richard Friebe

Das Bild Ostdeutschlands und der Menschen, die dort aufgewachsen sind und leben, ist stark von Bildern geprägt. Der Blick durch die Objektive der Fernseh- und Fotokameras ist jedoch selten objektiv, er verweilt oft bei bröckelndem Putz, schweift ebenso klischeehaft über Einkaufszentren auf der grünen Wiese oder fokussiert auf rasierte Köpfe. Und wenn äußerlich so gar nichts mehr an die Problem-Zone erinnern sollte, hilft immer noch eine Einstellung, die ein Ortsschild zeigt mit einem Assoziationen hervorrufenden Ortsnamen.

Sven Gatter, Jahrgang 1978, kommt aus so einem Ort: Bitterfeld – Symbol für akute und chronische Umweltkatastrophen, die sogenannte Volkseigene Betriebe und Kombinate den Bürgern zumuteten, Symbol auch für Niedergang und Abwicklung der Ost-Industrie nach 1990, Symbol für die Schwierigkeiten eines Neuanfangs. In den vergangenen Jahren hat Gatter begonnen, in seiner Heimat nach authentischen Bildern von Menschen und Landschaft jenseits der Klischees zu suchen. Während er in seiner Jugend und als Student, obgleich den Osten Deutschlands nie dauerhaft verlassend, kaum intensiv seine ostdeutsche Herkunft reflektierte, haben ihn seine fotografischen Projekte in jüngerer Zeit diesem Thema nähergebracht. Gatter sucht nach Bildern ostdeutscher Gegenwart. Seine fotografischen Arbeiten – mehrfach ausgestellt und auch bei Wettbewerben mit Anerkennungen bedacht –

sind mit respektvollem Abstand aufgenommene Porträts zufällig angetroffener Menschen in ihrer Freizeit. Gatter nimmt sich für diese Arbeiten, so sagt er selbst, sehr viel Zeit, arbeitet ergebnisoffen, weiß während eines Projektes nicht, was es „am Ende für ein Gesamtbild zeigen wird". Diese feldforschende Herangehensweise ist von seinem sozialwissenschaftlichen Studium geprägt, das er von 1999 bis 2006 in Erfurt absolvierte. Gatter stören die seiner Ansicht nach häufig polarisierenden und klischeehaften Darstellungen Ostdeutschlands. „Es sind", so sagt er, „Darstellungen, die häufig Resultat eines negativ geprägten Ausgangsereignisses sind". Er hofft, mit seinen Bildern differenzierte Sichtweisen zu liefern, in denen sich die Erfahrungen und Selbstwahrnehmungen der Menschen in Ostdeutschland wiederfinden.

Nadja Smith wurde 1979 in Berlin-Friedrichshain geboren. Sie kommt damit aus einem ebenso bekannten, wenn auch mit weitaus weniger negativen Klischees belasteten Teil Ostdeutschlands. Die rasanten Veränderungen, die sich im Osten Berlins nach 1989 bemerkbar machten, führten bei ihr schon früh zu einer intensiven Auseinandersetzung mit ihrer Herkunft. „Auf der Suche nach einer neuen Heimat", wie sie selbst es formuliert, lebte sie längere Zeit in Westdeutschland, Frankreich, Italien und Spanien. Sie ging dort zur Schule, studierte und arbeitete als Fotografin und Videojournalistin. Ihre fotografischen Arbeiten haben von Anfang an immer auch eine Suche nach Identität gespiegelt. Es sind Bildserien entstanden, die mit Tagebuchauszügen interagieren. Eine Foto- und Interviewserie porträtiert die Bewohner des Leninplatzes, des Ortes, an dem sie aufgewachsen ist (heutiger Platz der Vereinten Nationen). Später folgte die Abschlussarbeit ihres Studiums – ein dokumentarischer Film über ihre Familiengeschichte. Der mit dieser persönlichen und oft intimen Herangehensweise verbundene Prozess der Identitätssuche und Vergangenheitsverarbeitung, sagt sie heute, sei für sie inzwischen weitgehend abgeschlossen. Sie sieht sich „nicht als Ost-Fotografin oder Ost-Filmemacherin", obwohl sie sich mit dem Thema und den Menschen im Osten nach wie vor „besonders verbunden“ fühlt. Ihre Arbeiten begreift sie in erster Linie als „wichtige Reflexionsebenen“, die sie bei der Auseinandersetzung mit ihrer Herkunft begleitet haben. Bewusst hat sie auch ihren Diplomfilm *Es ist, wie es ist, weil es war, wie es war* nie öffentlich gezeigt. Die Dokumentation ermöglicht einen kleinen und einmaligen Einblick in ihre sehr private Auseinandersetzung mit ihrer Herkunft. Heute arbeitet Nadja Smith in der Dokumentar- und Spielfilmproduktion.

Ihr seid beide in Ostdeutschland aufgewachsen und wohnt nach sehr unterschiedlichen Lebenswegen derzeit in Berlin. Wie verortet Ihr Euch zwischen Ost und West?

SVEN GATTER „Du bist aus Ostdeutschland“, das war für mich lange so ein Etikett, das ich aufgebügelt bekommen habe, mit dem ich mich erst mal gar nicht so identifiziert habe. Während auch meine Eltern immer noch mit einer Mischung aus Stolz und Verlegenheit sagen: „Wir sind gelernte DDR-Bürger“, kann ich damit kaum etwas anfangen. Ich bin kein gelernter DDR-Bürger. Aber automatisch habe ich mich an so eine Grenze zwischen Ost und West gesetzt gefühlt. Erst in den letzten Jahren habe ich mich dann aktiv und bewusst damit beschäftigt, und je mehr ich das tat, desto spannender wurde es.

NADJA SMITH Ich hatte früher, so Mitte der 1990er Jahre, oft Probleme damit, aus einem Land zu kommen, das es nicht mehr gab, über das keiner mehr sprach, dessen Überreste einfach so unter den Teppich gekehrt wurden. Gegenüber den Zugereisten habe ich mich immer als Fremde empfunden, denn vor allem im Ostteil der Stadt waren sie in der Überzahl. Ich denke, gerade an dieser Schnittstelle zwischen Ost und West habe ich mich damals sehr verloren gefühlt. Dann war ich selbst lange in der Fremde und habe dabei viel über das Fremdsein gelernt. Jetzt, da ich wieder hier in Berlin bin, merke ich sehr stark, dass ich hier hingehöre. Meine eigene Ostvergangenheit beschäftigt mich jedoch viel weniger als früher.

Was glaubt Ihr, warum findet sich gerade jetzt und nicht schon vor zehn Jahren oder zu einem anderen Zeitpunkt eine Gruppe junger Leute zusammen, die sich als Dritte Generation Ostdeutschland definiert?

SVEN GATTER Es ist jetzt wohl ein entsprechendes Selbstbewusstsein gewachsen, nachdem man einen Beruf erlernt hat. Jetzt gibt es wahrscheinlich zum ersten Mal so einen Zeitpunkt, zu dem eine größere Gruppe junger Ostdeutscher – die allerdings überwiegend aus dem akademischen Umfeld kommt – das Selbstbewusstsein hat, „Hallo, hier sind wir" zu sagen, „wir haben Fragen zu unserer Geschichte, aber auch etwas mitzuteilen".

Was ist die Gemeinsamkeit dieser sonst so heterogenen Gruppe? Ist es dieser Verlust der Gewissheiten, das Wegbrechen der Autoritäten zur Wendezeit, was viele aus Eurer Generation vielleicht für den Rest Eures Lebens geprägt hat?

NADJA SMITH Ich habe das damals jedenfalls stark so empfunden. In der Schule fehlten plötzlich viele Lehrer, neue kamen hinzu, meine Eltern waren mit sich selbst beschäftigt und hatten Mühe, ihre Vergangenheit vor uns Kindern zu rechtfertigen. Die, bei denen noch vor Kurzem klar gewesen war, dass sie alles richtig machten, die hatten plötzlich alles falsch gemacht. Wir haben eigentlich ziemlich allein diese neue Welt entdeckt und immer auch sehr skeptisch mit der alten abgeglichen. Und anders als häufig in der Darstellung in den Medien suggeriert, ist ein Bewusstsein, dass es in der realen Welt selten Gewissheiten und Schwarz-Weiß, Eindeutiges und Endgültiges gibt, geblieben.

Seht Ihr Eure fotografische und filmdokumentarische Arbeit in diesem Kontext der Dritten Generation Ostdeutschland?

NADJA SMITH Ich habe mich jahrelang an meiner Herkunft abgearbeitet, im privaten Bereich, über Lektüre, über Interviews und Fotoserien in dem Neubau, in dem ich aufgewachsen bin, und nicht zuletzt mit meinem Film über meine Familie. Das war für mich sehr wichtig. Inzwischen interessiert mich die Vergangenheit aber vor allem als Fundament der Gegenwart. Meine Arbeit dreht sich nicht mehr nur um mich und mein persönliches Umfeld. Ich sehe mich jetzt eher als Sammlerin von Geschichten, als Dokumentaristin – Authentizität ist mir sehr wichtig. Und genau deshalb finde ich diese Initiative *3te Generation Ostdeutschland* auch total spannend. Ich war überrascht, bei einem der Netzwerktreffen so viele unterschiedlich motivierte Leute kennenzulernen. Das Spektrum dort reicht von persönlichen Problemen im Umgang mit Westdeutschen bis hin zur profunden historisch-sozialwissenschaftlichen Analyse und zur künstlerischen Auseinandersetzung. Diesem Phänomen auf die Spur zu kommen, fände ich toll.

Ihr seid damit in der Situation, Teil eines Phänomens zu sein und es gleichzeitig fotografisch und filmisch erforschen zu können …

SVEN GATTER An der Entwicklung meiner Heimatregion kann man sehr beispielhaft etwas beobachten, das sich auch in anderen europäischen Regionen abspielt. Insofern geht es für mich nicht so sehr um eine Selbsterkundung, sondern darum, umfassendere gesellschaftliche Entwicklungen zu verstehen. Aber klar, diese ganz persönliche Erfahrung einer Zwangsidentifikation mit der Region Bitterfeld, die ist ein wichtiger Auslöser meiner fotografischen Arbeit gewesen. Ich habe immer wieder gemerkt, dass meine eigene Wahrnehmung von Bitterfeld vielfältiger ist als das, was über die Medien in alle Welt transportiert wurde. Die Kohlegrube „Goitzsche“ zum Beispiel, auf die sich eine meiner Fotoreihen bezieht, die wurde oft auf ihre erschreckenden Umweltfolgen reduziert. Für viele Menschen war sie aber ein Ort, an dem gelebt, geliebt und gearbeitet wurde. Und in meiner eigenen Kindheitserinnerung war sie ein riesiger Spielplatz, dort haben wir nach Bernsteinen und anderen Schätzen gesucht.

Stills und Zitate aus dem Film *Es ist, wie es ist, weil es war, wie es war* von Nadja Smith, 2009

TOCHTER „Ich fragte mich, inwieweit die Auflösung der DDR-Strukturen unser Leben verändert hatte. Inwieweit hatte mein Vater unsere Familie dazu benutzt, seine verlorene Machtposition weiterhin ausleben zu können? Hatte er sich nicht auch schon früher das Recht herausgenommen, Grenzen zu überschreiten und in die Intimsphäre anderer Menschen einzudringen? Alle Versuche, mit meinem Vater über die Vergangenheit zu reden, scheiterten. An seiner erniedrigenden und demütigenden Art hatte sich nichts verändert. Ist alles, wie es ist, weil alles war, wie es war? Oder wäre heute etwas anders, wenn damals etwas anders gewesen wäre?"

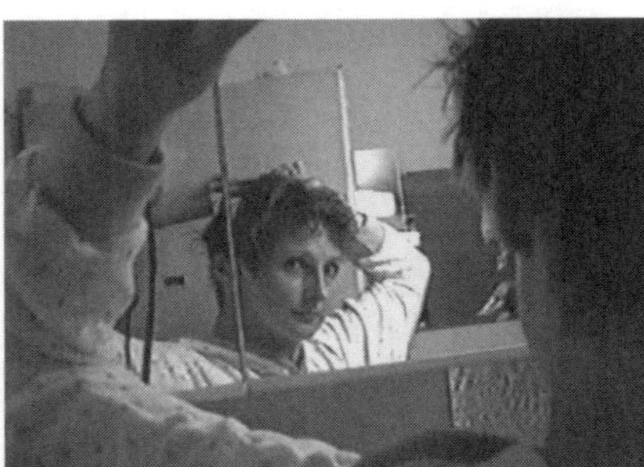

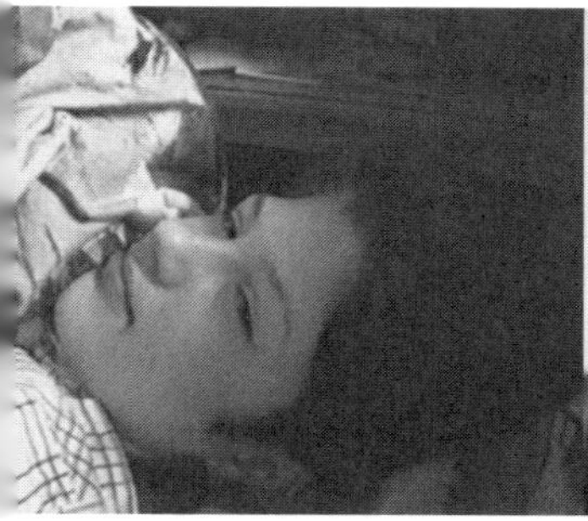

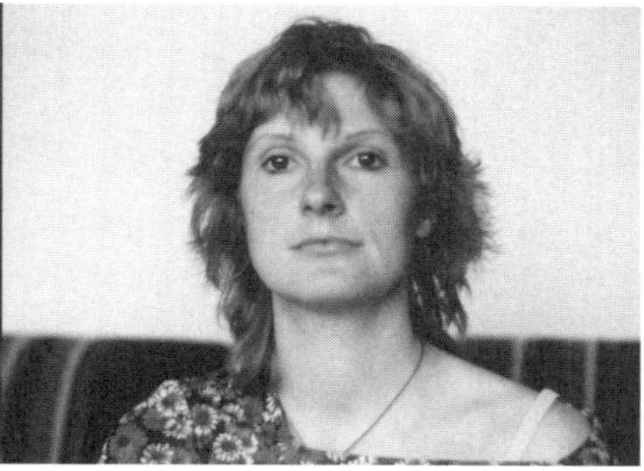

MUTTER „Ich habe auch versucht, mich zu hinterfragen, wieso ich in der DDR so still war, überhaupt fast alles so an mir vorbeigerauscht ist und ich weder gegen die DDR war, noch kritisch eine Leidenschaft entwickelt habe, oder warum ich nicht alles supertoll gefunden habe, also immer den Mittelweg gewählt habe. Erst nach der Wende habe ich mir Gedanken gemacht, warum man zu allem Ja und Amen gesagt hat, warum man nichts hinterfragt hat. Und manchmal denkt man, man hat es überwunden, man akzeptiert sich auch in der Richtung, aber dann merkt man, nee, da ist immer noch irgendwas."

Fotografien aus der Serie *An der Goitzsche* von Sven Gatter

Edgar
2011

Gela
2011

Marlis und Heinz
2010

Lisa
2010

Sascha und Sylke
2011

Dass die individuellen ostdeutschen Geschichten, die immer parallel zur großen deutschen Geschichtsschreibung abgelaufen sind, viel zu häufig zugunsten medientauglicher Zuspitzungen ausgeblendet wurden, hat der Autor Christoph Dieckmann schon vor gut 15 Jahren beschrieben. Euch scheint das immer noch zu beschäftigen …

SVEN GATTER Ich denke, dass sich auch heute noch sehr viele Menschen in Ostdeutschland, über die unterschiedlichen Generationen hinweg, mit Fremdbeschreibungen konfrontiert sehen, die sich mit ihren eigenen Wahrnehmungen nicht decken. Das besondere an dieser Dritten Generation ist vielleicht, dass sie in der Lage ist, konstruktiver mit der ostdeutschen Geschichte umzugehen. Sie braucht sich weder für ihre Biografie zu schämen, noch muss sie die Vergangenheit schmähen. Sie kann sich ungezwungener als jede vorhergehende Generation mit den aktuellen Zuständen in Ostdeutschland auseinandersetzen, wird sich aber wegen ihrer persönlichen Involviertheit eine empathische Haltung bewahren.

Was bedeutete und bedeutet das für Eure filmische und fotografische Arbeit?

SVEN GATTER In erster Linie heißt das, dass ich mich selbst von Klischees frei machen muss, was gar nicht so einfach ist. Deshalb habe ich mir beim Fotografieren einige Regeln gegeben, zum Beispiel, dass ich Zusammenhänge, die schon von vornherein negativ konnotiert sind, nicht zum Ausgangspunkt meines Fotografierens mache. Im Gegenteil, ich gehe meistens ohne irgendeinen bestimmten Aufhänger los, um mich dann für das zu sensibilisieren, was mir zufällig begegnet. Das ist sozusagen eine kalkulierte Zufälligkeit, mit der ich mir eine fragende Haltung bewahren will. Schließlich ist der Prozess, in dem ich an einer Fotoreihe arbeite, immer auch ein Versuch, mich zu orientieren. Praktisch heißt das, ich versuche, in Alltagssituationen auf die Menschen zu treffen und nicht, wenn sie sich in Extrem- oder Ausnahmezuständen befinden. Immer fotografiere ich sie in beiderseitigem Einvernehmen, denn mir ist es wichtig, dass meine Bilder nicht losgelöst von der Selbstwahrnehmung der Leute entstehen. Gleichzeitig versuche ich in meinen Porträts, unterschiedlichen Deutungsmöglichkeiten Raum zu geben, indem ich die gesamte Bildkomposition möglichst sachlich halte und die Menschen aus dem eigentlichen Ereignis heraustreten lasse. Inhaltlich geht es mir um die Frage, wie sich die Menschen in Ostdeutschland mit sich und den Zuständen arrangiert haben.

NADJA SMITH Mein Film *Es ist, wie es ist, weil es war, wie es war* ist aus dem Bedürfnis heraus entstanden, diese „bewusste Ungewissheit" greifbar zu machen und Vergangenes zu ordnen, um bestimmte Zusammenhänge besser verstehen zu können. Der Zusammenbruch der DDR veränderte ja nicht nur die politisch-wirtschaftlichen Gegebenheiten sehr stark, sondern vor allem das soziale Gefüge. Da spielten persönliche Geschichten eine sehr große Rolle. Und genau das habe ich dann anhand meiner eigenen versucht zu erzählen. Ausgehend von meinen Erinnerungen, Gesprächen mit meiner Mutter, Tagebucheinträgen, Familienfotos und -videos. Es war das erste Mal, dass ich mich mit meiner Mutter über mehrere Tage hingesetzt und mit ihr über unsere Familiengeschichte geredet habe. Das war nicht einfach, aber unglaublich wichtig. Zu meinem Vater habe ich seit mehreren Jahren keinen Kontakt mehr, aber ich hoffe, dass wir es irgendwann schaffen, über unseren Bruch und die Gründe dafür reden zu können. Vielleicht geht es ja vielen so: Im Großen sind wir längst in einer Welt jenseits der Kategorien Ost und West angekommen, doch persönlich arbeiten wir uns weiter an unserer Vergangenheit ab.

Wer, wenn nicht wir?!

Heim@ gestalten
Sich engagieren, ohne vor Ort zu sein

Michael Hacker

Seit 1990 haben weit mehr als anderthalb Millionen Menschen Ostdeutschland verlassen, sind auf der Suche nach Arbeit, Liebe oder Abenteuer nach Baden-Württemberg, in die Schweiz, nach Skandinavien oder in noch entferntere Gebiete gegangen.[1] Trotz (oder gerade wegen) der großen räumlichen Distanz pflegen viele dieser Abgewanderten ein besonderes Verhältnis zu den Städten und Regionen, in denen sie geboren wurden und aufgewachsen sind. Insbesondere an Feiertagen füllen sich die Orte in Brandenburg, Sachsen-Anhalt und Thüringen. Autos mit Kennzeichen aus Hessen oder Zürich säumen die Straßen; an kleinen Bahnstationen, an denen sonst häufig leere Züge müde haltmachen, spielen sich vielfach Szenen des Wiedersehens und Verabschiedens ab. Die neuesten Nachrichten und Klatsch werden begierig aus der lokalen Zeitung oder aus Gesprächen mit Familie, Freunden oder Nachbarn aufgenommen. Trotz der räumlichen Entfernung gibt es also etwas, das Heimat die Heimat bleiben lässt. Es sind Beziehungen zu nahestehenden Menschen, Erinnerungen an wichtige, schöne oder schmerzhafte Momente, eine Vertrautheit, für die man nach Worten sucht und für die man sich manchmal auch etwas schämt.

Ostern. Es ist wieder Feiertag, und ich bin einer derjenigen, die aus einem der vollen Züge aussteigen. Mein Vater wartet schon auf mich. Er ist wie immer mit dem Auto gekommen, obwohl das Haus meiner Eltern Luftlinie 500 Meter vom Bahnhof entfernt liegt. Er wartet nicht wie andere direkt auf dem Bahnsteig, sondern auf der gleiszugewandten Seite des Bahnhofsgebäudes, das die Reisenden mit leeren dunklen

Fenstern empfängt. Es steht seit Längerem zum Verkauf. Feiertage nehme ich häufig zum Anlass, um in meine Heimatstadt zu fahren, meine Familie zu besuchen, aber auch Freunde zu sehen, die Gleiches tun. In diesem Jahr ist für mich aber alles anders, denn meine Großmutter ist schwer krank. Keiner in der Familie weiß, welchen Verlauf die Krankheit in den kommenden Tagen, Wochen und Monaten nehmen wird und ob wir uns in einem Jahr alle werden wiedersehen können. In solchen Zeiten verspüre ich ganz stark eine Kraft, die mich dorthin zurückzieht, wo ich herkomme, obwohl ich mittlerweile fast 15 Jahre woanders lebe. Irgendwo habe ich einmal gelesen, dass in vielen ostdeutschen Familien der Gegensatz zwischen Entwicklungspathos und starker Loyalität untereinander gepflegt werde. Viele Eltern würden von ihren Kindern verlangen, das aus ihrer Sicht Beste aus sich zu machen, und das heißt häufig, den Heimatort zu verlassen; andererseits wird sich gegenseitig Beistand und Hilfe zugesichert, und das bedeutet übersetzt nichts anderes, als Zeit für die Familie aufzubringen, auch wenn diese manchmal mehrere Hundert Kilometer entfernt ist. Ich weiß es nicht genau, habe aber Ähnliches in Familien von Freunden beobachtet.

Ich frage mich, was ich tun kann in Zeiten wie diesen, in denen meine Kraft und Anwesenheit gebraucht wird. Ich lebe nicht mehr in meiner Geburtsstadt, werde nach den Feiertagen wieder im Zug sitzen, kann also nicht bei der täglichen Pflege und Betreuung meiner Großmutter unterstützen. Ich frage mich, ob ich trotzdem etwas einbringen kann, auch wenn ich nicht mehr an dem Ort lebe, mit dem mich aber so viel verbindet – nicht zuletzt das Wohlergehen und das Schicksal mir nahestehender Menschen.

Diese Frage hat aus meiner Sicht prinzipiellen Charakter, bleibt also keineswegs auf mich allein beschränkt. Angesichts hoher Mobilität, Abwanderung und demografischer Entwicklung betrifft sie immer mehr Menschen – in Ost wie in West. Wer wird sich um die Eltern der Dritten Generation Ostdeutschland kümmern, wenn sie Hilfe benötigen oder gepflegt werden müssen? Was passiert mit den Vereinen und Initiativen, in denen man als Kind oder junger Erwachsener aktiv gewesen ist? Was ist, wenn sich die Vielfalt gesellschaftlichen und öffentlichen Lebens auflöst, weil die Engagierten gehen und keine neuen hinzukommen?

Kürzlich habe ich eine Konferenz besucht, die die Förderung von freiwilligem Engagement in Ostdeutschland zum Thema hatte. Dort hieß es, zwar sei das Engagement im Osten unterschiedlich ausgeprägt, es gebe divergierende Entwicklungen im Nord-Süd-Vergleich und zwischen Stadt und Land, insgesamt sei aber die Zahl Freiwilliger in Ostdeutschland – sagen wir – ausbaufähig. Wissenschaftler nennen das euphemistisch Potenzialgesellschaft. Die geringere Ausprägung zivilgesellschaftlichen Engagements, das die Wissenschaftler feststellen, lässt sich aus meiner Sicht nicht allein mit dem Erbe aus 40 Jahren gesellschaftlicher Homogenisierung und staatlicher Bevormundung erklären, in denen das individuelle Engagement der Bürger und die Gründung ziviler Gruppen bekanntlich nicht so hoch im Kurs standen. Ein entscheidender Faktor ist mittlerweile die Abwanderung insbesondere gut ausgebildeter junger Menschen in die Ballungszentren. Mit der substanziellen Abwanderung sind den Städten und Dörfern viele Träger und Ideengeber der lokalen Zivilgesellschaft abhandengekommen. Das soll nicht heißen, dass gar nichts passieren würde, die Leute ausschließlich im Passiv verharren. Das Angebot an Vereinen und Gruppen ist auch in den Städten und Regionen Ostdeutschlands groß. Zu Recht sind viele Kommunen stolz darauf. Die schiere Anzahl sagt aber noch nichts über die Vielfalt und den Charakter der lokalen Zivilgesellschaft. Wie es ein Forschungsprojekt in Wittenberge gezeigt hat, dominieren in den „Regionen des Umbruchs" eher Heimat- und Kleingartenvereine. Initiativen, in denen sich Bürger zusammenschließen, um Themen des gemeinschaftlichen Interesses im Sinne von Beteiligung und aktiver Gestaltung voranzubringen, sind hingegen deutlich weniger vertreten.

Wenn man ziviles Engagement als Einmischung in die eigenen Angelegenheiten und als ein gutes Recht begreift, mehr für sich und die Gesellschaft zu tun, als regelmäßig Steuern zu zahlen, dann wäre es absolut wünschenswert, dass in Zukunft die Quoten bürgerschaftlichen Engagements (noch) höher ausfallen als heute. Doch wie ließe sich das ändern? Mit dieser Frage setzen sich viele Akteure auseinander: Die Politik sucht bereits seit einiger Zeit nach Wegen in eine zukunftsfähige Bürgergesellschaft, unter anderem mit einer Enquetekommission zur „Zukunft des Bürgerschaftlichen Engagements" (1999–2002) und mit einem Unterausschuss im Deutschen Bundestag; auch eine nationale Strategie zur Engagementpolitik wurde erarbeitet. Daneben haben sich viele wissenschaftliche Institutionen des Themas angenommen. Und auch die Zivilgesellschaft selbst, wie das Bundesnetzwerk Bürgerschaftliches Engagement (BBE), diskutiert und entwickelt Ideen, wie sich Beteiligung und Engagement steigern ließen.

Unter all den bislang vorgebrachten Strategien und Maßnahmen ist ein Aspekt, der insbesondere für Ostdeutschland von hoher Relevanz sein könnte, nach meiner Kenntnis noch nicht genügend diskutiert worden: Wie können Menschen, die ihre Geburts- und Heimatorte verlassen haben, genau dort für die Zivilgesellschaft aktiviert werden? Ich vermute, dass das Potenzial größer ist, als man gemeinhin denkt. Die eingangs geschilderten Szenen an den Bahnhöfen sind nur ein Beleg dafür. Deshalb stelle ich die These auf, dass bei vielen Abgewanderten die grundsätzliche Bereitschaft zum Engagement in der Heimatregion da ist, jedoch die passenden Gelegenheiten und Wege fehlen, auch aktiv zu werden. Wer nun an der Stelle Patentrezepte oder einen Aktionsplan von mir erwartet, wie dies am besten zu bewerkstelligen sei, den muss ich enttäuschen. Worum es mir geht, ist, einige Gedanken darzulegen, die zur Diskussion anregen sollen.

Ein Anreiz für Menschen, sich zu engagieren, ist häufig eine persönliche Betroffenheit, ein Interesse an einer Sache oder an einem Thema. Nur selten bringt man sich aus purem Altruismus ein. Genauso wie es mich interessiert, in welchem sozialen Umfeld ich lebe, halte ich die Augen offen, welche Bedingungen meine Familie und Freunde in meiner Heimatstadt umgeben, welche medizinische, soziale oder kulturelle Infrastruktur sie vorfinden. Man hofft, dass die existierenden Angebote und Möglichkeiten erhalten bleiben oder gar weitere hinzukommen. Ein soziokultureller Verein in meiner Heimatstadt beispielsweise leistet seit vielen Jahren aus meiner Sicht hervorragende Arbeit für die Stadtgesellschaft: Er organisiert Konzerte, zeigt Filme und macht Freizeitangebote für Kinder und Jugendliche. Mit vielen Projekten hat er unter Einbeziehung der Stadtbevölkerung die Auseinandersetzung mit dem strukturellen Wandel der Stadt befördert. Was ich bislang aus der Ferne hätte tun können, wäre, die Mitgliedschaft in diesem Verein zu beantragen. Damit würde ich die Arbeit der Aktiven mit meinem Jahresbeitrag unterstützen. So weit, so gut. Doch diese Form der stillen Mitgliedschaft wäre nicht ausreichend attraktiv für mich. Schließlich möchte man sich aktiv einbringen und die Ergebnisse des eigenen Handelns miterleben.

Es müssten also Mittel und Wege gefunden werden, die Ziele und Interessen der Initiativen und die Bereitschaft aktiver Teilhabe trotz räumlicher Entfernung zusammenzubringen. Somit ließen sich Dynamiken und Prozesse anstoßen, die die lokale Bürgergesellschaft aus sich selbst heraus vielleicht nie entwickeln könnte. Bei dieser Idee des Zusammenspiels zwischen „Lokalen" und „Mobilen" geht es nicht ausschließlich um den Transfer von Geld. Auch Zeit, Kontakte, Wissen oder besondere Fertigkeiten sind für zivilgesellschaftliche Organisationen wertvolle Ressourcen. Um beide Seiten zusammenzubringen, braucht es zunächst öffentliche Räume, an denen die Organisationen ihre Anliegen und auch ihren Bedarf an Unterstützung kommunizieren und Interessierte sich über Unterstützungsmöglichkeiten informieren können. Die klassischen Kommunikationskanäle sind hierfür sehr wichtig. Gerade in ländlichen und kleinstädtischen Strukturen spielt die Kultur des informellen Weitersagens eine sehr große Rolle. Auch mit öffentlichen Aushängen oder Aufrufen in der Lokalzeitung werden die Menschen noch angesprochen. Doch damit wird nur der Kreis möglicher Unterstützer direkt vor Ort erreicht, nicht aber diejenigen, die woanders leben. Warum so einen Aufruf deshalb nicht auch auf der Internetseite des betreffenden Vereins oder der offiziellen Website der Stadt veröffentlichen? Unterstützergruppen in sozialen Netzwerken wie Facebook oder Jappy lassen sich mit relativ wenig Aufwand einrichten. Dort kann informiert, miteinander diskutiert oder zu gemeinsamen Aktionen aufgerufen werden. Mit speziellen, aber nicht unbedingt komplizierten Softwareprogrammen kann man heutzutage gemeinsam online an Dokumenten oder Resolutionen arbeiten – eine persönliche Anwesenheit ist somit nicht mehr zwingend notwendig. Crowdfunding-Websites helfen beim Einwerben von Geldern für geplante Projekte. Mit diesen und weiteren Maßnahmen könnten die Weggezogenen gezielt erreicht und es könnten neue soziale Wege beschritten werden. Also: Um potenzielle Unterstützer erreichen zu können, bedarf es leicht zugänglicher Informationen und Mitmach-Angebote im Internet. Für die Kommunikation ihrer Anliegen sind die Vereine und Initiativen zunächst selbst verantwortlich. Unterstützung könnten dabei Freiwilligenagenturen, Freiwilligenzentren oder Bürgerstiftungen leisten, die es bereits in einigen Städten und Gemeinden gibt. Sie sind zentraler Ansprechpartner für alle Vereine, Aktionsgruppen oder gesellschaftlichen Initiativen vor Ort, informieren über Unterstützungsmöglichkeiten und bringen Hilfesuchende und potenzielle Unterstützer in Kontakt. Deshalb stünde jeder Kommune, zumindest jeder Region, eine solche Einrichtung gut zu Gesicht.

Kann vielleicht die Dritte Generation Ostdeutschland einen Beitrag zur Aktivierung und Dynamisierung von gesellschaftlichem Engagement leisten? Nicht wenige haben in den letzten Jahren ihren Heimatorten den Rücken gekehrt, auf der Suche nach einer Ausbildung oder um ein Studium aufzunehmen, später um einen Arbeitsplatz zu bekommen. Heute leben sie weit verstreut. Manche jedoch sind in ihren

Heimatorten geblieben oder in diese zurückgekehrt; vereinzelt nutzen sie die Möglichkeiten, die die neuen Freiräume ihnen bieten. Andere leben in den Ballungszentren Deutschlands oder haben sich aufgemacht in die Länder Europas und der Welt. Sie sind es, die vor und nach Feiertagen die Bahnhöfe ihrer Heimatstädte bevölkern. Was sie – bildlich gesprochen – in ihren Reisetaschen und Rucksäcken mitbringen, das sind nicht nur persönliche Eindrücke und Geschichten aus einem anderen Lebensumfeld, sondern auch Erfahrungen, Wissen, Kompetenzen und, ja, auch Geld. Diese Ressourcen gilt es, für die Gesellschaft zu nutzen. Die Dritte Generation hat die Gestaltungskraft, etwas zu bewegen. Und anders als Mitarbeiter von Organisationen in Entwicklungsländern, haben sie eine besondere Eigenschaft: die direkte persönliche Beziehung zu den Menschen, Geschichten und besonderen Bedingungen in ihren Heimatorten. Warum also nicht die Aktiven und Interessierten von nah und fern in virtuellen und realen Netzwerken zusammenbringen! Diese Aktivierung hätte aus meiner Sicht doppelt positive Effekte: In den Heimatorten würden die zivilgesellschaftlichen Strukturen gestärkt und damit ein Stück Lebensqualität gesichert werden. Schließlich spielt ein attraktives soziales Umfeld mit Angeboten für gesellschaftliche Teilhabe auch für potenzielle Rückkehrer eine Rolle. Für die Abgewanderten würde sich so die Gelegenheit eröffnen, etwas für ihre Heimatstadt tun zu können, nicht zuletzt für sich und zum Wohle der dort lebenden Angehörigen und Freunde.

Nach 150 Kilometern Bahnfahrt und zweimal Umsteigen bin ich wieder zurück in meiner Wohnung. Auf meinem Schreibtisch liegt der Mitgliedsantrag des erwähnten Kulturvereins meiner Heimatstadt. Gleich morgen werde ich ihn ausgefüllt in den Briefkasten werfen. Auch wenn ich weiß, dass es zum Aktivwerden noch weiterer Schritte bedarf: Ich fange jetzt einfach mal an.

---

1 Vgl. Steffen Kröhnert: Bevölkerungsentwicklung in Deutschland, Berlin-Institut für Bevölkerung und Entwicklung, Berlin, 2008.

Ich entdecke den Osten neu
Ein Interview mit dem Chefredakteur der *SUPERillu*, Robert Schneider

JOHANNES STAEMMLER

Wir hatten Vorurteile, als wir von Ostdeutschlands meistgelesener Zeitschrift zum Interview angefragt wurden. Die *SUPERillu* wollte über die *3te Generation Ostdeutschland* berichten. Was würden unsere Freunde denken? Das Blatt gilt als ostalgisch und pflegt eine deutlich ältere Leserschaft, als wir es sind. Doch wir ließen uns auf die Anfrage ein, und bald stellten sich Gemeinsamkeiten heraus. Der neue Chefredakteur des Magazins, Robert Schneider (Jahrgang 1976), fällt altersmäßig in die Dritte Generation Ostdeutschland und hat ganz ähnliche Fragen wie wir. Nachdem *SUPERillu* über die Initiative *3te Generation Ostdeutschland* berichtet hatte, erreichten uns aus unerwarteten Richtungen Kommentare dazu. Eine Freundin schrieb aus China, dass sie im dortigen Goethe-Institut die *SUPERillu* gelesen habe und uns darin entdeckte. Ebenso rieben sich unsere Großeltern die Augen, als sie ihre Enkel in ihrem Magazin wiederfanden.

Als wir unsererseits dann die Beiträge für den Band planten und dafür auch bei Robert Schneider und der Redaktion anklopften, antwortete die *SUPERillu* prompt: „Unbedingt. Wir müssen in dieses Buch." Und so traf ich mich mit dem Chefredakteur im Dezember 2011 an einem späten Nachmittag in der Redaktion. Dort ist die Stimmung konzentriert und arbeitsam. Robert Schneider wirkt leicht erschöpft, aber gut gelaunt. Man habe viel gearbeitet, sagt der Chefredakteur, und dann bietet Herr Schneider das Du an.

Wie war Dein Jahr 2011?

ROBERT SCHNEIDER Aufregend! Ich habe im April meine erste Chefredaktion übernommen, seitdem Hunderte neue Leute kennengelernt und jeden Tag neue Erfahrungen gemacht – zum Beispiel, sich persönlich an Auflagenzahlen messen zu lassen, Interviews zu geben, Fernsehauftritte, Reden zu halten und so weiter. Es gab kaum Urlaub und wenn, dann nur übers Wochenende. 2011 war mein schnellstes Jahr.

Und wie ist 2011 für die SUPERillu *gelaufen?*

ROBERT SCHNEIDER Für *SUPERillu* gab es 2011 einen harten Einschnitt. Die Zeitschrift hatte 20 Jahre lang ein und denselben Chefredakteur – Jochen Wolff, der das Blatt mit wahnsinnig viel Herzblut und Kraft geprägt hat. Und dann mussten sich alle Mitarbeiter von heute auf morgen mit einem neuen Chef auseinandersetzen – der fast 30 Jahre jünger ist und von einem anderen Verlag kommt, dem Axel Springer Verlag. Doch der Übergang lief glatter, als ich gedacht hatte. Die Redaktion hat mich herzlich aufgenommen und zog voll mit, als wir zum Beispiel Produktionsweise und Bildsprache modernisiert haben. Insgesamt war 2011 für die Redaktion und auch für die Leser sicher genauso aufregend wie für mich.

Ist SUPERillu *nach wie vor das meistgelesene Magazin in Ostdeutschland?*

ROBERT SCHNEIDER Ja, wir sind hier in jedem zweiten Haushalt vertreten. *SUPERillu* erreicht 3,5 Millionen Leser. Sie ist ein Stück Lebensgefühl Ost; sie ist Lebensbegleiter, Freund, Freundin für viele Ostdeutsche. Sie ist ein modernes Heimatblatt in einer globalisierten Welt.

Macht Euch diese Nähe zu Ostdeutschland Angst?

ROBERT SCHNEIDER Nein. Aber gerade weil das Magazin mehr als 20 Jahre lang so toll funktioniert hat, habe ich eher Angst davor, dass das Konzept einmal nicht mehr so gut funktionieren könnte. Ich bin allerdings ein Mensch, der täglich

Ängste hat. Ich begreife Angst als Motor zur Selbstüberprüfung. Ich habe so vor jeder Seite, jeder Überschrift, jedem Wort so großen Respekt, dass ich mit dem Ziel zu verbessern alles sofort wieder in Frage stelle.

SUPERillu *ist also so etwas wie die imaginäre Heimat für Ostdeutsche. Wie teilen Euch das die Leser mit?*

ROBERT SCHNEIDER Sie schreiben uns zum Beispiel, wenn in Rostock ein Gebäude nicht behindertengerecht ist. Sie regen sich auf, wenn sie andere Medien lesen und bemerken, dass in der Nazi-Debatte Ostdeutschland nur noch als „Dunkeldeutschland" vorkommt. Oder sie senden der Redaktion Fotos von ihrem Urlaub. Sie schreiben aber auch, wenn sie eine Frau suchen oder Hilfe beim Rentenantrag brauchen. Das macht Heimat und Leser-Blatt-Freundschaft aus.

Sind diese Sorgen und Gedanken besonders ostdeutsch?

ROBERT SCHNEIDER Noch immer findet sich in vielen Briefen und E-Mails ein Gefühl, ungerecht behandelt zu werden. Ein Beispiel, das mich bewegt: Unsere Leser reagieren allergisch auf Stasi-Themen. Als Roland Jahn neuer Leiter der Stasi-Unterlagen-Behörde wurde, begann er sehr schnell eine Debatte um die verbliebenen 49 ehemaligen IM in der Behörde. Wir haben ein großes Interview mit ihm darüber gemacht, dazu ein tolles Foto gedruckt, auf dem er lässig mit schwarzer Jeansjacke zu sehen ist. Die Überschrift war: „Rache ist nicht mein Sinnen, ich wünsche mir Versöhnung".

Trotz dieser klaren Aussage gab es eine Flut von Briefen erboster Leser. Der Tenor war, dass endlich Schluss sein müsse mit dieser Stasi-Debatte. Im Westen hätten die ganzen NS-Verbrecher ja auch als Lehrer und Richter weiterarbeiten dürfen, und wann höre denn endlich dieser Generalverdacht auf, alle Ostdeutsche seien bei der Stasi gewesen. Es gab kaum einen Brief, der Partei für Roland Jahn ergriffen oder sich mit dessen persönlichem Stasi-Schicksal auseinandergesetzt hätte. Es gab auch kaum Mitgefühl dafür, dass er im Knast saß, dass er brutal aus seiner Heimat geworfen wurde und seine Frau und Tochter zurückbleiben mussten. Das hat mich sehr gewundert, und übrigens lief auch der Verkauf dieser Ausgabe schlecht.

Da scheint es Parallelen zur Nazi-Debatte zu geben, die vom ostdeutschen Publikum nicht immer gern gelesen wird. Fasst Ihr dieses Thema an oder nicht?

ROBERT SCHNEIDER Nazis gibt es im Osten, Westen, in Bayern, Niedersachsen, überall. Bei dem unglaublichen Fall um das Zwickauer Terror-Trio, bei dem wir nachrichtlich ganz vorn mitspielten, überlegten wir schon: Machen wir zu viel über diese Story? Fühlen sich Leser auf den Schlips getreten, weil wir in diesem Zusammenhang auch über Nazis als Teil einer Jugendkultur Ost berichtet haben? Vor allem vor dem Hintergrund, dass bei dieser Geschichte viele andere Medien den braunen Sumpf als speziell ostdeutsches Phänomen beschrieben haben.

Aber darauf kann man keine Rücksicht nehmen. Weil wir Journalisten sind und den Antrieb haben aufzuklären und zu berichten, haben wir zu dem Nazi-Thema natürlich wochenlang recherchiert und geschrieben. Auch, weil wir als Deutsche in dieser Angelegenheit eine besondere Verantwortung haben.

Ist das Nazi-Problem ein spezifisch ostdeutsches?

ROBERT SCHNEIDER Da zitiere ich die Leipziger Schriftstellerin Jana Hensel, Jahrgang 1976, die bei uns schrieb: „Bereits als Schüler hatte man sich nach dem Mauerfall zu entscheiden, ob man links oder rechts war." Das habe ich auch so erlebt. Und vielleicht ist das speziell ostdeutsch, aber ein Nazi-Problem gibt es, wie gesagt, nicht nur im Osten.

Gibt es eine ostdeutsche Identität?

ROBERT SCHNEIDER Ich glaube ja. Es gibt ein „Mir san mir"-Gefühl auf Ostdeutsch. Das zeigt sich bei mir, wenn ich zum Beispiel, aus dem Urlaub kommend, die ehemalige innerdeutsche Grenze passiere – A9 Frankenhöhe – und sage: „So, jetzt ist es nicht mehr weit nach Haus.“ Oder man sieht beim Wanderurlaub in den Dolomiten ein Auto mit Dresden-Kennzeichen und denkt: „Wir Ossis sind überall.“ Auch bei der Treue zu altbekannten Marken wie Rotkäppchen-Sekt, Bautz'ner Senf oder der Spreewaldgurke zeigt sich Ostverbundenheit.

Hat das auch was mit Heimat zu tun?

ROBERT SCHNEIDER Untersuchungen haben ergeben, dass die meisten Menschen auf die Frage, was Heimat für sie sei, antworten: dort, wo man geboren wurde. Ich empfinde inzwischen Berlin, genauer Westberlin, wo ich seit zwölf Jahren lebe, als Heimat. Das Dorf, in dem ich geboren wurde, empfinde ich als zu Hause. Ja, ich sage komischerweise, wenn ich nach Wachau bei Leipzig fahre: Ich fahre nach Hause.

Wir von der Initiative 3te Generation Ostdeutschland hatten am Anfang etwas Berührungsängste mit SUPERillu. *Niemand in unserem Bekanntenkreis liest Euer Magazin. Woran kann das liegen?*

ROBERT SCHNEIDER Ich habe diese Berührungsprobleme an mir selbst bemerkt. Ich hatte ja schon einen Traumjob. Ich war zweiter Mann bei Europas größter Sonntagszeitung, *Bild am Sonntag*. Und da dachte ich: *SUPERillu*, das Ostblatt? *(winkt ab)* Ich hatte *SUPERillu* bis dato nicht besonders beachtet, aber dafür nehme ich das Blatt jetzt umso ernster. Weil ich – und da benutze ich den Begriff bewusst – eine Heimat wiederentdeckt habe. Schon die Art der Zusammenarbeit im Kollegenkreis ist anders als früher, weil halt viele Mitarbeiter Ostdeutsche sind. Das merkt man unter anderem an der Kommunikation untereinander, am Humor und an der Hilfsbereitschaft. Ich finde es cool, bei *SUPERillu* zu arbeiten.

Was sagt man bei Dir zu Hause dazu, dass Du SUPERillu *machst?*

ROBERT SCHNEIDER Die Postfrau in dem Ort, in dem ich aufgewachsen bin, sprach meine Eltern an: Es sei doch so schön, dass nun ein Wachauer die *SUPERillu* mache. *(lacht)* Und meine Eltern sind dann stolz. Ich merke, dass das Produkt zieht und dass es keines ist, was man einfach so abtun sollte.

War es für Dich jemals von Bedeutung, aus dem Osten zu kommen?

ROBERT SCHNEIDER Nein.

Du bist ja auch das beste Beispiel, dass Deine Herkunft Deiner Karriere keinen Abbruch getan hat.

ROBERT SCHNEIDER Ja. Bei einigen meiner Förderer hatte ich vielleicht sogar eine Art Exotenstatus, der mir dann eine Extrachance eröffnet hat. Aber am Ende zählten Kreativität, Flexibilität, Disziplin und Leistungswille.

Was fällt Dir ein, wenn Du an Deinen Heimatort denkst?

ROBERT SCHNEIDER Das kann ich klar beantworten: ein Birnbaum, der irre verzweigt ist und bei uns Kletterbaum oder Birni hieß. Dieser Baum steht am Sportplatz, an dem der dicke Onkel Udo seinen Schäferhund auf uns gehetzt hat, wenn wir seinen Rasen betraten. Und ich denke an unser Wachauer Wäldchen, in dem manchmal russische Soldaten über einem Lagerfeuer Kaschka – eine Dosenwurst – gebrutzelt haben.

Könnte es Dich bis nach Wachau zurück oder wenigstens bis nach Leipzig treiben?

ROBERT SCHNEIDER Das kann ich mir nicht vorstellen. Was sicher daran liegt, dass ich in Berlin einen guten Job habe. *(lange Pause)* Das hat nichts mit Leipzig zu tun, sondern eher damit, dass ich mich mit meiner jungen Familie in Berlin so wohlfühle.

Außerdem habe ich Leipzig von allen Seiten erlebt. Ich habe zu Abiturzeiten in besetzten Häusern übernachtet – auch ein paar Monate dort gewohnt. Ich habe die Demos der 1990er Jahre mitgemacht, als Autos abgefackelt wurden. Ich hatte eine Band, mit der ich in Leipzig-Connewitz in Szeneclubs aufgetreten bin. Ich kenne aber auch die schicken Messehaus-Passagen, in denen Champagner ausgeschenkt wird. Und obwohl ich Leipzig liebe, bin ich nur zwei, drei Mal im Jahr dort.

Viele junge Ostdeutsche finden jetzt erst – 20 Jahre nach dem Mauerfall – heraus, dass die Familiengeschichten von vor 1989 auch noch heute auf sie wirken. Warum jetzt?

ROBERT SCHNEIDER Das weiß ich nicht.

Man könnte sagen, dass es immer 20 Jahre braucht, bevor eine neue Generation anfängt zu hinterfragen, was eigentlich gewesen ist.

ROBERT SCHNEIDER Du meinst: Wo kommen wir her? Sind wir aufgrund unserer Herkunft anders als andere? Und ...

Was gehört alles zur Herkunft? Da entdecken wir Aspekte, die bisher überhaupt nicht besprochen worden sind.

ROBERT SCHNEIDER Okay, es gibt eine Frage, die mich beschäftigt. Ich bin in einer Familie groß geworden ohne Fernsehen und Telefon. Mein Vater war nie in der Partei, und er hat seinen Job verloren, weil Verwandte von uns in den Westen ausgewandert sind und auch er eher systemkritisch war. Deshalb bin ich felsenfest davon überzeugt, dass er nichts mit dem Partei- oder Geheimdienstapparat zu tun hatte. Und trotzdem habe ich das Verlangen, meine Eltern zu fragen, ob es Kontakt gab. Aber ich habe sie bisher nicht gefragt, es hat sich irgendwie nicht ergeben.

Diese Haltung begegnet uns oft. Wir haben den Eindruck, dass die Fragen nicht gestellt werden, weil man Angst vor der Antwort hat. Es besteht eine Unsicherheit darüber, was die Eltern denken könnten, wenn sie diese Frage gestellt bekommen.

ROBERT SCHNEIDER Ja, könnte sein. Ich bin, wie gesagt, davon überzeugt, dass da nichts ist. Mein Vater ist mit mir zu den Montagsdemos 1989 gegangen, hat Alexander Solschenizyn gelesen. Aber gerade weil es so viele Geschichten gibt, in denen die unmöglichsten Personen Freunde oder Verwandte verraten haben, beschäftigt mich diese Frage.

Es schwingt wohl auch eine Angst mit vor der Rückfrage: „Warum fragst Du denn das?“

ROBERT SCHNEIDER Ja.

Dieses Interview erscheint zwischen lauter Beiträgen junger Ostdeutscher – fühlst Du Dich da in guter Gesellschaft?

ROBERT SCHNEIDER Ich finde es aufregend, weil ich nie richtig Zeit hatte, mich mit dem Gestern zu beschäftigen. Aber jetzt habe ich über Euer Projekt und die *SUPERillu* einen besonderen Zugang zu Ostdeutschland, zur Vergangenheit, zu Heimat, zu früher. Es wäre dumm von mir, das nicht zu nutzen, um mehr über mich selbst und meine Kindheit und Jugend zu erfahren. Ich habe mich halt nie damit beschäftigt, denn mir schien sonnenklar: Du gehst hier und da hin, nach Köln, Paris, Berlin oder sonst wohin, und gestern ist gestern.

Ich glaube, dass unsere Generation wahnsinnig schnell abhaken kann, weil gerade wir mit so vielen Veränderungen konfrontiert gewesen sind. Wir können ziemlich cool mit Entscheidungen, Emotionen und Veränderungen umgehen, weil das durch den Mauerfall eben so gefordert war. Von einem auf den anderen Tag kam ein neues Schulsystem, und inzwischen kennen wir auch schon drei Währungen. Veränderungen sind für mich so selbstverständlich, dass ich nie bewusst an diesen Ostnimbus gedacht habe. Aber durch *SUPERillu* ist da eine Tür aufgegangen, und deshalb finde ich es auch gut, in diesem Buch zu sein.

Du bist ja nun auch ein Beispiel dafür, dass man in Connewitz im Club auftreten kann und …

ROBERT SCHNEIDER … ich muss sagen, dass ich leider gar keinen Kontakt mehr zu den Leuten von früher habe, obwohl ich die Namen meiner alten Band-Kumpels manchmal google.

Da liegen 15 Jahre dazwischen – gefühlte Lichtjahre. Kürzlich traf ich bei einem Abendessen eines Münchner Geschäftsmannes einen Mann mit Dreitagebart. Und nach drei Stunden stellten wir fest, dass wir gemeinsam in den Neunzigern bei einem Jazzfestival in Dresden auf der Bühne standen. Wir haben uns nicht wiedererkannt, es war, als säßen sich da Fremde gegenüber.

Ich habe in all den Jahren einfach ständig den Wohnort gewechselt. Ich lebte in Köln, dann in einer Bergmannssiedlung in Essen, am Wochenende in Berlin, dann kam ein halbes Jahr Paris, eine Zeit lang Hamburg, dann wieder Berlin und Ku'damm. In Prenzlauer Berg habe ich es nur drei Wochen ausgehalten, weil es dort eben wie in Leipzig-Connewitz war, was ich ja kannte.

Was meinten Deine Eltern dazu?

ROBERT SCHNEIDER Die dachten, ich studiere. Das habe ich aber nicht. Ich habe das Abitur mit Ach und Krach geschafft, weil ich wenig gelernt habe. Ich hatte zu Abi-Zeiten eine ältere Freundin, die einen hellblauen Käfer fuhr und bei der *Bild*-Zeitung arbeitete. Mit ihr bin ich einen Tag nach dem Abitur in die Redaktion gefahren und habe gefragt, ob ich ein Praktikum machen könne. Das habe ich bekommen. Leider war ich zu jung für ein Axel-Springer-Volontariat, weswegen ich nach Köln zu DuMont und später zurück zu Springer ging.

Kommen wir zum Schluss. Was wünschst Du Dir für die SUPERillu 2012?

ROBERT SCHNEIDER Dass *SUPERillu* noch erfolgreicher wird. Dass mehr und mehr junge Menschen zum Heft greifen – weil es ihnen sympathisch ist, weil sie sich darin wiederfinden, weil sie darin Texte und Gedanken lesen, die ihnen Halt und Heimat schenken. Wir schauen auf Ostdeutschland im Jetzt und Morgen, ohne das Gestern zu vergessen.

Zukunft ist kein Schicksalsschlag
Frauen machen Neue Länder

Isabel Hempel

2004 schuf *Der Spiegel* in einer Titelgeschichte das „Jammertal Ost" und stieß damit einen von westdeutschen Leitmedien geführten Diskurs über die Lebens- und Arbeitsweise in Ostdeutschland an, der sich bis heute fortsetzt. Demnach hängen die Ostdeutschen der Bequemlichkeit der DDR nach, haben sich an das Prinzip der Eigeninitiative nicht gewöhnt und stellen die treue Gefolgschaft für extremistische Parteien. Diese Klischees gelten vor allem für die Männer, die ostdeutschen jungen Frauen treten in dieser Betrachtungsweise hingegen als Wirtschaftsflüchtlinge gen Westen auf. In den verödeten Landstrichen der Uckermark und der Altmark lassen sie einsame Männer zurück: arbeitslos, ungebildet, radikal.

Im Jahr 2008 setzte der Leipziger Kongress „Frauen machen Neue Länder – Erfolgreich in Ostdeutschland" den Auftakt für eine Tagungs- und Studienreihe im Jahresrhythmus, die dieses Bild des Ostens grundlegend revidieren konnte. Entstanden im Auftrag des Beauftragten der Bundesregierung für die Neuen Bundesländer, wuchs aus der Reihe schnell ein aktives Frauennetzwerk. „Frauen machen Neue Länder" bietet als Initiative einen Gegenentwurf zum „Jammertal Ost" und kommt der Lebensrealität sowie dem Selbstverständnis vieler in Ostdeutschland lebender Frauen wesentlich näher. Denn entgegen der Berichterstattung gibt es dort eine stetig wachsende Zahl von Frauen, die erfolgreich arbeiten, gut leben und deren kreatives, unkonventionelles und unbürokratisches Handeln den Alltag in den Regionen gestaltet. Zu Beginn unserer Arbeit war es zunächst wichtig, diese Tatsache vielen engagierten Frauen selbst erst einmal bewusst zu machen.

Erfolgreich in Ostdeutschland

Die Studienreihe „Frauen machen Neue Länder" zeigt, dass es sich im Hinblick auf Werdegänge von Frauen lohnt, statistische Daten nach Ost und West auszuwerten. Die Ergebnisse belegen, dass es ostdeutschen Frauen viel eher gelingt als westdeutschen, Familienleben und berufliche Karriere zu verbinden. Signifikant ist, dass in Ostdeutschland nicht nur mehr Frauen in Führungspositionen arbeiten (30 Prozent Ost gegenüber 24 Prozent West im Jahr 2008), sondern dass sie auch wesentlich häufiger Familie und Kinder haben als Frauen in den alten Bundesländern. 70 Prozent der ostdeutschen Managerinnen, aber nur 36 Prozent der westdeutschen sind Mütter. Im Osten sind 11 Prozent der zwischen 1964 und 1968 geborenen Frauen kinderlos, im Westen ist der Anteil doppelt so groß.[1]

Die Zahlen deuten außerdem darauf hin, dass sich die ostdeutschen Frauen nicht auf ein einseitiges Lebensmodell festlegen lassen. Sie arbeiten öfter in Vollzeit, kehren nach der Familiengründung schneller in den Job zurück, erwerben höhere Rentenansprüche und sind dadurch weniger von Altersarmut betroffen.[2] Die in Ostdeutschland gegebene Akzeptanz des gesellschaftlichen und unternehmerischen Umfeldes für das berufliche Engagement von Frauen, auch wenn sie Mütter sind, ist nur ein Grund dafür, die bessere Infrastruktur für Kinderbetreuungseinrichtungen ein anderer. Auch gelingt es mehr ostdeutschen Paaren, gleichberechtigte Lebensmodelle umzusetzen. Denn die ostdeutschen Männer sind mit dem Bewusstsein aufgewachsen, dass Frauen voll berufstätig und Kinder selbstverständlich sind. Diese Normalität zeichnet die ostdeutschen Partnerschaften aus.

Den Emanzipationsvorsprung der ostdeutschen Frauen gegenüber ihren Geschlechtsgenossinnen in Westdeutschland hervorzuheben, ist wichtig, um im Netzwerk die Selbstwahrnehmung und das Selbstbewusstsein der ostdeutschen Frauen zu stärken. Denn die meisten Frauen gaben während der Treffen an, in ihrem beruflichen und gesellschaftlichen Engagement keine Besonderheit zu sehen. Doch woran liegt das?

Vergangenheit – Rollenvorbilder und Krisenfestigkeit

Als ich in den späten 1970er Jahren in den Kindergarten ging, lernte ich – wie jedes andere Kind – das Lied „Wenn Mutti früh zur Arbeit geht". Es gehört zur kollektiven Erinnerung an eine Kindheit in der DDR. Die arbeitende Mutter war ein zentrales Motiv der sozialistischen Diktatur. Bis 1989 gelang es der SED-Führung, etwa 92 Prozent der Frauen in den Arbeitsprozess zu integrieren.[3] Mit Gleichberechtigungsbestrebungen hatte das nicht viel zu tun, denn die Hausarbeit und Kindererziehung blieben trotzdem zum Großteil an den Frauen hängen.

Dennoch schuf dieser historische Umstand ein weibliches Rollenverständnis, das bis heute nachwirkt. Die Frauen unseres Netzwerkes bestätigen das: „Gesteht man dem Prinzip Vorbild große Kraft zu, dann hat mir meine Mutter wohl ein sehr konstruktives Erbe hinterlassen", schreibt die Studentin Victoria Haubold auf dem Blog unserer Homepage. Sie ist 1988 in Ost-Berlin geboren und plant für ihre Zukunft Kinder und Karriere. Victorias Mutter, Steffi Haubold, führt rund 500 Mitarbeiter in zwölf Berliner und Brandenburger Filialen einer Fast-Food-Kette. „Ein Vorbild zu finden, war für mich recht einfach", sagt Victoria. „Es waren die agilen Frauen in der DDR, die Beruf, Familie und die Nöte des Alltags einfach angepackt haben. Deswegen habe ich heute manchmal zu wenig Verständnis für die ständige Diskussion, ob nun Karriere oder Familie." Agnes Scharnetzky, 24 Jahre alt, setzt sich als Vorstandsvorsitzende des Vereins „Aktion Zivilcourage e.V." in Pirna für die „Stärkung von Toleranz und demokratischer Kultur" ein. Sie schreibt: „Meine Mutter hat mir in ihrer beruflichen Laufbahn vorgelebt, dass es sich lohnt, sich für seine Ideale einzusetzen, ohne einen materiellen Vorteil zu erwarten, weil der ideelle Gewinn oft so viel größer ist." Auch meine Mutter ist immer berufstätig gewesen. Den Wunsch, ökonomisch unabhängig zu sein und sich beruflich zu verwirklichen, haben die Frauen meiner Generation also praktisch mit der Muttermilch aufgesogen. Auch 20 Jahre nach der Wiedervereinigung hat sich an dieser Einstellung nichts geändert.

Und noch etwas haben wir von unseren Müttern gelernt: Es ist der positive Umgang mit Brüchen in der Erwerbsbiografie. Meine Mutter beispielsweise war in der DDR erfolgreich als Fotografin tätig. Mit der Wende besetzten die Firmen Kodak und Porst den Markt, woraufhin sie ihre Fotoateliers schloss und später ein Unternehmen mit aufbaute, das Medizintechnik vertreibt. Ganz von vorn anzufangen, aufzustehen und weiterzumachen, ist vielen Frauen nach 1989 gelungen.

Dass diese Notwendigkeit, sich nach 1989 beruflich umzuorientieren, viele Frauen gestärkt hat, zeigte der zweite Kongress „Frauen machen Neue Länder – Stark durch die Krise" 2009 in Leipzig. „Die Wendeerfahrung relativiert unsere Erschütterung über die Krise", sagte Anke Domscheit-Berg, die den Impulsvortrag hielt. „Ich habe in der DDR angewandte Kunst studiert und gehörte zu den Glücklichen, denen es gelang, Ende 1990 bei einem Leipziger Verlag einen Arbeitsvertrag zu ergattern. Als ich drei Monate später mit dem Studium fertig war, gab es den Verlag gar nicht mehr." Domscheit-Berg studierte noch einmal – diesmal Internationale Betriebswirtschaft –, arbeitete später für McKinsey und Microsoft Deutschland und gründete 2011 ihre eigene Beratungsfirma *fempower.me*.

Von der Kunsthistorikerin zur Personalchefin, von der Buchhalterin zur Geschäftsführerin, von der Reiseleiterin zur IT-Spezialistin: Viele Frauen in den neuen Bundesländern haben es verstanden, die „Brüche" in ihrem Lebensweg als Vorteil für ihre Karrieren zu nutzen. Das zeigte sich im Krisenjahr 2009 auch in den Arbeitslosenzahlen: Während diese vor allem bei Männern sprunghaft anstiegen, waren im März 2009 8,7 Prozent weniger ostdeutsche Frauen arbeitslos als im Vorjahr.[4] In unserer Studie zum Kongress bezeichneten wir mutig die ostdeutsche Frau als Gewinnerin der Wirtschaftskrise. Kurz darauf titelte der *Stern*: „Das Geheimnis starker Frauen. Warum viele Töchter der DDR 20 Jahre nach dem Mauerfall so erfolgreich sind", mit Anke Domscheit-Berg auf dem Cover. Ein gelungener Kontrast zum „Jammertal Ost".

Gegenwart – Kreative Handlungsmodelle im Zukunftslabor Ostdeutschland

Derzeit wird der demografische Wandel in den neuen Ländern breit diskutiert. Und wieder wird die Klage darüber laut, wie viele junge Frauen den Osten verlassen. Das ist übrigens keine erstaunliche Entwicklung, denn in den dünn besiedelten, wirtschaftlich schwachen Regionen der EU herrscht überall ein Frauendefizit. Auch weltweit sind junge Frauen die mobilste Bevölkerungsgruppe. Der Weggang der Frauen verwundert also nicht. Viele Jugendliche in Sachsen-Anhalt oder Brandenburg haben verinnerlicht, was Medien, Lehrer und Eltern predigen: „Hier wird nichts aus dir! Hier gibt es keine Zukunft für dich!" Ein Umstand, der das schlechte Image der Regionen potenziert und die Abwanderungsprozesse verstärkt.

Um dagegenzuwirken, buhlen exzellente ostdeutsche Universitäten mit ausgeklügelten PR-Aktionen um jeden Studenten, Landesministerien und Kommunen finanzieren groß angelegte Rückholaktionen, Arbeitsämter werben mit den hervorragenden Chancen für Frauen, Hoteliers an der Ostsee versuchen, Jugendliche aus Südschweden oder Polen zur Ausbildung nach Deutschland zu locken, und Industrieunternehmen lassen sich in Sachen Familienfreundlichkeit zertifizieren, um Fachkräfte zu halten. In Dörfern in der Uckermark gründen Ost- und Westdeutsche gemeinsam alternative Lebensgemeinschaften. In Sachsen blühen energieautarke Dörfer auf, die mit ihren Einkünften aus der Windkraft den heimischen Kindergarten oder den Bürgerbus finanzieren.

Verschlafen und abgehängt klingt das nicht. Im Gegenteil. Gerade in ländlichen Gegenden Ostdeutschlands werden Ideen dafür entwickelt, wie eine lebenswerte Zukunft angesichts der großen Fragen Bevölkerungsschwund, Alterung und Ressourcenknappheit aussehen kann. Der vierte Kongress „Frauen machen Neue Länder" 2011 konzentrierte sich auf diese Entwicklung und brachte 250 Frauen aus den neuen Ländern zusammen, ein Großteil davon kam aus den vom demografischen Wandel geprägten Regionen.

Zukunft – Wir brauchen neue Maßstäbe für Wirtschaftlichkeit

Während des Kongresses wurden die innovativen und auch unkonventionellen Konzepte für die strukturschwachen Regionen im Osten vorgestellt und diskutiert. Sie werden häufig von Frauen geführt. Den ersten Impulsvortrag hielt die Zahnärztin Kerstin Finger. Mit ihrer „Praxis auf Rädern" fährt sie durch die Uckermark und behandelt ältere Patienten bei Hausbesuchen. Diese sind oft alleinstehende Rentnerinnen, die kaum noch die eigenen vier Wände verlassen und für die der Besuch der Ärztin bedeutet, dass jemand sich kümmert, ihnen zuhört. „Wir brauchen mehr Lebendigkeit", sagte Kerstin Finger in ihrem Vortrag. „Und eine solche Lebendigkeit, die wir hoffentlich noch alle aus Kindertagen kennen, verträgt sich nun einmal schlecht mit einer Unmenge von Regelungen und Vorschriften und mit dem ‚So macht man das'."

Kreativität, unkonventionelles Handeln und die Überwindung bürokratischer Hürden – die Studie „Mehr Raum für starke Frauen!"[5] zur Leipziger Tagung stellte 14 Frauen in Porträts vor, die wie Kerstin Finger die Herausforderungen des Wandels in Ostdeutschland offensiv angenommen haben. Die Studie zeigt: Ausgerechnet in Regionen wie der Prignitz oder der Uckermark, denen nach rein ökonomischen Kriterien keine große Zukunft vorausgesagt wird, leben besonders kreative Frauen. Innenarchitektin Christina Tast veranstaltet alljährlich Opernvorstellungen in Klein Leppin: Darsteller sind neben Profimusikern die Einwohnerinnen und Einwohner des Dorfes, Spielort ist ein ehemaliger Schweinestall. Jana Reiche gründete in der 220-Seelen-Gemeinde Baek in der Prignitz erfolgreich eine Schule nach reformpädagogischem Konzept. Iris Feldmann ist Projektleiterin der Bioenergie-Region Ludwigsfelde, deren Ziel es ist, Energieprojekte mit viel Bürgerbeteiligung anzustoßen und umzusetzen. Bürgermeisterin Christiane Lüdemann organisiert mit dem Kita-Mobil in ihrer Verbundsgemeinde Beetzendorf-Diesdorf in Sachsen-Anhalt neue Formen flexibler Kinderbetreuung auf dem Land. Ihr

Leitspruch: „Zukunft ist kein Schicksalsschlag, sondern die Folge der Entscheidungen, die wir heute treffen."

Die Innovationskraft dieser Projekte ist nicht zu unterschätzen. Im Osten Deutschlands werden heute Konzepte entwickelt und umgesetzt, die Maßstäbe für die gesellschaftliche Entwicklung der Zukunft setzen. Denn der demografische Wandel wird sich bald auch in anderen Regionen Deutschlands und Europas deutlich zeigen, und dann können diese Projekte Beispielcharakter haben. Die Frauen in den neuen Bundesländern tragen zur positiven regionalen Entwicklung bei und zeigen heute schon, wie Alterung und Bevölkerungsrückgang in strukturschwachen Regionen zu bewältigen sind. Gerade Frauen leisten dabei oft Arbeiten, die nach konjunkturellen Kriterien nicht bewertet werden können. Umsatz, Gewinn, Wachstumsrate sind keine Maßstäbe, welche diese Form der Arbeit angemessen beurteilen können. Deswegen gehören neue Bewertungsmaßstäbe zu den Fragen der Zukunft. „Soziale Projekte können nicht am Dauertropf und der ewigen Unsicherheit von Fördergeldern hängen, dürfen sich aber auch nicht marktwirtschaftlich rechnen müssen", sagt Zahnärztin Kerstin Finger. „Es kann allerdings auch nicht sein, dass wir selbst eine innere Ausbeutung vornehmen."

Babette Scurrell von der Stiftung Bauhaus in Dessau regt an: „Es muss neben dem Markt andere Instrumente geben, um gemeinschaftlich zu bewerten, welche Bedürfnisse wie von wem in welcher Qualität befriedigt werden sollen. Eine Entwicklung ohne Wachstum von Bevölkerung und Ressourcenverbrauch wird zumindest in den Bereichen Wasser, Energie, Ernährung, Wohnen und Bauen, Handwerk, zum Teil Kleidung, Gesundheit, Freizeit und Tourismus auf regionales Wirtschaften setzen müssen. Darin liegen Chancen für weibliches Planen, davon profitieren Bereiche der Daseinsvorsorge, und es gibt gute Gründe, in ländlichen Regionen zu bleiben."

Eine neue, konstruktive Diskussion ist durch unsere Initiative angestoßen worden. Ermöglicht wurde dies durch den Beauftragten der Bundesregierung für die Neuen Bundesländer, der mit dem Format „Frauen machen Neue Länder" die besondere Rolle und Verantwortung ostdeutscher Frauen in Zeiten gesellschaftlicher Umbrüche öffentlich sichtbar gemacht hat. Wir haben uns gefreut, dass wir dieses einzigartige Format und Netzwerk aus Frauen mit Visionen, Dynamik und Leidenschaft entwickeln durften!

www.frauenmachenneuelaender.de
www.facebook.com/frauenmachenneuelaender

---

1 Susanne Dähner; Uta Bauer: Das volle Leben! Frauenkarrieren in Ostdeutschland. Studie im Auftrag des Beauftragten der Bundesregierung für die Neuen Bundesländer, 2010, S. 11.

2 Barbara Riedmüller; Ulrike Schmalreck: Die Lebens- und Erwerbsverläufe von Frauen im mittleren Lebensalter. Wandel und rentenpolitische Implikation. Studie gefördert vom Forschungsnetzwerk Alterssicherung der Deutschen Rentenversicherung Bund, vorläufige Version, Stand: Januar 2012.

3 Günther Heydemann: Gesellschaft und Alltag in der DDR, in: Deutschland in den 70er und 80er Jahren, Bundeszentrale für politische Bildung, Heft 270, 2001.

4 Uta Bauer; Susanne Dähner: Frauen in den neuen Bundesländern – gut positioniert in der Bewältigung der Wirtschaftskrise. Studie im Auftrag des Beauftragten der Bundesregierung für die Neuen Bundesländer, 2009, S. 22

5 Uta Bauer; Susanne Dähner: Frauen machen Neue Länder. Mehr Raum für starke Frauen!. Studie im Auftrag des Beauftragten der Bundesregierung für die Neuen Bundesländer, 2011.

Denken in Grenzen

Romy Köhler · Susanne Herrmann-Sinai

In der bisherigen öffentlichen Wahrnehmung der Lebenswirklichkeiten in der DDR und des Ostdeutschlands der Nachwendezeit beobachten wir schon seit Längerem eine Leerstelle. Während die Darstellungen in den Medien über das Leben in der DDR oft einseitig die Macht der Stasi in den Blick nehmen und von besonders tragischen Einzelschicksalen im Unrechtsstaat erzählen, nehmen wir auf der Seite ehemaliger DDR-Bürger einen Verteidigungsreflex in Gestalt von Vergangenheitsverklärung, Ostalgie oder einer bewusst entpolitisierten Erinnerung an die eigene Vergangenheit wahr. Die Realität von heute wird an dem Ideal von gestern gemessen. Diese mangelnde kritische Auseinandersetzung mit dem per se politisierten Alltag in der DDR ist nicht nur bedauerlich, sondern sie erweist sich auch als gefährlich. Auf diese Weise geht der spezifische Erfahrungsschatz unserer Dritten Generation Ostdeutschland verloren. Denn ohne die Anerkennung unserer widersprüchlichen Erfahrungen bleibt Ostdeutschland einmal mehr ein Ort für anhaltende Projektionen von innen und von außen. Gefährlich daran ist, dass in deren Schatten erschreckende neue Realitäten heranwachsen können, wie unter anderem die Ereignisse um die sogenannte Zwickauer Terrorzelle zeigen.

Wenn wir also im Folgenden von unseren zum Teil sehr gegensätzlichen Alltagserfahrungen in der DDR erzählen, dann zum einen, um zu zeigen, wie sehr gerade der Alltag durch gesellschaftspolitisch konstruierte Grenzen geprägt war. Und zum anderen, weil wir denken, dass eine öffentliche Selbstverständigung der Dritten Generation Ostdeutschland untereinander der Weg sein kann, unser gesamtdeutsches Zukunftspotenzial zu entwickeln.

Wir Autorinnen wurden 1973 und 1977 geboren und zählen damit zu den frühen Jahrgängen der Dritten Generation Ostdeutschland. Gäbe es die DDR noch heute, wären wir uns vielleicht nie begegnet. Zwischen der Welt des Kindes von SED-Genossen und der eines Pfarrerskindes zog die Diktatur ihre eigenen Grenzen. Das lässt sich im Rückblick relativ einfach an dem DDR-spezifischen Verhältnis zwischen öffentlichem und privatem Raum nachvollziehen. Dass diese in liberalen Demokratien entwickelte wesentliche Unterscheidung in einer Diktatur korrumpiert wird, ist keine überraschende These. Es ist uns aber wichtig, im Detail zu zeigen, auf welche Weise sich das Missverhältnis zwischen öffentlichem und privatem Raum aus unterschiedlichen Perspektiven innerhalb der DDR zeigte. Die abstrakte Einsicht, dass die DDR eine Diktatur war, wollen wir mit unseren Erinnerungen und dem Verstehen, was für eine Diktatur sie war, füllen.

Der öffentliche Raum, den wir als Dritte Generation noch in der DDR erlebt haben, war im Wesentlichen die Schule. Wer zwischen 1970 und 1980 in der DDR geboren worden war, hat zwischen drei und zwölf Jahren seiner Schulzeit in der DDR verbracht, war aber noch nicht alt genug, um Konflikte mit den Staatsorganen bewusst auszutragen. Das heißt, wie sehr ein Leben in der SED-Diktatur Persönlichkeiten prägen und sogar brechen konnte, wurde uns nur als Vorahnung deutlich, durch Lebenswege Älterer und durch die staatlichen Methoden, in die Schulerziehung, in die Berufswahl und in das familiäre Leben einzugreifen.

Nur die ersten Jahrgänge der Dritten Generation haben eine andere Erfahrung machen müssen: So gerieten die in den frühen 1970er Jahren Geborenen, die nicht zum Abitur zugelassen wurden oder offen den Dienst an der Waffe verweigerten, spürbar in Konflikt mit den zuständigen Behörden. Hingegen teilen die seit den frühen 1980er Jahren Geborenen die Erfahrungen des Eingriffs durch den Staat schon nicht mehr so deutlich. Sie berichten vor allem von den für ihre Kindheit prägenden vielfältigen und verwirrenden Nachwendezeiten, in denen sich Autoritäten und Sicherheiten von einem Tag auf den anderen verloren und sich neue konstituierten.

Unsere zum Teil sehr gegensätzlichen Erfahrungen in der Schule und im Elternhaus, von denen wir im Folgenden erzählen, spiegeln die Staatsideologie in der DDR in geradezu idealtypischer Weise wider.

Öffentlicher und privater Raum

Als Tochter zweier Lehrer und SED-Genossen durften bestimmte Fragen, die mich als Kind bewegt haben, nicht einmal zu Hause ausgesprochen werden. Zum Beispiel habe ich mich im Jahr 1983 gefragt: „Warum haben Schüler nachts in der Fußgängerunterführung die Worte ‚Schwerter zu Pflugscharen' an die Wand geschrieben? Was bedeutet das eigentlich? Und warum nimmt jetzt die Stasi bei allen Schülern von der 7. bis zur 10. Klasse Schriftproben? Und warum reden alle nur heimlich darüber, warum sprechen noch nicht einmal unser Klassenlehrer oder meine Eltern mit mir darüber, was der Satz eigentlich bedeutet?" Oder 1986: „Warum darf ich mich mit meinen Klassenkameradinnen nicht über die letzte *Wetten dass ...?*-Sendung unterhalten? Warum haben meine Eltern überhaupt solche Angst davor, dass jemand erfährt, dass wir Westfernsehen schauen?" Und 1987 habe ich mich gefragt: „Warum will Maik aus der Parallelklasse mit seiner Mutter in den Westen ausreisen, wenn es doch bei *uns* die soziale Sicherheit gibt und *im Westen* so viele arbeitslos sind?" Dass ich solche Fragen um keinen Preis, weder in der Schule noch zu Hause, stellen durfte, zeigt, dass mir früh vermittelt worden war, systemabweichende Handlungen und Beobachtungen zu tabuisieren. Das galt sowohl in meinem Schulalltag als auch zu Hause. Meine Eltern setzten für uns Kinder den Raum des Privaten dem des Öffentlichen gleich. Und wenn schon die Eltern konsequent verhindern, dass der Widerspruch zwischen eigenen Wahrnehmungen und Empfindungen und staatlich-ideologischen Vorgaben überhaupt in Worte gefasst werden kann, erzeugt das einen immensen Druck. Hinzu kam der

Druck in der Schule, uns wie sozialistische Persönlichkeiten zu verhalten. Das hieß: Bestleistungen in allen Bereichen. Diese Bestleistungen, so wurde uns vermittelt, waren unsere Bringschuld an die Menschen, die in der Nazi-Diktatur ihr Leben hatten geben müssen; genauso wie an die Soldaten, die jetzt gerade die Außengrenzen der DDR bewachten, damit wir hier in Ruhe lernen konnten; genauso wie an die Menschen, die in den unterdrückten Ländern überhaupt nicht die Möglichkeit hatten zu lernen. Und natürlich an uns, die wir unser besseres sozialistisches Staatssystem einmal führen würden.

Der Druck wurde durch die Parteiführung an ihre Mitglieder weitergegeben und von diesen mit den systembewährten Methoden in die Familien hineingetragen. Diese Aufhebung der Grenze zwischen dem öffentlichen und dem privaten Raum spiegelte die Angst vieler von der sozialistischen Ideologie überzeugter Eltern vor den sozialen Konsequenzen bei „Abweichlertum“ der Kinder wider, das unweigerlich auf sie zurückfallen würde. Die Überlegung, dass ihre Kinder einen geschützten Raum brauchen, in dem sie langsam heranreifen können, wurde unter diesen Umständen zur Bedrohung. Diese Angst konnte so weit gehen, dass selbst der durch ein Armeefahrzeug schuldhaft verursachte frühe Unfalltod meiner Mutter, der unter Ausschluss der Öffentlichkeit verhandelt wurde und mit einem Freispruch endete, bei uns zu Hause nur insoweit thematisiert werden durfte, wie die ungeklärte Unfallursache und deren fehlende juristische Aufklärung unerwähnt blieben.

Im Vergleich dazu war der Raum des Privaten gegenüber dem des Öffentlichen in der Welt des Pfarrerskindes viel zu groß. Das heißt, was idealerweise in die Öffentlichkeit gehört hätte, zum Beispiel politische Diskussionen oder naiv gestellte, aber kritisch intendierte Nachfragen eines Kindes an die Lehrer, musste um jeden Preis im Privaten bleiben. Wir wussten als Kinder, dass unsere Briefe kontrolliert wurden und manchmal uns oder ihren Adressaten nicht erreichten. Wir hatten regen Gemeindeaustausch mit Partnergemeinden aus Westdeutschland, und unsere Verwandten aus dem Westen kamen uns besuchen. Somit hatten wir schon als Kinder eine Perspektive auf den Staat DDR, der dem in der Schule vermittelten Bild diametral entgegengesetzt war. Geschichten von Diktaturopfern, die mit Bildungsverboten belegt worden waren, auf ihre Ausreise warteten oder in Gefängnissen einsaßen, hatten für mich ein bestimmtes menschliches Gesicht. Über die fragwürdige Rolle des Militärs an der Schule wurde zu Hause offen gesprochen. „Warum bekommt der Junge schon in der zweiten Klasse Prospekte der NVA zugesteckt?", „Wieso müssen wir schon in der fünften Klasse unseren Berufswunsch ankreuzen?", „Wieso muss die Schule wissen, wo wir unsere Ferien verbringen?", „Wieso wird Leistung nur dann gelobt, wenn man auch in der Pionierorganisation ist?", „Wieso sollte der Westen so schlecht sein, wo ich doch viele nette und kluge Westdeutsche kenne?", all das waren Fragen, die in der Schule keinen Raum hatten. Klar zu bestimmen, welche Äußerungen verfänglich gewesen wären und welche dagegen noch harmlos, war für uns Kinder unmöglich. Hinzu kam, dass diese Grenze auf für uns undurchsichtige Weise beweglich war. Der Unterton jedes Gespräches am Abendbrottisch war jedoch, dass bei einer falschen Äußerung die Eltern ins Gefängnis kommen könnten und man selbst ins Heim. Der daraus resultierende Zwiespalt, in zwei trennscharf voneinander gehaltenen Welten zu leben, hatte so absurde Konsequenzen, dass ich als Kind für Meinungsäußerungen von meinen Eltern zugleich Beifall („Hast ja recht!") und Strafe („Halt' bloß den Mund!") bekam. Um diesen Konflikt zwischen Schule und Elternhaus für mich hinauszuzögern, verschoben meine Eltern meine Einschulung um ein Jahr. Doch mit diesem Zwiespalt langfristig umgehen zu lernen, war unausweichlich, weil überlebensnotwendig. Immer war der scheinbar sichere Privatraum bedroht von einem Fehltritt in der Öffentlichkeit. Die einseitige Abkoppelung des Privaten vom Öffentlichen hieß aber auch, dass dem Privatraum das Gegengewicht fehlte. Wenn der Privatraum derart isoliert wird, gibt es niemanden,

den man außerhalb dieses Privatraumes wirklich ernst nehmen kann. Das konnte auch zu einsamer Selbstgerechtigkeit führen. Nach dem Zusammenbruch der DDR dachte ich als Fünftklässlerin, jetzt müssten alle unsere Meinung über die DDR teilen, denn die habe sich ja nun bewahrheitet.

Ideologie und Identität

Auf plakative Geschichten von Begegnungen mit der Macht der Staatssicherheit lässt sich die Stimmung, die diese Grenzziehungen dem Leben verlieh, nicht zusammenkürzen: allgegenwärtiger Druck, ein grundsätzliches gegenseitiges Misstrauen, ein diffuses Gefühl von Angst, das zugleich weggelacht wurde. Dieser Alltag in der DDR ist selbst für uns, die wir unter ganz unterschiedlichen Voraussetzungen damit zu tun hatten, im Nachhinein weit schwerer zu begreifen als klar eingrenzbare Ereignisse. Erinnerung orientiert sich zwar lieber an konkreten Begebenheiten; an unseren biografischen Schilderungen sieht man aber deutlich, auf welche Weisen die Staatsideologie wahrnehmbare Grenzen durch den Alltag der DDR zog. Diese Grenzen dienten der Aufrechterhaltung des politischen Systems. Es sollte keinen Dialog geben, der den Allmachtsanspruch der SED hätte untergraben können. Dazu wurde jeder Übergang vom Raum des Privaten in den des Öffentlichen unterbunden: entweder durch totale Vereinnahmung des Privaten oder – wo dies nicht gelang – durch dessen Ausschluss. Wie sich das Verhältnis zwischen dem privaten und dem öffentlichen Raum in jeder Familie gestaltete, teilte bereits in der Schulzeit klar die „ideologietreuen" von den „ideologiefernen" Kindern und spiegelte so die spezifische „soziale" Schichtung in der DDR wider. Jede Suche nach der eigenen Identität war dieser Teilung *nach*geordnet.

Die Frage, was Identität ist und wodurch sie sich überhaupt konstituiert, stellt sich mit Blick auf die Transformation von der Diktatur in der DDR in eine gesamtdeutsche Demokratie neu. Denn unsere Identität sollte sich durch den politischen Umbruch nicht einfach nur graduell verändern.

Wir mussten erst einmal erlernen, was es hieß, eine Identität in einer Demokratie zu entwickeln. Wenn wir beide heute zurückblicken, wird der Prozess der erneuten Identitätsfindung zu einem Erfahrungsbericht, der über unsere Transformation innerer und äußerer Grenzen und manchmal auch von deren Ablehnung erzählt, die sich in den neuen und gesellschaftsgegebenen Möglichkeiten und Strukturen artikulierten. Mit dem Mauerfall waren wir plötzlich mit all den identitätsstiftenden Merkmalen unterschiedlicher Lebensformen und Milieuunterschiede als etablierter Binnenstruktur der westdeutschen Gesellschaft konfrontiert, die in der DDR im öffentlichen und zum Teil auch im privaten Raum mit aller Kraft homogenisiert worden waren. Das bedeutete für uns alle die Notwendigkeit, unsere bisherigen verinnerlichten Grenzen zu transformieren, aufzuheben und neue Grenzen zu ziehen. Wir erfuhren beide, wie sich vor unseren Augen der öffentliche Raum innerhalb kürzester Zeit vollkommen umstrukturierte.

Als Pfarrerskind erlebte ich nach der Wende Lehrer in der Schule, die darüber verunsichert waren, was sie nun unterrichten sollten. Manche brachen vor der Klasse unter Tränen zusammen oder verschwanden von jetzt auf dann von der Schule und wurden durch neue, junge Kollegen ersetzt. Plötzlich brauchten wir einen Schülersprecher, es gab freie Wahlen, und der Bürgermeister hielt in der Kirche eine Rede zum Erntedankfest. In unserem Haus fanden nun öffentliche Diskussionen zwischen Vertretern der Schule, der Stadt und der Kirche statt. Ich freute mich als Teenager darüber, dass ich jetzt für meine gegebenen Nachhilfestunden Geld bekam, was zuvor als Hilfe innerhalb des Klassenkollektivs organisiert worden war, indem ich neben leistungsschwache Schüler gesetzt wurde. Aber dass in der Nachhilfe-Agentur manche meiner alten Grundschullehrerinnen nun meine Kolleginnen zum selben Stundenlohn waren, war ungemein verwirrend – für beide Seiten. Daneben brachen viele unserer Westkontakte ab, weil sie nicht mehr die Rolle hatten, uns den Rücken im SED-Regime zu stärken. Jetzt waren sie einzelne in der Pluralität von Freundschaften, die jenseits der alten ideologischen Grenze daraufhin befragt wurden, was uns darüber hinaus eigentlich verband. Hinzu kamen neue Kontakte zu gleichaltrigen Westdeutschen, die, neugierig auf den Osten und uns Ossis, in die neuen Länder zum Studieren kamen: weil es hier „nicht so steril und festgefahren" und „noch so vieles möglich" sei, wie ich immer wieder hörte. So merkwürdig in dieser Zeit manches schien, konnte ich doch noch als Jugendliche in die neuen öffentlich-demokratischen Bildungsstrukturen hineinwachsen und so die Vorzüge der Demokratie erleichtert aufatmend praktisch erleben. Diese Vorzüge auch zu begreifen, gelang mir als Schülerin größtenteils schneller als denjenigen, für die es in erster Linie eine verordnete Demokratie war.

Als Kind zweier SED-Genossen habe ich die DDR innerlich erst spät verlassen. Die Wiedervereinigung im Oktober 1990 habe ich als absoluten Heimatverlust erlebt. Im Herbst 1989 befand ich mich im ersten Jahr meiner Fachschulausbildung zur Krankenschwester, als plötzlich unsere Internatszimmer nicht mehr jeden Morgen in unserer Abwesenheit auf Ordnung und Sauberkeit kontrolliert wurden. Die Direktorin wurde abgewählt, und kurze Zeit später hingen überall Wahlzettel von Parteien wie der CDU, der SPD oder dem Neuen Forum. Ich las die Parteiprogramme und versuchte, mich zu orientieren. 1992 fing ich auf der Intensivstation eines Ostberliner Krankenhauses an, in drei Schichten zu arbeiten. In meinen Ferien bereiste ich die halbe Welt und genoss so die neue Reisefreiheit. Ich sah Ägypten, Mexiko, Spanien und Frankreich immer mit der Brille, die ich in der DDR aufgesetzt bekommen hatte: Nun erlebte ich zum ersten Mal den Unterschied zwischen Entwicklungsländern und den Ländern des westlichen Imperialismus. Ich knüpfte Brieffreundschaften und kehrte zurück in den Schichtbetrieb: Im Krankenhaus behandelten wir die stetig ansteigende Zahl an HIV-Patienten, von denen es in der DDR ganze 17 Infizierte gegeben hatte. Wir wurden nach Osttarif bezahlt, also 80 Prozent vom Westgehalt.

1997 beschloss ich, das Abitur zu machen. Und erst als wir in dem Fach Politische Weltkunde die Nazi-Diktatur mit ihren politischen Entscheidungsstrukturen, ihren Jugendorganisationen und Fackelmärschen behandelten, begriff ich plötzlich in vollem Umfang, in was für einem politischen System ich aufgewachsen war. Das ganze Gerüst aus scheinbarer sozialer Sicherheit und Gleichheit, mit dem man mich als Kind getäuscht hatte, wich einer beängstigenden Erkenntnis: Die DDR war eine politische Diktatur. In diesem Augenblick war ich ihr entkommen. Die mir im Zuge des Abiturs vermittelten Begriffe und Konzepte schenkten mir eine neue Freiheit im Denken, und ich fing an zu lernen, mich in den Möglichkeiten und Grenzen der Demokratie zu bewegen.

Aus den hier geschilderten, ganz unterschiedlichen Erfahrungen des Übergangs resultiert ein Problem, das vielleicht nicht nur uns beide, sondern unsere ganze Generation prägt: Die gesellschaftlich notwendige Transformation wurde im Alltag auf individuelle Schultern verteilt und ist dort erst einmal geblieben. Die Gründe dafür mögen zahlreich sein. Sei es, weil wir uns bisher über diese Erfahrungen kaum ausgetauscht haben, oder weil wir es vielleicht sogar bewusst vermieden haben. Sei es aus anhaltenden Projektionen auf uns Ossis seitens des Westens oder aus Unbehagen, sich untereinander oder vor Wessis zu outen. Dieser Mangel an einem innerost- und westdeutschen Dialog macht ein Verständnis dessen, was die Wiedervereinigung von 1990 für jeden Einzelnen von uns bedeutet hat, unmöglich. Unsere ambivalenten und unterschiedlichen Erfahrungen in der DDR, die den Ursprung unserer Transformationen bilden, bleiben so unartikuliert und gefährden einen gelungenen Übergang. Andererseits kann aus der reinen Aufsummierung unserer individuellen Veränderungen keine gesellschaftliche Transformation entstehen, solange die innerostdeutsche Verständigung darüber, was eigentlich ein gelungener Übergang ist, ausbleibt.

Kompetenz, Situation, Lebenswelten

Die deutsche Wiedervereinigung bedeutete für uns den Verlust unzähliger Kompetenzen, die auf die Lebenswelten in der DDR zugeschnitten waren. Etwa so banale Fähigkeiten, wie angesichts von Mangelwirtschaft zu haushalten, waren jetzt nicht mehr nötig (als Kinder mischten wir uns „Nutella" aus Butter und rarem Kakao auf dem Brot). Oder psychosoziale Kompetenzen, wie Witze und bestimmte Redewendungen, die dem Umgang untereinander den vertrauten Ton gaben. Und die schon erwähnte Fähigkeit, die Trennung zwischen Privatem und Öffentlichem beziehungsweise das Fehlen eines privaten Raumes immer wieder auszubalancieren und sich selbst im Spannungsfeld der vorgegebenen Ideologie zu verorten und verortet zu werden.

Aus dem Verlust der früheren Lebenswelten resultiert die von vielen Angehörigen unserer und den etwas älteren Generationen geteilte Erfahrung einer Passungenauigkeit der eigenen Kompetenzen und veränderter Wirklichkeiten in der gesamtdeutschen Gesellschaft. Zwar waren die Fähigkeiten noch da, trafen aber auf veränderte Umstände und neue Situationen, unter denen sie – auch die ungeliebten – verkümmerten, korrumpiert oder missverstanden wurden, zum Teil sogar von uns selbst. Spezifisch ostdeutsch ist daher vielleicht die Erfahrung, dass das, was man selbst für einen gelungenen, kreativen Neuumgang mit den eigenen Kompetenzen hält, von westlicher Seite als „unangemessen", „tölpelhaft", „ungelenk", „typisch Ossi" belächelt wird. Verwunderte Sätze wie: „Ach, du kommst aus dem Osten – das merkt man dir aber gar nicht an!", sind in diesem Zusammenhang mehr als zweideutig. Solche Sätze treffen uns da, wo unsere Identität mit ihrem Willen zur Transformation ihren Ursprung hat.

Das Auseinanderbrechen der Lebenswelten bedeutete für alle ehemaligen DDR-Bürger einen Verlust. Für diejenigen, die den Wandel von der Diktatur in die Demokratie nur teilweise oder gar nicht begrüßten, genauso wie für diejenigen – und das mag vielleicht überraschen –, die zu dem alten

System in Opposition standen und den politischen Umbruch aktiv gestaltet haben. Der Verlust von Lebenswelt ist zunächst ein struktureller und daher unabhängig von den konkreten Werten oder Normen, die durch einen gesellschaftspolitischen Wandel verloren gehen beziehungsweise überwunden werden. Dieser Verlust ist auch unabhängig vom Alter, in dem man den Wandel erlebt hat. Strukturell ist er deshalb, weil jede Kompetenz auf eine stabile Lebenswelt angewiesen ist, um lebendig zu bleiben. Jede Biografie und jede Gemeinschaft braucht Phasen der Stabilisierung und des monotonen „Weiter so".

Die Kompetenz, diesen strukturellen Verlust individuell auszugleichen, bezeichnet nur einen Teil gelungener Transformation. Wer immer sich darauf versteht, die neuen Strukturen strategisch für sich zu nutzen, wie der sogenannte Wendehals, hat den Verlust zwar praktisch für sich ausgeglichen. Um aber von gelungener Transformation sprechen zu können, muss die Überwindung des strukturellen Verlustes aus der positiven Anerkennung gespeist sein, dass sich die Transformation in eine bessere, demokratische und in diesem Sinne freie Gesellschaftsform bewegt hat. Und dafür braucht es neben der konkreten Erfahrung politischer Freiheit die bildungspolitische Vermittlung der Unterschiede zwischen der DDR-Diktatur und dem bundesdeutschen politischen System. Eben diese Vermittlung von Unterschieden in nachvollziehbaren begrifflichen Grenzen hat unsere Generation prinzipiell erfahren dürfen.

Dass in der Demokratie Freiheit viel höher gewertet wird als in der vorherigen Diktatur, spiegelt sich im geschützten Privatraum wider, der nun die Bedingungen dafür erfüllt, dass wir am öffentlichen Raum autonom partizipieren können. Kompetenzen zu entwickeln, die in ihrer Ausübung auf eine kritische, funktionierende und in diesem Sinne vertrauenswürdige Öffentlichkeit angewiesen sind, wird so erst möglich. Eine Meinung frei äußern zu können, verlangte ja von uns vor allem, diese erst einmal zu bilden, um dann damit die Erfahrung machen zu können, dass sie eben nicht mehr sofort in ein Ideologieschema sortiert wird, das einen ganzen

Katalog an autonomieschwächenden Maßnahmen nach sich zieht, sondern dass sie als solche einfach akzeptiert wird. Unser Vertrauen in diese demokratische Öffentlichkeit erwuchs zeitgleich mit unseren Erfahrungen, selbst Teil dieser Öffentlichkeit zu werden. Es bleibt bis heute ein wesentlicher Aspekt unserer Biografien, dass wir uns diese Teilhabe erst individuell aus dem Nachlass unseres Lebens in der DDR-Diktatur erarbeiten mussten und sie deshalb sehr zu schätzen wissen.

Eine gesamtdeutsche Aufgabe

Die Transformation von Identitäten und Kompetenzen kann nur dann gelingen, wenn das Neue auch das Bessere ist und als das Bessere anerkannt wird, wenn also der strukturelle Verlust der Lebenswirklichkeiten aus der praktischen und bewussten Einsicht in den Fortschritt zur Demokratie angenommen wird. Freiheit zu schätzen, ist nur für diejenigen möglich, die darin einen unbedingten Wert sehen, weil sie ihn als solchen erfahren durften. Ohne diese Einsicht bleibt Transformation „bloß“ strukturell und damit fragil.

Nicht erst seit der „Zwickauer Terrorzelle“ muss uns allen klar sein, dass es in der Dritten Generation Ostdeutschland inzwischen erwachsene Bundesbürger gibt, die nie in der Demokratie des wiedervereinten Deutschlands angekommen sind. Es könnte aufschlussreich sein, die Einzelbiografien nachzuvollziehen, um zu verstehen, warum die gesamtdeutsche demokratische Gesellschaft von diesen drei Tätern nicht als das bessere System anerkannt worden ist. Und ab wann neue gesellschaftspolitische Strukturen wie der Verfassungsschutz oder die Thüringische Staatspolizei sowie ideologisch Gleichgesinnte aus den alten Ländern zu diesem Inferno beigetragen haben. Auf jeden Fall wurde auch in unserer Generation Freiheit nicht immer nur als unbedingter Wert erfahren, sondern zeigte sich oft in Gestalt von Angst und Unsicherheit. Wer beispielsweise kein bundesdeutsches Abitur machen konnte oder – auch in unserer Generation – unmittelbar nach der Berufsausbildung in die Arbeitslosigkeit gerutscht und dort bis heute geblieben ist, für den gilt die Selbstbewusstsein erzeugende Einheit von Bildungschancen und praktischer Demokratieerfahrung nur eingeschränkt.

Uns als Autorinnen war es wichtig, in diesem Beitrag von unserem spezifischen Alltag in der DDR zu erzählen, von dem aus die Transformationsleistungen, die unsere Generation, die Dritte Generation Ostdeutschland, nach 1990 erbracht hat, zu verstehen sind. Und die sich vor unseren unterschiedlichen Erfahrungshorizonten von vor 1990 als gelungene, in Aspekten aber auch als nicht gelungene Transformationen darstellen. Nur wenn diese Erfahrungen anerkannt werden, können die anhaltenden polarisierenden Projektionen auf den Osten in eine demokratiefördernde öffentliche Debatte überführt werden. Aus einer differenzierten Wahrnehmung unserer ehemaligen und gegenwärtigen Lebenswirklichkeiten können gute begriffliche Grenzen erwachsen, auf die jedes Denken und Verstehen der eigenen Geschichte ja gerade angewiesen sind. Nur dann können die an der Realität geschärften Begriffsgrenzen die Grundlage für das Verständnis des Lebensalltags in der DDR und im Nachwende-Ostdeutschland bilden. Ostdeutschland ist heute mehr als die ehemalige DDR. Und es war noch nie ein Landstrich, den man einfach durch die westdeutsche Brille sehen kann. Die begrifflichen Grenzen zu suchen, die dies auf gute Weise verständlich machen, bleibt die Aufgabe eines gesamtdeutschen Dialoges!

Wir danken Kathi Beier, Rüdiger Herrmann, Heike Holdinghausen, Annett und Andreas Kuntzagk, Heide Schinowsky, Adrian Waldmann und Margret de Witt für die Lektüre früherer Fassungen, die kritischen Diskussionen und den generellen Zuspruch. Ganz besonders aber danken wir Adriana Lettrari für ihre Initiative *3te Generation Ostdeutschland* und den Anstoß zu dem Austausch, den wir seit dem Treffen im Juli 2011 beständig führen.

„Zurückkommen, um zu bewegen"
Ein Statement für parteipolitisches Engagement in der ostdeutschen Provinz

Arne Lietz

Als jüngstes von vier Kindern einer Ärztin und eines Pfarrers wuchs ich in einem behüteten Elternhaus in Güstrow auf. Meine frühen Erlebnisse als Kind und Jugendlicher in einem ostdeutschen Pfarrhaus haben mich entscheidend geprägt. Oft saßen Gäste mit am Esstisch und redeten über ihre Ängste, Hoffnungen und Träume. Unter ihnen waren kreative Denker, aber auch Hilfe- und Ratsuchende. Es kamen Künstler, Ausreisewillige und Kriegsdienstverweigerer, aber auch Theologen, westdeutsche Journalisten, viele Freunde meiner Eltern und immer wieder neue Bekanntschaften aus Ost- und Westdeutschland.

Dass meine Geschwister und ich in einer politisch sehr brisanten Zeit aufwuchsen, wurde mir bereits als Kind in den vielen Gesprächen bewusst und durch etliche Erlebnisse deutlich. Beispielsweise waren Auseinandersetzungen meiner Eltern mit den offiziellen Organen des Staates oder Konflikte im Schulalltag meiner Geschwister und mir keine Seltenheit. Die Gründe dafür waren die oppositionelle Haltung meiner Eltern und ihre Vision von mehr Demokratie und voller Verwirklichung der Menschenrechte in der DDR. So traten sie unter anderem für Presse-, Meinungs- und Reisefreiheit ein. Sie brachten sich und die ganze Familie damit ins Visier staatlicher Stellen und insbesondere der Staatssicherheit.

Ein Schlüsselerlebnis meiner Jugend war der Staatsbesuch des damaligen deutschen Bundeskanzlers Helmut Schmidt in der DDR im Jahre 1981. Die Barlach-Stadt Güstrow wurde auf Wunsch des Gastes als Station mit in sein Reiseprogramm aufgenommen. Am Tag seiner Visite waren in und vor unserem Haus viele fremde Männer. Wir hatten Besuch von einem Westjournalisten, mein Vater erhielt Hausarrest und die Stimmung war höchst angespannt. Ich erinnere mich sehr genau, dass wir Kinder über den Hof an die von Uniformierten zugestellte Protokollstrecke herankamen und allein im Schneegestöber die Limousinen an uns vorüberziehen sahen. In einem Auto saß der Bundeskanzler, der stellvertretend für den anderen Teil Deutschlands stand, in dem viele der Ziele meiner Eltern im Grundgesetz rechtlich verankert und einklagbar waren.

Von dem Besucher aus der Staatskarosse stammt jener viel zitierte Satz, dass, wer Visionen habe, zum Arzt gehen solle. Ich sage: „Wer Visionen hat, der komme in den Osten Deutschlands – hier werden sie gebraucht, hier können sie gelebt werden."

Die Friedliche Revolution in der DDR entlässt ihre Kinder

In meiner Jugend erlebte ich die Friedliche Revolution in der DDR und die Zeit der gesellschaftlichen Neustrukturierung hautnah und intensiv mit. Meine Eltern sowie viele Freunde und Bekannte der Familie waren in verschiedenen Funktionen in diese politischen und gesellschaftlichen Entwicklungen involviert. Visionäre Gedanken begreife ich seit dieser Zeit als die entscheidenden Motoren persönlicher und gesellschaftlicher Veränderung. Positive Impulse entstehen, wenn man sich mit der Realität nicht zufrieden gibt und eigene Wünsche und Vorstellungen einbringt. So werden Ideen zu Zukunftsplänen.

Die Möglichkeit einer gerechten und friedvollen Welt ist für mich als Teil meiner christlichen Sozialisation und meines politischen Denkens ein zentraler Glaubensgrundsatz geworden, von dem ich mich in meinen persönlichen Entscheidungen leiten lasse. Heute versuche ich, nach diesem Grundsatz zu leben.

In der DDR geboren, haben wir jungen Menschen aus der Dritten Generation noch die Erfahrung gemacht, welche direkten Auswirkungen ein repressiver Staat auf das eigene Leben haben kann. Deshalb nehme ich es als „Revolutionskind“ nicht hin, dass dem utopischen Modell eines angeblich möglichen demokratischen Sozialismus weiterhin Raum gegeben werden soll. Der demokratische Sozialismus ist in meinen Augen gescheitert. Dennoch wurde in der SPD 2007 bedauerlicherweise der Begriff des „demokratischen Sozialismus“ aus dem Bad Godesberger Programm in das Hamburger Grundsatzprogramm übernommen. Dieser Fakt hat mich so massiv gestört, dass ich daraufhin in die SPD eingetreten bin, um daran mitzuwirken, dass sie sich als wirkliche Volkspartei wieder von diesem Begriff verabschiedet. Das war der zentrale Auslöser, durch den sich meine Lebenssituation tiefgreifend veränderte.

Ich setze mich nunmehr dafür ein, dass in einer sozial gerechten und demokratischen Gesellschaft alle Menschenrechte – also auch die sozialen, wirtschaftlichen und kulturellen – in ihrer Unteilbarkeit zur Grundlage sozialdemokratischer Politik werden. Mit den Vorstellungen einer sozialdemokratischen Volkspartei, die ohne den Zusatz „demokratischer Sozialismus“ auskommt, ernte ich interessanterweise besonders bei Parteimitgliedern aus den alten Bundesländern nicht immer Zustimmung. Für mich macht aber genau die Chance und die Aufgabe von aktueller Parteipolitik den Charme aus, mich als junger Ostdeutscher mit den eigenen spezifischen Erfahrungen in das nun wiedervereinigte Deutschland und das zusammenwachsende Europa einzubringen. Bei der Gestaltung politischer Prozesse helfen mir die für meine Generation so einzigartigen biografischen Erfahrungen in vielfacher Weise. Nach einer kurzen Sozialisierung in der DDR-Diktatur waren wir in unserer Jugend mit starkem gesellschaftlichem Wandel und einer Vielzahl neuer Realitäten und Möglichkeiten konfrontiert. Die Ereignisse der Friedlichen Revolution haben unseren Werdegang maßgeblich mitbestimmt und entscheidende Weichen auf unseren Lebenswegen gestellt. Viele von uns haben danach im Ausland studiert, gearbeitet und auf Reisen die Welt erkundet. Einige kehren nun in die Heimat zurück und bringen ihre Erkenntnisse und Ideen im geeinten Deutschland mit ein.

So ging es auch mir. Ich blicke voller Dankbarkeit auf die Freiheit, die Möglichkeiten und die vielfache Unterstützung, die ich persönlich im vereinigten Deutschland erfahren habe. Nur dadurch konnte ich mich mit vielen Ländern und Gesellschaften vertraut machen und entdecken, welche Vorstellungen und historischen Voraussetzungen anderswo im Mittelpunkt stehen und an welchen Werten und Hoffnungen andere Menschen ihr Denken und Handeln ausrichten. Nachdem der Eiserne Vorhang politisch gesprengt wurde, führte mich mein Lebensweg aus der mecklenburgischen Kleinstadt Güstrow hinaus in die mir nun offen stehende, weite Welt. Meinen zivilen Friedensdienst verbrachte ich in den Vereinigten Staaten von Amerika mit dem deutschen Verein Aktion Sühnezeichen Friedensdienste. Danach studierte ich über ein Jahr in Südafrika. In meiner politikwissenschaftlichen Magisterarbeit analysierte ich die Entwicklung von Strategien, welche deutsche Stiftungen zur gesellschaftlichen und politischen Neugestaltung Südafrikas während und nach der Apartheid dort leisteten.

Nach meiner Rückkehr nach Deutschland bestand meine erste Tätigkeit in der Fortbildung von Lehrern in den Fächern Geschichte und Politik, die ich von Vorpommern bis Bayern und von Südafrika bis nach Nordamerika abhielt. Für die amerikanische Bildungsorganisation *„Facing History and Ourselves“* leitete ich zahlreiche Schulungen und Trainingsprogramme. Ziel der Bildungsarbeit dieser Institution ist es, Schülerinnen und Schüler durch Selbstreflexion und die Auseinandersetzung mit internationaler Geschichte zu kritischen und aktiven Weltbürgern zu machen. Dabei konnte ich meine persönlichen Erfahrungen und mein Wissen aus und über den Transformationsprozess vom geteilten zum vereinigten

Deutschland in die Gestaltung von Lehrmaterialien und Seminaren einbringen. Das galt auch in meiner Anstellung als Wissenschaftlicher Mitarbeiter eines Bundestagsabgeordneten im Deutschen Bundestag. In dieser Phase lernte ich das sprichwörtliche Bohren dicker Bretter kennen, als wir politische Ideen entwickelten und dann umsetzten. Täglich erlebte ich dabei die Komplexität politischer Themen.

Auf Reisen mit einem wirtschafts- und wissenschaftspolitischen Netzwerk nach Israel, China, Japan, Argentinien und nach Russland kam ich in Kontakt mit Vertretern staatlicher und nicht-staatlicher Institutionen, mit Politikern, Bürgern oder auch mit Flüchtlingen. Beim Betrachten der Heimat aus der Ferne, oder wenn ich nach längerer Abwesenheit heimkehrte, veränderte und konkretisierte sich meine Sicht auf die vorhandene Situation in Europa im Abgleich mit meinen kontrastreichen Erlebnissen. Vor allem lernte ich auf diesen Reisen und in diesen Tätigkeiten mehr über mich selbst und mein Land, das voller Chancen und Gestaltungsmöglichkeiten steckt. Ein geeintes und friedliches Europa, dessen gemeinsamen Währungsbeginn ich zu Silvester in Paris erlebte und dessen EU-Osterweiterung ich an der deutsch-polnischen Grenze von Frankfurt/Oder und Słubice mitfeiern konnte, ist ein unschätzbar wertvolles Geschenk an unsere Generation.

„Zurückkommen, um anzupacken"

2010 bin ich nach Ostdeutschland in eine Kleinstadt – die Lutherstadt Wittenberg – zurückgekehrt und fühle mich hier mittlerweile zu Hause. Ich habe mich für diesen Schritt entschieden, um mich hier gesellschaftlich und politisch zu engagieren und um meine Erfahrungen und Vorstellungen in dieser beschaulichen Stadt von Weltruhm einzubringen. Warum gerade hier? In der Lutherstadt an der Elbe ergeben sich herausragende Chancen, global zu denken und lokal zu handeln. Es gibt viele Initiativen und die unterschiedlichsten Menschen, vom Stadtpfarrer bis zum Chemieunternehmer, die aus der Geschichte der Stadt mit ihren vielen historischen

Persönlichkeiten und ihrer Tradition des Geistes, aber auch mit ihrer langen Industriegeschichte, Gestaltungsmöglichkeiten sehen und angehen. Anhand einiger Beispiele möchte ich aufzeigen, dass hier zu beobachten ist, wie eine aktive Kommune im 21. Jahrhundert lebt und sich als welthistorisch und international bedeutsamer Ort in kleinen Schritten weiterentwickelt. Visionen werden hier nicht als Hirngespinste angesehen, sondern als wertvolle Bereicherung auf vielfältige Weise in das alltägliche Handeln integriert. Wer hier Visionen verfolgt, wird nicht zum Arzt geschickt, sondern als wichtiger Impulsgeber willkommen geheißen.

Nach der Bundestagswahl im Jahre 2009 bewarb ich mich auf eine Stelle in der Stadtverwaltung der Lutherstadt Wittenberg. Zu meiner Tätigkeit als Referent gehört überwiegend die Unterstützung der Arbeit des Oberbürgermeisters und des Bürgermeisters. Darunter fallen unter anderem die Projekte zum 500. Reformationsjubiläum im Jahre 2017, welches international gefeiert wird, und die Pflege und der Ausbau der damit im Zusammenhang stehenden internationalen Kontakte. Außerdem ist es meine Aufgabe, die Städtepartnerschaften zu unterstützen sowie das selbstgesetzte Ziel der Stadt, Touristen und Bildungsinteressierte aus aller Welt einzuladen, umzusetzen.

Wie nachhaltig die Ideen eines einzelnen Menschen wirken können, zeigt sich ganz deutlich am Beispiel Martin Luthers und in der Geschichte der Reformation, die so eng mit der Geschichte Wittenbergs verknüpft ist. Viele hundert Jahre später geben die Ideen der Reformation den Anstoß für einen globalen Erinnerungsprozess, der das Leben in Stadt und Region schon jetzt verändert, mehr noch aber in den kommenden Jahren massiv beeinflussen wird. Bereits im Vorfeld des 2017 anstehenden religiösen und kulturhistorisch bedeutsamen Reformationsjubiläums werden mittlerweile bundesweit in einer Vielzahl von Veranstaltungen auch die langfristigen gesellschaftlichen Impulse der Reformation und ihre Bedeutung auf die heutige Zeit reflektiert. Eine der praktischen Herausforderungen ist es dabei, die bauliche und touristische Infrastruktur der Stadt auf die zu erwartenden Gäste aus Deutschland und aus aller Welt vorzubereiten. Die spannende Herausforderung besteht in der Lutherstadt Wittenberg auch häufig darin, die strategische Umsetzung von Ideen im Schulterschluss mit Stadtgesellschaft, Politik und Verwaltung zu meistern und die Veränderungsprozesse für die Öffentlichkeit in Bürgerforen und durch transparente Kommunikation nachvollziehbar und erlebbar zu machen. Dies gilt besonders, wenn es um große Ideen geht. Dabei liegt der Schlüssel zum erfolgreichen Arbeiten in der Berücksichtigung und Wertschätzung der unterschiedlichen Perspektiven, Ziele und Interessen aller Beteiligten. Im Falle der Aktivitäten zum 500. Reformationsjubiläum fängt das bei weitreichenden Infrastrukturentwicklungen wie dem Bau eines neuen Bahnhofs oder dem Umbau zentraler historischer Orte an, die in den kommenden Jahren fast alle gleichzeitig passieren. Am Schlosskirchenensemble mit der Thesentür werden aufwendige Arbeiten stattfinden. Darüber hinaus muss sich die Stadt mit circa 50 000 Einwohnern nach aktuellen Plänen der Evangelischen Kirche in Deutschland darauf einstellen, im Jahre 2017 etwa 200 000 bis 300 000 Gäste zum Abschlussgottesdienst des Kirchentages – welcher zum großen Teil in Berlin stattfinden wird – in Wittenberg willkommen zu heißen.

Ein weiteres wichtiges Projekt in der Stadt ist ein politischer Think Tank zu Ethikfragen in der Wirtschaft. Die Gründung erfolgte in der Stadt wegen ihrer ideengeschichtlichen Bedeutung und Impulse, die durch die Reformation bis heute wirken. Nur wenige Wittenberger Bürger ahnen bei ihrem Bummel durch die Innenstadt, dass hinter der Fassade der altehrwürdigen Universität Leucorea eines der aktuell spannendsten politischen Forschungsprojekte an der Schnittstelle zwischen Wissenschaft und Wirtschaft arbeitet. Das vom ehemaligen deutschen Außenminister Hans-Dietrich Genscher und dem früheren US-Botschafter bei den Vereinten Nationen Andrew Young gegründete Wittenberg-Zentrum für Globale

Ethik hat das Anliegen, moralische Prinzipien im Zeitalter der Globalisierung in Marktwirtschaft und Wettbewerb zu formulieren und zu implementieren. Es geht dabei vor allem um die Vermittlung von ethischen Werten und verbindlichen Handlungsrichtlinien, die von Einzelnen, von Unternehmen und von Organisationen im Arbeitsalltag gelebt werden können. Mittlerweile interessieren sich internationale Delegationen von Diplomaten und Politikern anderer Länder für diese Institution und ihre Arbeit, und besuchen deshalb die Lutherstadt Wittenberg, um sich selbst ein Bild zu machen.

Auch hier zeigt sich, dass visionäres Denken die Metropole nicht braucht. Im Gegenteil: Mutige Ideen und ihre konstruktive Umsetzung rücken die geografische Peripherie in das Zentrum der Aufmerksamkeit. Dafür gibt es in Ostdeutschland zahlreiche Beispiele.

Positive Demografieentwicklung in Ostdeutschland

Nach meiner Ausbildung und den ersten Berufsjahren, die ich überwiegend in Metropolen wie Boston, Berlin, Kapstadt oder London verbracht hatte, war der Umzug zurück in eine Kleinstadt eine große Alltagsumstellung. Oft, wenn ich im heimatlichen Güstrow zu Besuch war, sprach mich eine Schulfreundin darauf an, dass durch den Wegzug der meisten jungen Menschen aus der Stadt ein anderes Lebensgefühl entstanden sei. Auch in der Lutherstadt Wittenberg macht sich der Wegzug vieler junger Menschen im städtischen Leben deutlich bemerkbar. Die Themen Landflucht und demografischer Wandel beschäftigen mich deshalb ebenfalls in meiner politischen Arbeit. Sachsen-Anhalt hat sich im Rahmen einer internationalen Bauausstellung im Jahre 2010 vom Trugbild stetigen Wachstums verabschiedet. Dabei war es das Ziel, auch in Regionen mit sinkenden Einwohnerzahlen und wachsendem Altersdurchschnitt innovative Konzepte zum Umgang mit den vorhandenen Möglichkeiten zu finden und eine möglichst hohe Lebensqualität für die Bevölkerung zu erhalten oder zu schaffen.

Die Lutherstadt Wittenberg entwickelte außerdem vor dem Hintergrund ihrer langen Universitätstradition das Thema „Campus Wittenberg“. Es geht dabei darum, Bildungsgäste aus dem In- und Ausland in die Stadt einzuladen und die Bauinfrastruktur insbesondere in der historischen Altstadt für Bildungsinstitutionen, Konferenzmöglichkeiten und Unterkünfte bereitzustellen. Es erwies sich allerdings bereits in der Entwurfs- und Planungsphase als große Herausforderung, dieses Anknüpfen an Traditionen der Stadt mit dem Lebensalltag der Bürger zu vereinen. Es bedurfte eines starken politischen Willens und der Ausdauer vieler zivilgesellschaftlicher Akteure, bis die Bevölkerung nicht nur die sanierten Fassaden sondern auch die Bildungsgäste dahinter wahrnahm und in der Stadt auch tatsächlich mit ihnen in Kontakt trat. Durch die Vermittlung von Praktika in Betrieben und Schulen, aber auch durch Privatunterbringung insbesondere von jungen Ausländern gelang der Brückenschlag von der Vision zur Praxis. In einem Landstrich, in dem das Thema Integration von Ausländern kaum Beachtung erfährt, setzen die Wittenberger inzwischen ein deutliches Zeichen, das sie der jüngeren Generation vorleben. Ein wichtiger und für die Bevölkerung praktischer und erlebbarer Fortschritt ist eine damit entstandene Bündelung der Bildungsangebote für die Menschen vor Ort.

Obwohl die temporären Bildungsgäste den demografischen Wandel nicht aufhalten werden, ist die Stadt dadurch internationaler und reicher an Angeboten geworden, was es auch für junge Menschen attraktiver macht, hierzubleiben. Damit wird zumindest dem Bevölkerungsrückgang aktiv entgegengewirkt. Wenn sich die Stadt weiterhin gut entwickelt und die Lohnspirale im Osten nach oben zeigt, könnte es zum Rückzug vieler Abgewanderter kommen. Gespräche dieser Art habe ich oft mit Weggegangenen meiner Generation geführt, die insbesondere zum Sommerstadtfest Luthers Hochzeit ihre Heimatstadt besuchen und ihre alten Mitschüler auf dem Festgelände treffen.

Kleine Gemeinschaften in einer globalen Welt

Während meiner Zeit in Boston lernte ich Freya von Moltke kennen. Freyas Mann, Helmut James von Moltke, war eine zentrale Figur in der deutschen Widerstandsgruppe gegen den Nationalsozialismus gewesen, die unter dem Namen Kreisauer Kreis bekannt geworden ist. Durch die Begegnung mit Freya und weiteren Personen, die das geistige Vermächtnis der Mitglieder des Kreisauer Kreises pflegen, machte ich mich mit deren politischen und gesellschaftlichen Prinzipien vertraut. Für mich gelten sie bis heute und sind wichtige Ankerpunkte für die Weiterentwicklung und die Festigung Europas. Die zentrale Überzeugung dieser Gruppe ist es gewesen, dass eine positive Entwicklung Deutschlands nach dem Ende des Nationalsozialismus nur in einem geeinten und gemeinschaftlichen Europa eine Chance haben würde. Helmut James von Moltke hatte bereits vor dem gemeinsamen Kampf gegen Hitler die gesellschaftliche Bedeutung von kleinen organisierten Gemeinschaften betont, in denen sich die Menschen mit dem Verständnis, Teil eines größeren Ganzen zu sein, lokal engagieren. Dieser Leitsatz dient mir als wichtige Richtschnur meines politischen Denkens und Engagements auch vor Ort in der Lutherstadt Wittenberg.

Es gibt in der Stadt, angefangen bei speziellen Sport- und Kunstvereinen bis hin zu den Stadtwerken, viele Menschen und Institutionen, die lokal handeln, aber international gut vernetzt sind. Sie reagieren dabei auch auf europäische und globale Veränderungen und beziehen diese in ihre Entscheidungen und in ihre Arbeit mit ein. Die Lutherstadt Wittenberg ist in der Breite ihrer Zivilgesellschaft damit eine kleine Gemeinschaft. Ich bin dankbar für die Zusammenarbeit mit Oberbürgermeister Eckhard Naumann und den vielen anderen städtischen Akteuren, die in diesem Sinne arbeiten und sich engagieren und mir die Möglichkeit geben, mitwirken zu können. Sie geben mir persönlich die Zuversicht, dass Ostdeutschland sich nicht von Europa und der Welt abkoppelt und auch weiterhin kreativ sein wird, wenn es darum geht, Mittel und Ressourcen lokal sinnvoll einzusetzen – mit positiven Visionen und mit Mut zur Veränderung.

Meine Generation beginnt, ihren Platz im wiedervereinigten Deutschland, im geeinten Europa und in der Weltgemeinschaft zu finden. Nun ist es an uns, Verantwortung zu übernehmen. Es geht darum, an die eigenen Visionen zu glauben und sich auf den Weg zu machen, diese zu verwirklichen. Eine gute Portion kreativen Querdenkens und das Wissen, dass sich Dinge verändern lassen, sind uns als der Dritten Generation Ostdeutschlands mitgegeben worden. Wir haben ein starres diktatorisches System erlebt und darauf den Umbruch zu einer demokratischen Gesellschaft. Dieser Transformationsprozess hat unseren Familien und uns gezeigt, dass Dinge sich zwar verändern, dabei aber auch positiv steuerbar bleiben können. Diese Erfahrung gilt es, lebendig zu halten und für die Gesellschaft nutzbar zu machen. Deshalb habe ich mich dafür entschieden, in meiner Region für meine Ideen und meine politischen Standpunkte einzustehen und – wenn mich darin meine Partei und die Wähler unterstützen – sie auch auf lokaler oder bundespolitischer Ebene als Abgeordneter im Deutschen Bundestag einzubringen.

Potenziale der Dritten Generation Ostdeutschland
Nicht entweder oder, sondern sowohl als auch!

Adriana Lettrari

Wendekinder,
mögen wir lernen,
uns selbst mit den Augen unserer Geschichte,
der Transformation,
wertschätzend zu betrachten.
Mögen wir fähig sein,
unsere Gaben, die Quelle der Freude und des Glücks sind,
in uns zu erkennen.
Mögen wir uns entscheiden,
mit unseren Erfahrungen sichtbar für andere zu werden.
Möge es uns gelingen,
unseren eigenen Fußabdruck in die Welt zu setzen.

Als 1989 die Bürgerinnen und Bürger der DDR beginnen zu sprechen, sind wir noch Kinder und Jugendliche. Was im Folgenden an Aufbrüchen, Umbrüchen und Einbrüchen mit unseren Familien, Schulen und Straßennamen geschieht, *passiert einfach* vor unseren Augen: der Kampf der Anpassung, die seelische Transformation, die Überwindung der Krise. Wir sind zu jung, um unser Lebensumfeld reflektieren zu können und uns mit eigener Position Gehör zu verschaffen. Nur kurze Zeit nach der Friedlichen Revolution sind unsere Eltern für uns nicht mehr wirklich zu hören, niemand ist mehr sichtbar auf den neuen gesellschaftlichen Bühnen. Alles dreht sich um das Phantasma des Ankommens und Angenommenseins. Mit diesen Leitlinien und der Unsicherheit, ihnen gerecht zu werden, wachsen wir auf. Wo bleiben in dieser Zeit unsere Eltern mit ihren eigenen Werten? Wo bleiben für uns die Vorbilder, die sich erheben, die Ansprüche formulieren? Wo bleiben die Älteren, die der unbeirrt fortschreitenden Entwicklung Grenzen setzen?

Heute frage ich mich: Welche Persönlichkeitsentwicklung und gesellschaftliche Verantwortung folgen aus dieser historisch so speziellen Sozialisation für die Dritte Generation Ostdeutschland? Über eine erstaunliche Anpassungsfähigkeit als eine Transformationskompetenz der Dritten Generation Ostdeutschland schreibt der Autor und Psychoanalytiker Hans-Joachim Maaz in der Wochenzeitung *Der Freitag* am 8. Juli 2011. Er fragt sich dabei auch, ob bei zu viel Anpassung die andere Seite der Medaille nicht dem Heimatverlust gleich sei. Er meint, dass Anpassungsfähigkeit auf Kosten von Identität und Würde überzogen werden könne; dass möglicherweise konstruktives Abgrenzen, selbständiges Handeln, ja manchmal auch kritisches Protestieren verhindert werden. Die von Maaz beschriebenen Eigenschaften sind eine Form der Transformationsbewältigung, die auch ich in unserer Generation beobachte. Es existiert jedoch auch ein beliebtes Gegenmodell: das Zelebrieren ostalgischer Verklärung, verbunden mit einer rückwärtsgewandten Gesellschaftskritik am wiedervereinten Deutschland.

Beide beschriebenen Prozesse können nicht die Anleitung für die Zukunft aus der besonderen biografischen Erfahrung unserer Generation sein. Das Potenzial der Dritten Generation Ostdeutschland liegt in unseren gemeinsamen Erfahrungswelten: Es ist die Erfahrung, dass wir unsere Kindheit in der DDR verbracht und unsere Ausbildung sowie unseren Berufseinstieg in der BRD geschafft haben – einem Gesellschaftssystem, dessen Prinzipien uns eigentlich niemand so richtig beigebracht hatte. Unsere Erfahrungen speisen sich auch aus dem gemeinsamen Erleben, wie die Transformationen gesellschaftlich, politisch und persönlich gestaltet worden sind und wie diese Umbrüche unsere Eltern von heute auf morgen in eine zweite „Pubertät" katapultierten. Wir teilen die Erfahrung, dass das Verhältnis der ersten und zweiten Generation Ost und West zum Teil noch immer nicht aufgearbeitet ist. Wir sehen, wie eine mediale Berichterstattung über Ostdeutschland und die Ostdeutschen vor allem Bilder von Arbeitslosigkeit, Abwanderung, Bevölkerungsschrumpfung und rechtsextremistischen Jugendlichen aufgreift oder gar konstruiert. Und wir finden, dass sich diese Art der Berichterstattung in das eigene ostdeutsche Selbstbild einfügt. Wir erleben, wer über die neue Berliner Republik, das vereinigte Deutschland spricht, damit sichtbar wird und dementsprechend auch gestaltet. Für uns stellt sich die Frage, was unser Erbe, unsere Herkunft heute ausmacht und wie wir ihnen Konstruktives abgewinnen können. Denn nur, wenn wir wissen, wo wir herkommen, können wir unsere Gesellschaft mit der uns eigenen Art beflügeln.

Potenzial: Die selbstbewusste Generation

Die Mauer, deren Existenz unsere Kindheit wesentlich mitbestimmte, symbolisiert mit ihrem Fall am 9. November 1989 die Beendigung des Kalten Krieges. Diese Tatsache ist für mich auch heute noch unfassbar. Für mich ist es immer wieder schwer zu verstehen, dass diese, meine, unsere Eltern daran aktiv beteiligt waren. Nicht irgendwelche engagierten Bürgerinnen und Bürger, die in den Abendnachrichten zu sehen gewesen sind – sondern ganz nah, ganz direkt: unsere Eltern. Und auch wenn nicht die eigenen Eltern an der Friedlichen Revolution beteiligt gewesen sein sollten, so haben doch bekannte Nachbarn oder Lehrerinnen und Lehrer an den Montagsdemonstrationen teilgenommen. Dieses Erbe ist einzigartig! Es muss uns gelingen, dieser zum Teil überdeckten Kraft auf die Spur zu kommen, sie in unserem kollektiven Gedächtnis zu finden und mit ihr noch selbstbewusster als junge Ostdeutsche unseren Platz und unsere Identität in Deutschland, in Europa und der Welt zu finden.

Potenzial: Die integrative Generation

Unsere ostdeutschen Eltern haben es geschafft, die politische und reale Mauer einzureißen. Wir können stolz auf sie und dankbar sein, auch wenn es an der Zeit ist, die eine oder andere noch nicht gestellte Frage zu formulieren. Die Aufgabe unserer Generation – im Übrigen in Ost *und* West – ist es, die an einigen Stellen noch vorhandene Mauer in den Köpfen einzureißen. Denn unsere Eltern – im Übrigen in Ost *und* West – schaffen dies möglicherweise nicht mehr. Wenn ich darauf blicke, wie Wertschätzung und Differenzierung im Austausch zwischen der ersten und zweiten Generation Ost und West fehlen und wie Fremdheit und Verständnislosigkeit noch immer spürbar sind, kann dies keine Grundlage sein, auf der wir fortfahren. Möge es uns gelingen, den Austausch zwischen der ersten und zweiten Generation Ost und West neu zu beflügeln. Doch möge es uns selbst vor allem erst einmal gelingen, die Vorurteile unserer Eltern nicht unhinterfragt zu übernehmen und fortzutragen. Dafür wird es erforderlich sein, in der Dritten Generation Deutschlands (Ost und West) das Gespräch zu eröffnen und sich gemeinsam nach dem so notwendigen, weil einzig zukunftsfähigen Dialog auf Augenhöhe auf die Suche zu machen. Hierfür werden wir jungen Ostdeutschen uns möglicherweise uns selbst gegenüber auch noch mehr öffnen müssen: Wir müssen aufhören, „westdeutscher" werden zu wollen als die westdeutsche Dritte Generation; wir müssen uns trauen, unser spezifisch Eigenes zu finden, und wenn wir es für richtig erachten, etwas dagegenzusetzen im Dialog, im Erfahrungsaustausch, in der Einschätzung gesellschaftlicher Herausforderungen.

Mit unserer den historischen Umständen geschuldeten Kompetenz sind wir prädestiniert, Botschafterinnen und Botschafter zwischen Ost und West zu sein. Ich sehe hier eine Verpflichtung, diese Kompetenz persönlich aufzuspüren und durch das Verständnis der eigenen Geschichte eine noch größere Sensibilität für die Biografien unserer Mitmenschen zu bekommen. Ich sehe hier das Potenzial, eine aus ihrem eigenen Selbstverständnis heraus integrierende Generation zu werden, die über den deutsch-deutschen Dialog hinausreicht und auch Europa mit einschließt. Integratives miteinander Denken und Handeln endet jedoch nicht mit der Offenheit für unterschiedliche geografische und kulturelle Herkunftsorte. Als Dritte Generation Ostdeutschland verfügen viele von uns über die Erfahrung eines persönlichen sozialen Aufstiegs durch Bildung. Viele wissen, was es heißt, wenn es in der eigenen Familie ein Auf und Ab von Erwerbstätigkeit und Einkommen gibt. Wir besitzen ein hohes Maß an Sensibilität für soziale Ungleichheit und können uns in andere gut hineinversetzen. Besteht an dieser Stelle nicht eine gesellschaftliche Verpflichtung, dieses Bewusstsein als wertvolle Errungenschaft zu betrachten, es als essenziellen Wert zu formulieren und weiterzugeben sowie Bildungsinteressierten jeglicher Herkunft mit Chancen zu helfen, wo wir nur können?

Potenzial: Die wandelerprobte Generation

Selbstbewusst hat uns die Zeit nach 1989 gemacht. Begonnen mit der in uns immer wieder abrufbaren Euphorie dieser Wochen im Herbst 1989 über die Phase des ökonomischen und gesellschaftlichen Einbruchs bis hin zur langsam entstehenden neuen Zivilgesellschaft, die innovative Konzepte entwickelt und eigene Wege der Transformation gefunden hat. Wir lebten in täglichen Widersprüchen, sahen Freude neben Trauer und Scheitern, spürten die Ratlosigkeit, den Alltagskampf und die Sehnsucht nach Normalität, erlebten den Einbruch und sahen gleichzeitig eine langsame, aber stetige Entwicklung der Menschen und ihrer Umgebung.

Wir wissen jetzt, dass Wandel sehr wehtun kann, aber wir wissen auch, dass es Techniken gibt, mit Veränderung konstruktiv umzugehen. Wir bleiben dran und finden einen Weg des erfolgreichen Scheiterns, den wir uns nicht scheuen, sichtbar werden zu lassen. Wir lernen aus dem Wechsel aus Einbruch, Umbruch und Aufbruch und finden hier das Neue, Kreative in den Zwischenräumen.

Potenzial: Die pragmatische Generation

Unkompliziert, dabei mit ganzer Authentizität und Ernsthaftigkeit – so kann der Pragmatismus unserer Generation beschrieben werden, mit dem wir durch das Leben gehen. Wie hätte es auch anders möglich gewesen sein können? Es ging vor und vor allem nach 1989 darum, mit wenig durchzukommen. Wo durch war nicht ganz ersichtlich, nicht wirklich fassbar und schon gar nicht formulierbar. Wohin es ging und wie der richtige Weg aussah, war für unsere Eltern und uns auch vollkommen unklar. Und so gingen wir, zum Teil auf Augenhöhe, oft aber auch mit Vorsprung vor unseren Eltern, auf die Suche. Pragmatismus war hier Überlebensstrategie, um den Weg in die neue Welt, die uns allen so unbekannt war, zu finden.

20 Jahre später ist im Grunde in unserem Lebensumfeld von allem ausreichend vorhanden, und wir erleben den materiellen Überfluss, dessen Handhabung nun zur globalen Überforderung geworden ist. Da die Dritte Generation Ostdeutschland weiß, wie sich Wege finden lassen, mit wenig zu kreativen Ergebnissen zu kommen, möge es ihr gelingen, diese Kompetenzen zu erkennen und zu aktivieren! Sie werden benötigt in einer Gesellschaft, deren relevante Zukunftsaufgabe das qualitative anstelle des quantitativen Wachstums darstellt.

Potenzial: Die engagierte Generation

Bei genauerer Betrachtung stellt sich nicht die Frage, ob die Dritte Generation Ostdeutschland gesellschaftlich engagiert sein will oder gar darf. Mit ihrer Fähigkeit des Umgangs mit Erschütterungen, des Aufhebens von Gegensätzen und der kreativen Besetzung von entstehenden Zwischenräumen ergibt sich eine gesellschaftliche Verantwortung zum Engagement. Ihre Kompetenzen und Talente gehören in den öffentlichen Raum! *„Coming home to East Germany“* muss nicht heißen, aus New York oder Stuttgart zurück nach Neustrelitz oder Riesa zu ziehen. Engagierter Ostdeutscher zu sein, kann auch bedeuten, dem persönlichen Verhältnis zu Ostdeutschland nachzuspüren, es in der eigenen Haltung kenntlich zu machen und mit dieser in den privaten, beruflichen und ehrenamtlichen Aktivitätsfeldern sichtbar zu werden. Das kann eine sinnstiftende Quelle sein für die Dritte Generation Ostdeutschland, welche ihre Identität gerade findet.

Potenzial: Die kooperative Generation

Unser Verhältnis zu allem Kollektiven ist ambivalent, denn diese Erfahrung als Kinder und Jugendliche in der DDR war täglich konkret und sitzt tief. Interessant ist aber der Befund, dass in einer der ersten wissenschaftlichen Studien zur Dritten Generation Ostdeutschland das Bedürfnis nach Kollegialität in Beruf und Ehrenamt als Gegenentwurf zur klassischen Führungsstärke von den Interviewten herausgestellt wurde.[1] Der Begriff Kollegialität mag vielleicht verstaubt klingen, im Wesentlichen ist damit aber der seit einiger Zeit auch in der Öffentlichkeit diskutierte Sinn zur Kooperation gemeint. Dieser Gemeinschaftssinn heißt nicht, seine Individualität zu verlieren, sondern er bündelt Kräfte und ermöglicht es, Größeres zu erreichen.

Zum Schluss

Die Dritte Generation Ostdeutschland steht eher noch am Anfang ihres Berufslebens. Sie wird in Zukunft gesellschaftliche Verantwortung übernehmen und relevante Entscheidungen treffen. Sie hat die Aufgabe, aufmerksam zu sein, aus den historischen Versäumnissen zu lernen und im Rahmen ihrer Möglichkeiten positive Entwicklungen anzustoßen. Sie hat sich auf den Weg gemacht, sie macht los: Sie vernetzt sich, tauscht intensiv Wissen und Erfahrungen aus, entwickelt neue Anstöße und wird damit für die Öffentlichkeit sichtbar. Ein erster Schritt ist getan mit der Konferenz vom Sommer 2011, und was dort geschehen ist, kann am besten mit Oscar Wilde beschrieben werden: „Die Vorstellung ist wundervoll, aber noch wundervoller ist das Erlebnis!“ Mit der am 1. Juni 2010 entstandenen Initiative *3te Generation Ostdeutschland* ist eine Bewegung entstanden, die zukünftig alle Interessierten deutschland-, europa- und weltweit anregen wird, sich über die spannende, weil fruchtbare Frage des Sowohl-als-Auch anstelle des Entweder-Oder auszutauschen. Das stellt die große gesellschaftliche Aufgabe für alle dar. Der konkrete Beitrag der Dritten Generation Ostdeutschland liegt dabei in ihrem Vermögen, Anpassungsfähigkeit mit Entwicklungsgeist kombinieren zu können. Wenn es dieser Generation gelingt, die Kraft ihres kollektiven Erbes als Handlungsgrundlage zu nutzen, wird ihr gesellschaftlicher Beitrag künftig nicht mehr wegzudenken sein.

---

1 Vgl. JUDITH ENDERS; ADRIANA LETTRARI; MANDY SCHULZE; JOHANNES STAEMMLER: Fach- und Führungskräftemangel in Ostdeutschland aus der Sicht der Abgewanderten – der Fehlenden. Forschungspapier der Hans Böckler Stiftung, Düsseldorf, 2012.

Dritte Generation Ost

Wir, die stumme Generation Ost

Johannes Staemmler

An Bau und Fall der Mauer wird routiniert erinnert. Es ist ein Diskurs entstanden, der vom Unrechtsstaat DDR über die unglaubliche Friedliche Revolution bis zur Einheit reicht. Diese kollektive Erzählung schließt aber etwas Entscheidendes aus: die letzte, Dritte Generation Ostdeutschlands, die dazu einen eigenen Beitrag leisten kann. Die DDR ist nicht nur eine Erinnerung unserer Eltern, sie wirkt bis heute auch auf uns ein. Das kurze Dasein der Mauer in der Weltgeschichte ist beendet, und für junge Menschen scheint es keine Rolle mehr zu spielen. Wir, die jungen Ostdeutschen, waren vielleicht acht oder zehn Jahre alt, als die Mauer fiel. Den größten Teil unseres Lebens haben wir im wiedervereinigten Deutschland mit all seinen Freiheiten gelebt. Wir sind angekommen, wir haben die alten Ost-West-Gräben hinter uns gelassen – so glaubten wir beinahe selbst.

Die Mauer ist aber doch ein Teil von uns. Da gibt es ein paar verblasste Erinnerungen an die ersten Pioniernachmittage. Einige von uns haben, blind vertrauend auf die Eltern und Lehrer, an Jahrestagen Nelken getragen. Andere fühlten die Lähmung, als der elterliche Ausreiseantrag abgelehnt wurde. Scham und Stolz, Vorher und Nachher liegen dicht beieinander. Aber das ist es nicht allein. Die Mauer ist vor 20 Jahren niedergerissen worden, doch wir fühlen sie bis heute in unseren Familien. Sie trennt inzwischen Eltern von Kindern, sie bestimmt, wie wir uns erinnern und woran. Sie umschließt heute die mentalen Zufluchtsorte.

Mit dem Ende der DDR brachen alle bisher gültigen Orientierungen zusammen. Auf einmal war nicht nur das Begrenzende, sondern auch das Schützende der Mauer weg. Und mit ihr ein Land, das nicht viele geliebt, aber in dem sich fast alle eingerichtet hatten. Egal, wie man zu diesem System stand, auf einmal musste jeder sein eigenes Schicksal in die Hand nehmen. Von einem Tag auf den anderen mussten unsere Eltern Probleme lösen, die sie nicht kannten. Sie mussten aufholen und sich zurechtfinden in einem System, das anders war, als sie es sich erträumt hatten. So konnte ein lapidarer Brief von einem Anwalt oder einer Versicherung existenzielle Ängste verursachen, weil niemand wusste, was er eigentlich bedeutete. Plötzlich zählten die Lebensentwürfe unserer Eltern nichts mehr. Plötzlich schien das, was sie gelebt hatten, falsch. Plötzlich waren unsere Eltern schwach. Wir haben mit ihnen erlebt, wie alle Wahrheiten abhandenkamen. Wir waren mit sieben oder zehn Jahren genauso unerfahren wie sie, die uns erziehen sollten. Unsere Eltern mussten erst selbst herausfinden, dass Dauerwellen und die CDU ihre Versprechen nicht halten. Dabei war es egal, ob man das Kind eines Arbeiters, Pfarrers oder Funktionärs war. Alle hatten keine Ahnung, alle waren überfordert. Diese erfahrene Unsicherheit in den Familien, aber auch im Großen, verbindet uns, die Dritte Generation Ostdeutschland.

Unsere Großeltern, die erste Generation, haben noch den Krieg erlebt. Sie haben maßgeblich dazu beigetragen, die DDR aufzubauen und neue Leben zu beginnen. Unsere Eltern wurden in den fünfziger und sechziger Jahren geboren und kannten nichts anderes als dieses Land. Zwischen 1975 und 1985 kamen etwa 2,4 Millionen Menschen in der DDR zur Welt. Sie sind die dritte Generation eines Landes, das es nicht mehr gibt. Zwar sind wir nicht, wie Migranten, in ein anderes Land ausgewandert, aber ein neues Land ist zu uns gekommen. In beiden, der DDR und der BRD, haben wir unsere Wurzeln. Uns verbindet am meisten, dass wir keine Ahnung haben, was die eine Hälfte unserer Herkunft, nämlich die DDR, mit uns zu tun hat.

Wir, die Dritte Generation, haben in den letzten 20 Jahren mehr als andere auf unsere Eltern aufpassen müssen. Auch wir hatten keine Erfahrungen mit dem neuen System, nur hatten wir jungen Menschen nichts zu verlieren. Da man als Kind ohnehin vieles erst lernt, haben wir uns schneller in dem neuen Land orientieren können als sie. Wir sahen mehr Möglichkeiten als Gefahren. Wir haben ein wenig unseren Eltern die Welt erklärt.

Die Kehrseite der tiefen Verunsicherung in dieser Zeit ist ein selektives Gedächtnis in Bezug auf die DDR. Unsere Eltern verkriechen sich heute in schablonenhaften Erinnerungen. Sie berichten wenig und meist nur das, was ihnen heute kein Unbehagen bereitet. Sie wollen ihre gerade neu errungene Identität nicht gefährden. So erzählen sie auch ihr Leben, lückenhaft und verträglich. Sie sprechen vom Kollektiv, in dem sie gearbeitet haben. Oder von Montagsdemonstrationen und organisierten Ferienreisen. Erinnerungen werden nur bruchstückhaft weitergegeben, verdrängt, vielleicht sogar vergessen. Wir vermissen, dass sie mit uns einen differenzierten Blick auf eine Zeit werfen, die nicht widerspruchsfrei zu interpretieren ist – weder heute noch damals.

Aber wir lassen sie damit davonkommen. Wir selbst haben bisher nicht genug danach gefragt. Wir waren stumm. Stumm, weil wir die meiste Zeit damit beschäftigt waren, unsere Eltern zu stützen. Wir wollten ihre Welt nicht noch komplizierter machen. Wir haben ihnen manchmal geholfen, sich zurechtzufinden. Wir waren dabei, als sie sich ein neues Auto kauften, erste Westreisen machten, den Job verloren, sich in ihren Kleingarten flüchteten. Stumm sind wir bislang auch gewesen, als die DDR und die Nachrevolutionszeit öffentlich verhandelt wurden. Wir waren sehr jung und passten nicht in einen Diskurs, der einseitige Interpretationen der Geschichte hervorbrachte. Und wer wollte sich schon öffentlich zum Ostdeutschen machen? Wir sind integriert und aufstrebend, ehrgeizig und oft kapitalistischer als mancher im Westen. Wir wollten lieber unsere Herkunft loswerden, als sie zum Gegenstand einer Debatte zu machen. Das ist ein Phänomen, das auch bei Älteren zu beobachten ist, die in Politik und Gesellschaft wichtige Posten besetzen.

Der Preis für den stummen Frieden war, dass wir vergessen haben zu fragen: „Wie war es, Dein Leben, in der DDR? Wie hast Du gewohnt? Wie hat sich das angefühlt, als es hieß, Du musst zur Armee, sonst kannst Du nicht studieren? Darf ich Deine Stasi-Akte lesen, wenn es eine gibt? Können wir Orte von früher besuchen fahren? Warum hat die DDR so lange bestanden?" Manche dieser Fragen klingen hart und sind schwierig zu beantworten. Aber sie müssen gestellt werden, damit wir einen neuen Diskurs führen können, der vielfältiger und widersprüchlicher ist als der alte. Wir wollen nicht mehr nur wählen können zwischen der DDR als Unrechtsstaat und einer schalen Ostalgie. Gerade wir, die Dritte Generation Ost, haben die Verantwortung, uns ein eigenes Bild von der Vergangenheit zu machen. Dazu brauchen wir die Erfahrungen unserer Eltern. Wir wollen wissen, was die DDR oder die Mauer mit uns und unseren Familien zu tun haben. Wir wollen nicht anklagen, sondern unsere wirkliche Vergangenheit finden.

Wir müssen einzeln und gemeinsam unsere Eltern, Lehrer und Politiker fragen, wie es war. Und wenn wir keine Antworten bekommen, dann dürfen wir nicht aufhören, sondern müssen immer weiter bohren. Wir müssen selbst noch mehr die Stasi-Unterlagen lesen und nachvollziehen, was in den Akten steht. Wir wollen sie selbst lesen. Nur so können wir endlich verstehen, wie hoch der Preis wirklich war, sich in der Unfreiheit einzurichten. Es ist unsere Chance, das Unausgesprochene auszusprechen, endlich die Mauern in unseren Familien zu beseitigen. Und dann kann es gelingen, den größeren Diskurs über die deutsche Vergangenheit gerecht und gemeinsam zu führen.

Dieser Beitrag erschien im August 2011 in *Die Zeit*.

Wer ist die Dritte Generation Ostdeutschland?

Überlegungen zu ihrer Verortung im Kontext von DDR und Deutscher Einheit

Lothar Probst

Die Initiative *3te Generation Ostdeutschland* strebt, wie es in einer Beschreibung des eigenen Anliegens heißt, eine „kontinuierliche wissenschaftliche Begleitung" des eigenen Projektes an.[1] In der ersten Phase, so heißt es weiter, soll es um eine „soziologische Beschreibung" dieser *Generation* gehen. Ich möchte mich im Folgenden an dem Versuch einer solchen soziologischen Einordnung beteiligen und werde mich dabei auf zwei Themenkomplexe konzentrieren:

- Was ist eigentlich aus kultursoziologischer und sozialwissenschaftlicher Perspektive eine Generation?
- Welches Erbe tritt die *3te Generation Ostdeutschland* an, und in welchem Verhältnis steht sie zu ihren Vorgängergenerationen?

Die Verortung der Dritten Generation Ostdeutschland im kultursoziologischen Konzept der Generation

Laut dem Konzept der Initiative *3te Generation Ostdeutschland* gehören zu dieser Generation „die zwischen 1975 und 1985 Geborenen", wobei anzunehmen ist, dass diese Jahreszahlen keine engen absoluten Ein- oder Ausschlusskriterien beinhalten. In einer Fußnote des Konzeptes heißt es weiterhin:

> *Als erste Generation kann man die vor der Staatsgründung 1949 Geborenen ansehen, die vielleicht nicht ihre Kindheit,*

> *aber den Großteil ihres Lebens in der DDR verbracht haben. Die zweite Generation sind demnach deren Kinder, die ihre Leben bis zum Systemumbruch ausschließlich in der DDR gelebt haben.*[2]

Diese Einteilung in drei Generationen ist zunächst einmal einleuchtend und schließt an unser intuitives, auch im Sprachgebrauch etabliertes Verständnis von Generationen an, in dem wir zwischen Großeltern, Eltern und Kindern beziehungsweise Enkeln unterscheiden und dadurch die genealogische Reproduktion zum Ausgangspunkt der Generationsfolge machen.[3] In einer Variation dieses genealogischen Generationsbegriffs unterscheidet man Generationen auch nach Altersstufen – also zwischen Kindern, Jugendlichen, Erwachsenen und Senioren.[4] Hier steht eher ein Lebenszyklusmodell im Vordergrund, wobei jeder Einzelne verschiedene Generationsstufen in seinem Leben durchläuft.

In der sozial- und kulturwissenschaftlichen Forschung ist das Konzept der Generation aber sehr viel differenzierter und anspruchsvoller, als es diese beiden gebräuchlichen Generationenmodelle nahelegen. Für die Initiative *3te Generation Ostdeutschland* dürfte insbesondere der auf den deutschen Soziologen Karl Mannheim zurückgehende Begriff der „politischen Generation" interessant sein, weil er nicht auf Genealogie und Alter abhebt, sondern auf gemeinsame Generationserlebnisse, die aus einer bestimmten Gruppe sich altersmäßig nahestehender Individuen erst eine Generation machen.[5] Seine Generationsdefinition beinhaltet drei Aspekte: die sogenannte „Generationslagerung", den „Generationszusammenhang" und die „Generationseinheit". Der Begriff Generationslagerung bezieht sich auf eine bestimmte historisch-soziale beziehungsweise politische Konstellation. Geburtenjahrgänge, die diese Konstellation bewusst erleben, den gleichen prägenden Erfahrungen ausgesetzt sind und an dieser Konstellation partizipieren, bilden einen Generationszusammenhang.[6] Ob daraus eine oder mehrere Generationseinheiten oder „Generationsgemeinschaften" entstehen, entscheidet sich aber erst durch die Art und Weise, in der die jeweilige historisch-soziale Konstellation zum Referenzpunkt des eigenen Generationsverständnisses wird. Es können sich also aus einem Generationszusammenhang unterschiedliche Generationseinheiten entwickeln und verschieden auf denselben historisch-sozialen Referenzpunkt reagieren, wobei es nicht selten um Konkurrenz, also um hegemoniale Deutungsmacht geht. Der aus Mannheims Konzept hervorgegangene Begriff der „politischen Generation"[7] weist dieser auf jeden Fall einen herausragenden Platz im gesellschaftlichen Wertewandel zu.

In den letzten Jahren wird der Mannheim'sche Generationsbegriff allerdings zunehmend wegen seiner vermeintlichen Überdeterminiertheit und Fixierung auf politische Eliten kritisiert und einer Verflüssigung der Generationen das Wort geredet.[8] In einer abgeschwächten Version wird dann unter Generationalität „ein Ensemble von altersspezifischen inhaltlichen Zuschreibungen, mittels derer sich Menschen in ihrer jeweiligen Epoche verorten",[9] verstanden. Aber selbst wenn man vor diesem Hintergrund Abstriche an Mannheims Konzept der Generation macht, bietet dieses meines Erachtens eine Reihe von geeigneten Anknüpfungspunkten für das Anliegen der Initiative *3te Generation Ostdeutschland*. Vor allem die Anbindung seines Konzeptes an bestimmte historische, politische und kulturelle Konstellationen macht es zu einem brauchbaren Werkzeug für die Analyse historischer Zäsuren, Neuanfänge und gesellschaftlicher Wandlungsprozesse,[10] wie sie der Fall der Mauer und die deutsche Einheit darstellen. Ohne Zweifel waren und sind diese beiden Ereignisse für diese dritte in Ostdeutschland geborene Generation Schlüsselerlebnisse, welche sie in einen Generationszusammenhang stellt. Das Vorhaben, sich als *Dritte Generation* politisch artikulationsfähig zu machen, kann mit Blick auf die Kategorien Mannheims als Versuch gewertet werden, sich vor diesem Hintergrund als eine Generationseinheit zu konstituieren.

Folgt man dieser Logik, dann wäre die Dritte Generation Ostdeutschland politisch gesehen eigentlich die Generation Deutsche Einheit und stünde am Ende einer Kette weiterer politischer Generationseinheiten. Ausgehend von Mannheims Definition unterscheidet die kultursoziologisch und sozialwissenschaftlich orientierte DDR-Forschung nämlich mehr als drei DDR-Generationen. Man differenziert zwischen der „Gründer-Generation", der „Aufbau-Generation", der „Integrierten Generation" und der „Distanzierten Generation".[11] Aus Platzgründen kann hier nicht im Einzelnen auf diese Differenzierungen eingegangen werden, nur so viel sei gesagt: Die „Gründer-Generation" umfasst die zwischen 1880 und 1914 Geborenen. Ihre prägenden Kindheits- und Jugenderfahrungen umfassen den Ersten Weltkrieg, den Klassenkampf in der kommunistischen Bewegung während der Weimarer Republik sowie den Widerstand gegen die Nazis, das Moskauer Exil beziehungsweise die Inhaftierung in Konzentrationslagern. Die zwischen 1930 und 1945 Geborenen, die durch Nationalsozialismus und Zweiten Weltkrieg geprägt wurden, repräsentieren die „Aufbau-Generation".[12] „Die ersten in die DDR hineingeborenen Nachkriegsjahrgänge von 1945 bis 1960 gelten [dann, L.P.] als „Integrierte Generation". [...] Als charakteristisch für diese Generation wird eine hohe Identifikation mit dem DDR-System und eine enge Bindung an die DDR als Heimat beschrieben" – befördert durch eine Phase des relativen Wohlstandes, des alternativlosen Aufgewachsenseins in der DDR, einer nicht unerheblichen Aufstiegsmobilität sowie der Inanspruchnahme der vom Staat gewährten sozialen Gratifikationen.[13] Wie sich der 17. Juni 1953 und der Bau der Mauer 1961 auf diese Generation als politisch prägende Ereignisse ausgewirkt haben, ist allerdings umstritten. Man kann jedoch davon ausgehen, dass zu den 2,7 Millionen Ostdeutschen, die zwischen 1945 und 1961 zusammen mit ihren Eltern legal oder illegal die DDR verlassen haben, ein beträchtlicher Teil von Kindern und Jugendlichen gehörte, deren Eltern den 17. Juni 1953 als politische Katastrophe erlebt hatten. Zu der

„Distanzierten Generation" schließlich zählt man die Jahrgänge der 1961 bis 1975 Geborenen. Sie haben ihre Distanz zur DDR durch Verweigerung als Protestform deutlich gemacht, und nicht wenige von ihnen gehörten 1989 zu der Gruppe der Ausreisewilligen und Botschaftsflüchtlinge.[14]

Vor dem Hintergrund dieser kurzen Skizzierung verschiedener mehr oder weniger politischer Generationen in der DDR stellt sich die Frage, wie sich die Dritte Generation Ostdeutschland dort einordnen lässt. Schließlich ist zu klären, worauf sich der Anspruch, im Sinne des Konzeptes der Generationseinheit eine eigenständige Generation im deutsch-deutschen Dialog zu repräsentieren, gründet. Soweit ich es dem Konzept der Initiative *3te Generation Ostdeutschland* entnehmen konnte, wird dieser Anspruch aus der Erfahrung abgeleitet, einerseits Kinder und Jugendliche Ostdeutschlands gewesen zu sein, andererseits aber eine gesamtdeutsche Jugend und Adoleszenz durchlebt zu haben. Tatsächlich sind die Erfahrungen, die diese Generation als Grenzgänger zwischen der alten DDR und der neuen gesamtdeutschen Bundesrepublik gemacht hat, in gewisser Weise einzigartig. Für die westdeutschen Altersgenossen hat sich in dieser Zeit zwar auch einiges verändert, aber sie mussten bei Weitem nicht einen so fundamentalen Lernprozess durchlaufen wie die meisten zwischen 1975 und 1985 geborenen Ostdeutschen.

Aber selbst wenn die wertvolle Erfahrung als doppelte Grenzgänger ein einigendes Band der Dritten Generation Ostdeutschland ist, stellt sich die Frage, welches Erbe sie antreten will. Welche Rolle spielt das politische Erbe der DDR als diktatorisches System? Wie bezieht diese Generation sich auf das Verhältnis von System und Lebenswelt in der DDR? Welche Rolle spielt des Weiteren die Freiheitsrevolution von 1989 in ihrem Selbstverständnis? Schließlich war diese nicht nur ein Ereignis von individueller Bedeutung für die Eltern und Mitglieder der Dritten Generation, sondern sie war der Beitrag der Ostdeutschen zur Überwindung von Unfreiheit und zur Deutschen Einheit – insofern der Ausgangspunkt und der Schlüssel für alle weiteren generationstypischen Erfahrungen und Erlebnisse, die die Dritte Generation Ostdeutschland anschließend gemacht hat. In welcher Verbindung oder Beziehung steht sie zu denjenigen, die diese Revolution befördert und auf den Weg gebracht haben – zur Gruppe der Bürgerrechtler? Wie will sie an das Erbe dieser Revolution anknüpfen und es in den weiteren Aufbau zivilgesellschaftlicher Strukturen in Ostdeutschland einbringen? Diese Fragen führen mich zu dem zweiten Themenkomplex, auf den ich näher eingehen möchte.

Das Familiengedächtnis und das Verhältnis der Generationen

Ein politisches Erbe, sei es negativer, sei es positiver Natur, kann man annehmen oder ablehnen, man kann sich damit auseinandersetzen oder Verantwortung dafür übernehmen. Was so einfach klingt, ist aber in der Regel sehr viel schwieriger, weil es nicht nur ein kollektiver, sondern auch ein individueller Prozess ist, in dem sich diese Aneignung oder Ablehnung vollzieht. Der individuelle Vorgang ist in der Regel durchwirkt von unserer familiären Sozialisation. In dem Konzeptpapier der Initiative *3te Generation Ostdeutschland* wird dazu ein zentraler Gedanke formuliert: Die Dritte Generation „steht vor der Aufgabe, sich mit ihrem transgenerationalen Erbe (der Geschichte der DDR und dem persönlichen familiären Anteil daran) und den wirtschaftlichen und politischen Realitäten auseinanderzusetzen“.[15] In der psychoanalytischen Literatur beruht der Terminus „transgenerationale Weitergabe“ auf einer komplexen Theorie, die hier nicht weiter entfaltet werden soll. Sie steht jedenfalls in einem engen Zusammenhang mit traumatischen Schuldgefühlen und geht davon aus, dass Kinder versuchen, sich empathisch in die Eltern einzufühlen, um in einer Art Rollenumkehr einen Defekt beziehungsweise ein Schuldgefühl der Eltern auszufüllen beziehungsweise zu kompensieren.[16] Die Anwendung dieser Theorie auf gesellschaftliche Zusammenhänge ist schwierig und auch problematisch. Dennoch enthält sie einen wichtigen

Hinweis auf das komplexe Zusammenspiel zwischen Generationen durch Formen der unbewussten Tradierung im familiären Kontext. Die Vergangenheit wird im Zwiegespräch zwischen den Generationen einer Familie „verhandelt und verfertigt", wie Welzer, Moller und Tschuggnall in ihren Überlegungen zur Rolle des Familiengedächtnisses herausgearbeitet haben. Dort heißt es:

> *[Das] Familiengedächtnis [stellt] kein umgrenztes und abrufbares Inventar von Geschichten [dar], sondern [besteht] in der kommunikativen Vergegenwärtigung von Episoden [...], die in Beziehung zu den Familienmitgliedern stehen und über die sie gemeinsam sprechen. Solche Vergegenwärtigungen der Vergangenheit finden in der Regel beiläufig und absichtslos statt – Familien halten keine Geschichtsstunden [ab, L.P.], sondern thematisieren Vergangenes zu unterschiedlichsten Anlässen.*[17]

Die kommunizierten Geschichten sind oft nicht konsistent und vollständig, sie verschweigen sogar häufig Wichtiges, aber die kommunikative Vergegenwärtigung von Vergangenem in der Familie dient als eine Art Praxis, um die familiäre Identität zu bewahren und Loyalität im Familienverband zu generieren.[18] Natürlich kann die innerfamiliäre Loyalität aufbrechen, wenn die erzählten Geschichten auf drastische Weise durch Fakten oder Dokumente widerlegt werden – eine Erfahrung, die zum Beispiel Mitglieder der zweiten Generation in Westdeutschland gemacht haben, als belastendes Material über ihre Väter auftauchte und das Bild zerstörte oder zumindest dekonstruierte, welches die Kinder von ihren Vätern verinnerlicht hatten. „In diesem Sinne", so schreiben Welzer und seine Koautoren, „lassen sich die Schwierigkeiten von Angehörigen der Enkelgeneration verstehen, ihre Großeltern in einen Geschichtszusammenhang einzufügen, der normativ eindeutig als ‚böse' markiert ist. Sie sind mit einer tiefen Kluft zwischen ‚dieser großen Geschichte und meinem kleinen Opa' konfrontiert."[19]

Die Schwierigkeit im Prozess des Erinnerns und der Vergegenwärtigung einer belasteten Vergangenheit besteht ja darin, dass sich historische Aufarbeitung, die sich auf politische Strukturen, Ideologien sowie das Handeln von gesellschaftlichen Gruppen konzentriert und diese auf einen Nenner bringen will, „im Spannungsfeld einer Vielzahl von Lebensgeschichten bewegt",[20] die gerade nicht auf einen Nenner gebracht werden können, wie Wolfgang Bialas zu Recht feststellt. Professionelle, also von Institutionen sowie Sozial- und Kulturwissenschaftlern betriebene Vergangenheitsbearbeitung ist immer auch „eine interpretatorische Enteignung von Lebensgeschichten"[21] und stößt deshalb auf Widerstand von Individuen, deren Biografien dabei verhandelt werden. Die „Fokussierung auf gesellschaftliche Strukturen, politische Institutionen und kollektive Identitäten suggeriert", so Bialas, „funktionale Zuordnungen und historisch bilanzierende Verallgemeinerungen, die der Vielschichtigkeit und Mehrdeutigkeit dieser Lebensgeschichten nicht gerecht werden können".[22] Um den „Eigen-Sinn der Individuen" im System der DDR zu erschließen, müsste man also auf der „mikrohistorischen Ebene die Interaktion von Herrschenden und Beherrschten mit dem Wissen über die DDR als diktatorisches System [...] verknüpfen".[23]

Man kann sich den Widerspruch zwischen professioneller historischer Rekonstruktion von Herrschaft und individuell erfahrener Lebensgeschichte relativ einfach vergegenwärtigen, wenn man die politische Auseinandersetzung um die Bewertung der DDR als Diktatur oder Unrechtsregime aufgreift. Aus geschichts- und politikwissenschaftlicher Perspektive war die DDR eine von oben „durchherrschte Gesellschaft" (Jürgen Kocka), eine Diktatur, in der das Recht durch das in der Verfassung festgeschriebene Monopol der SED permanent gebeugt wurde, in der es keine freie politische Öffentlichkeit, keine Verwaltungsgerichtsbarkeit und keine individuell einklagbaren politischen Rechte gab. In diesem Sinne wird die DDR oft auch als Unrechtsstaat bezeichnet. Die Tatsache, dass diese Charakterisierung dennoch bei relativ vielen Ostdeutschen auf Skepsis oder offene Ablehnung trifft – und das sicherlich nicht nur bei Parteianhängern der Linkspartei –, hat damit zu tun, dass sich viele, vor allem der „Integrierten Generation", mit ihren individuellen Lebensgeschichten in dieser Zuschreibung, die als eine des Westens empfunden wird, nicht wiederfinden. Sie wird vielmehr als eine Entwertung der persönlichen Biografie aufgefasst. Wenn sich diese Menschen an ihr Leben in der DDR erinnern, denken sie vielleicht an die Jugendweihe, die Weltjugendfestspiele 1973, den ersten Tanzabend in einem Jugendclub und die erste Liebe, an ein Konzert der Puhdys, an die feucht-fröhlichen Betriebsfeste und die Geborgenheit des Kollektivs oder aber an ein „Schnippchen", welches man „denen da oben" geschlagen hatte. Hinter diesen Erinnerungen verschwinden die vielen kleinen „faulen" Kompromisse, das Unterwerfen unter den Konformitätsdruck, unangenehme Begegnungen mit der Staatssicherheit, die erzwungene oder freiwillige Mitgliedschaft in der SED beziehungsweise in einer der Massenorganisationen oder die politische Rechtlosigkeit, der man ausgesetzt war, die man aber gegen soziale Gratifikationen akzeptiert hat. Robert Ide beschreibt diese Situation in seinem Buch *Geteilte Träume. Meine Eltern, die Wende und ich* folgendermaßen:

> *Mitmachen oder nicht, Angebote des Staates ausschlagen oder nicht, die Meinung sagen oder die Lippen zusammenbeißen – das waren damals die Fragen meiner Eltern am Küchentisch. Selbst wenn wir schwiegen beim Abendbrot, waren die Entscheidungen stets gegenwärtig.*[24]

Die Abwägung zwischen solchen Alternativen ist nur allzu menschlich, und nicht jeder wird als Widerstandskämpfer gegen ein diktatorisches Regime geboren. Moralisches Bewerten und Richten über diese Verhaltensweisen fällt leicht, wenn man selbst demokratische Rechte selbstverständlich in Anspruch nehmen kann, ohne dadurch irgendwelchen Gefahren ausgesetzt zu sein. Gleichwohl fällt auf, dass es auch 20 Jahre nach der deutschen Vereinigung bisher keinen starken Impuls aus der Dritten Generation Ostdeutschland gibt, im intergenerationellen Dialog mit ihren Eltern und Großeltern das „kommunikative Beschweigen“ (Hermann Lübbe) der Vergangenheit aufzubrechen beziehungsweise das Familiengedächtnis aktiv daraufhin zu befragen, welche blinden Flecken es enthält.

Die 1968er Generation in Westdeutschland hat, gut 20 Jahre nach dem Ende des Nationalsozialismus, eine erbitterte Fehde mit ihren Eltern über deren Vergangenheit geführt. Sie war in dieser Hinsicht kompromisslos und hat die Auseinandersetzung mit ihren Eltern mit einer großen Portion moralischer Selbstgerechtigkeit und Rigidität geführt. Robert Ide sagt in einem Interview dagegen, dass der Generationenkonflikt im Osten im Gegensatz zum Westen nicht „laut“, sondern eher schweigend ausgetragen wird.[25] Jede Generation muss auf ihre Art und Weise im jeweiligen historischen Kontext Konflikte mit ihren Eltern austragen. Dennoch möchte ich aus persönlicher Erfahrung unterstreichen, dass die Auseinandersetzung der 1968er Generation mit ihren Eltern bei aller Rigidität und allem moralischen Überschuss auch etwas Befreiendes hatte und die politische Kultur der Bundesrepublik positiv verändert hat. Ohne den von dieser Generation ausgehenden Impuls hätte die Bundesrepublik sicherlich die konservativen Gründerjahre nicht so schnell hinter sich gelassen und sich für eine Auseinandersetzung mit dem nationalsozialistischen Erbe geöffnet. Da nach der Gründung der DDR den Bürgern im Rahmen der antifaschistischen Staatsideologie die individuelle Auseinandersetzung mit der Verstrickung in den Nationalsozialismus erspart wurde, hat die Auseinandersetzung auch mit diesem Erbe die Stufe der staatsoffiziellen Propaganda selten überschritten, so dass man aus heutiger Sicht in Bezug auf die DDR eigentlich von einem zweifachen Aufarbeitungsdefizit sprechen muss. Welchen Beitrag die Ditte Generation Ostdeutschland dazu leisten will, dieses doppelte Aufarbeitungsdefizit zu überwinden, ist zumindest eine Frage, die sie sich stellen sollte. Es ist zu hoffen, dass eine Vertreterin dieser Generation, die Robert Ide in seinem Buch porträtiert, nicht repräsentativ ist. Er zitiert sie mit den Worten: Aufarbeitung sei das „Scheißwort des Jahrtausends".[26]

Ein Anerkennungsdefizit als Blockade im ostdeutschen Generationenkonflikt

Es stellt sich die Frage, warum es bisher nicht zu einer „lauten" intergenerationellen Auseinandersetzung in der DDR gekommen ist. Bei einem Gespräch mit zwei ostdeutschen Kolleginnen der Dritten Generation, die sich nach 1990 auf den Weg in die USA begeben hatten und heute beide für eine amerikanische Universität arbeiten, waren wir uns ziemlich schnell darin einig, dass dies mit großer Wahrscheinlichkeit etwas damit zu tun hat, dass es durch die spezifische Transformationserfahrung der Ostdeutschen zu einem Solidarisierungseffekt und Bündnis zwischen den Generationen, insbesondere zwischen der zweiten und dritten Generation, gekommen ist. Die im Kontext des Familiengedächtnisses bereits angelegte Loyalitätsbeziehung wurde gewissermaßen dadurch verstärkt, dass sich die Mitglieder der zweiten, aber auch der Dritten Generation im Zuge der Transformation gemeinsam einem Rechtfertigungsdruck aus dem Westen ausgesetzt sahen. Das Erfahrungs- und Orientierungswissen, mit dem sich die meisten Ostdeutschen innerhalb der DDR-Gesellschaft bewegten, war ja buchstäblich über Nacht wertlos geworden. Markt, Technik, Recht, Politik, Massenmedien, Verwaltung und soziale Sicherungssysteme westlicher Prägung wurden zu den neuen Bezugssystemen, an die die Ostdeutschen sich anpassen mussten und innerhalb derer sie sich zu bewähren hatten.[27] Von großen Teilen der westdeutschen politischen und intellektuellen Eliten wurden diese Anpassungsleistungen aber nicht nur für selbstverständlich gehalten, sondern den Ostdeutschen wurde oft auch noch der Spiegel einer rückständigen, ja vormodernen Gesellschaft vorgehalten. Es kursierte im Westen das Bild eines „zurückgebliebenen, faulen, passiven, primitiv-gierigen, anpaßlerisch-feigen und jammernden ‚Ossi'",[28] der sich durch „Pflichtdenken, Privatismus, Staatsgläubigkeit, Harmoniesucht, Konfliktunfähigkeit und häusliche Lebensstile"[29] auszeichnet. Die Ostdeutschen, so meinte man, würden sich den Erfordernissen einer modernen Gesellschaft verweigern. Dass die meisten Ostdeutschen ganz im Gegenteil nicht mit Verweigerung, Passivität und Abwehr auf die Zumutungen der neuen marktwirtschaftlichen Ordnung reagiert haben, sondern trotz erheblicher sozialer Verwerfungen die berufliche, soziale und persönliche Umbruchsituation erstaunlich pragmatisch und flexibel bewältigten, wird dabei gern übersehen.

Gerade die Mitglieder der Dritten Generation haben erstaunliche Wege zurückgelegt, sind in den Westen oder ins Ausland gegangen, haben sich durchgebissen, gelernt und Frust verarbeitet, Neues begierig aufgenommen und Altes hinter sich gelassen. Dass viele Mitglieder der Elterngeneration gleichzeitig auf der Strecke geblieben sind und den Wechsel nicht geschafft haben, weil die alten Sicherheiten zusammengebrochen sind, ist die Kehrseite der Medaille. Welchen Mechanismus die Abwertung der eigenen Transformationsleistung auslöst, hat Detlef Pollack an sich selbst beobachten können und beschreibt es treffend:

> *Mein anfänglicher Enthusiasmus hatte es schwer, sich angesichts von so viel Ablehnung, Geringschätzung und Kollektivhaftung zu behaupten. Skeptische Vorsicht und der zunehmende Wille zur Verleugnung meiner ostdeutschen Identität oder […] gerade umgekehrt zur Selbstverteidigung ergriffen mich. Immer häufiger war ich froh, wenn ich mich unter Ostdeutschen bewegte und nicht auf die Angriffe der Westdeutschen reagieren musste.*[30]

Wir haben es also, genau betrachtet, mit einem Anerkennungsdefizit zu tun. Die Entwertung der Transformationsleistungen der Ostdeutschen durch viele Westdeutsche hat das Zusammengehörigkeitsgefühl zwischen der ostdeutschen

Eltern- und Kindergeneration in der Postwendezeit noch befördert. Wir können umgekehrt annehmen, dass der Stolz auf das besondere Erfahrungswissen der Dritten Generation Ostdeutschland und das daraus erwachsende Selbstbewusstsein es heute möglich machen sollten, das transgenerationale Erbe aufzuarbeiten und im Dialog mit der Eltern- und Großelterngeneration auch die Punkte offener zu thematisieren, die schmerzlich, aber auch befreiend sein können. Den Hang zur moralischen Überlegenheit, den die 1968er Generation im Westen im Umgang mit ihren Eltern gepflegt hat, muss man dabei ja nicht übernehmen.

---

1 Unveröffentlichtes Konzeptpapier der Initiative *3te Generation Ostdeutschland.* Berlin, 2010.

2 Vgl. ebd.

3 Vgl. Mark Hillebrand: Ostdeutsche Selbstwahrnehmungen und Identitätskonstruktionen im Generationenvergleich, unveröffentlichte Dissertation (Universität Bremen), 2009, S. 15f. Viele der folgenden Überlegungen zum kultursoziologischen Konzept der Generation, insbesondere mit Blick auf Ostdeutschland, verdanke ich Mark Hillebrand, dessen Promotion zum Thema ich mit begutachtet habe. Die Schrift ist bisher nicht veröffentlicht, steht aber an der Universität Bremen zur Einsicht zur Verfügung.

4 Vgl. ebd., S. 16f.

5 Karl Mannheim: Das Problem der Generationen, in: ders.: Wissenssoziologie. Auswahl aus dem Werk, eingeleitet und hg. von Kurt H. Wolff, Berlin, 1964, S. 509–565.

6 Vgl. Hillebrand, Ostdeutsche Selbstwahrnehmungen.

7 Helmut Fogt: Politische Generationen. Empirische Bedeutung und theoretisches Modell, Opladen, 1982.

8 Vgl. Bernd Weisbrod: Generation und Generationalität in der Neueren Geschichte, in: Aus Politik und Zeitgeschichte, 8 (2005); Hillebrand, Ostdeutsche Selbstwahrnehmungen, S. 26.

9 Ute Daniel: Kompendium Kulturgeschichte. Theorien, Praxis, Schlüsselwörter, Frankfurt a.M., 2001, S. 330f.

10 Vgl. Hillebrand, Ostdeutsche Selbstwahrnehmungen.

11 Vgl. ebd.

12 Vgl. ebd.

13 Ebd., S. 37.

14 Vgl. Bernd Lindner: „Bau auf, freie deutsche Jugend" – und was dann? Kriterien für ein Modell der Jugendgenerationen der DDR, in: Jürgen Reulecke (Hg.): Generationalität und Lebensgeschichte im 20. Jahrhundert, Schriften des Historischen Kollegs, Kolloquien 58, München, 2003.

15 Unveröffentlichtes Konzeptpapier der Initiative *3te Generation Ostdeutschland.*

16 Vgl. Mathias Hirsch: Schuld und Schuldgefühl im Kontext von Trauma und Konflikt, in: Anne-Marie Schlösser; Kurt Höhfeld (Hg.): Trauma und Konflikt, Gießen, 1998.

17 Harald Welzer; Sabine Moller; Karoline Tschuggnall: Opa war kein Nazi. Nationalsozialismus und Holocaust im Familiengedächtnis, Frankfurt a.M., 2002, S. 19.

18 Vgl. ebd, S. 20.

19 Ebd., S. 24.

20 Wolfgang Bialas: Antifaschismus als Sinnstiftung. Konturen eines ostdeutschen Konzepts, in: Wolfgang Bergem (Hg.): Die NS-Diktatur im deutschen Erinnerungsdiskurs, Opladen, 2003, S. 154.

21 Ebd., S. 155.

22 Ebd.

23 Thomas Lindenberger: Herrschaft und Eigen-Sinn in der Diktatur. Das Alltagsleben der DDR und sein Platz in der Erinnerungskultur des vereinten Deutschland, in: Aus Politik und Zeitgeschichte, 40 (2000), S. 5.

24 Robert Ide: Geteilte Träume. Meine Eltern, die Wende und ich, München, 2009, S. 50.

25 Interview mit Robert Ide im Handelsblatt, 23.3.2007.

26 Ide, Geteilte Träume, S. 52.

27 Vgl. Lothar Probst: Ostdeutschland – ein zivilgesellschaftliches Niemandsland?, in: Holger Backhaus-Maul; Olaf Ebert; Gisela Jakob; Thomas Olk (Hg.): Bürgerschaftliches Engagement in Ostdeutschland. Potenziale und Perspektiven, Opladen, 2003.

28 Aike Hessel; Michael Geyer; Julia Würz; Elmar Brähler: Psychische Befindlichkeiten in Ost- und Westdeutschland im siebten Jahr nach der Wende, in: Aus Politik und Zeitgeschichte, 13 (1997), S. 15.

29 Probst, Ostdeutschland, S. 44.

30 Detlef Pollack: Ostdeutsche Anerkennungsprobleme. Autobiographische Erfahrungen in soziologischer Perspektive, in: Vorgänge, 1 (2003), S. 6.

Neuer Raum, neue Grenzen
Über die schwierige Aufgabe, sich als Generation zu definieren

Jana Schallau

Jetzt ist es passiert. Wir sind passiert. Wir, die Dritte Generation Ostdeutschland, die wir in der Zeitspanne zwischen 1975 und 1985 in der vergangenen DDR geboren worden sind, haben unsere gemeinsame Vergangenheit, unsere ähnlichen Erfahrungen, unsere geteilte Sprache entdeckt. Wir sprechen mit einer Stimme zu den anderen, wir versuchen es zumindest.

Soweit der euphorisierende Nachhall, den die erste Konferenz der Initiative *3te Generation Ostdeutschland* im Sommer 2011 in Berlin bei mir hinterlassen hatte. Was für mich als eine biografische Spurensuche begonnen hatte, entwickelte sich in diesen drei Tagen zu einer universalen, facettenreichen Thematik, die meine persönlichen Erfahrungen sowohl einschloss als auch meine Erwartungen überstieg. Denn meine eigenen Erlebnisse, die ich aufgrund des Mauerfalls und der Wendezeit gemacht hatte, wurden in den anderen Teilnehmerinnen und Teilnehmern der Konferenz gespiegelt und durch weitere Erzählungen ergänzt. Auffällig fand ich schon während der Konferenz, dass sich meine Erfahrungen vor allem dadurch unterschieden, dass ich die Zeit des Umbruchs sehr viel unbewusster erlebt hatte als die Teilnehmerinnen und Teilnehmer eines früheren Jahrgangs. Ich selbst, 1984 geboren, war während des Mauerfalls und der Wendezeit gerade mal fünf und sechs Jahre alt. Dadurch sind nicht nur die Erinnerungen an diese Zeit sehr schemenhaft, ich bin damals auch schlicht noch zu klein gewesen, um selbst zu handeln. Alles, was mich damals unbewusst geprägt hat, habe ich erst viel später verstanden. Somit war es mir im Gegensatz zu den älteren Konferenzteilnehmerinnen und -teilnehmern auch erst später möglich, meine Erlebnisse der Wendezeit zu reflektieren. Diese Feststellung hat mich zunächst an der Existenz einer Dritten Generation Ost zweifeln lassen und mich zu der Frage angeregt, wie und wo Grenzen von einer Generation zur nächsten gezogen werden könnten. Meine Schwester ist 1986 geboren und zählt für mich ebenfalls zu den Menschen, die unbewusst von der Umbruchzeit geprägt worden sind, und doch gehört sie laut der Selbstdefinition der Initiative *3te Generation Ostdeutschland*, die sich nur auf die Geburtenjahrgänge 1975 bis 1985 bezieht, nicht dazu. Mein in West-Berlin geborener Freund hat ebenfalls prägende Erfahrungen gemacht, die mit dem Mauerfall zusammenhängen, aber auch er wird nicht dazugezählt.

Das widerspricht meiner Einschätzung nach dem, was die tatsächlichen Inhalte der Konferenz hätten sein sollen. Ihre Konzeption hätte besser davon ausgehen sollen, dass Alter und Geburtsort die jeweiligen Lebenswege zwar in bestimmter Art und Weise gefärbt haben, diese sich aber alle durch eine gemeinsame Erfahrung des Mauerfalls ähneln – und zwar für Menschen aus Ost- und Westdeutschland jeden Alters. Für mich sind die Grenzziehungen dieses konzipierten Erfahrungsraumes zu absolut gesetzt, und ich sehe die Gefahr, dass die Idee einer „Dritten Generation Ostdeutschland" ideologische Züge annimmt. Denn die Dritte Generation Ostdeutschland ist weder naturwüchsig noch hat sie sich aus einem Entstehungsprozess heraus als solche definiert, sondern sie wurde von einer kleinen Gruppe konstruiert.

Die eigentliche Idee der Konferenz, einen gemeinsamen Diskussionszusammenhang herzustellen, ist auf diese Weise ad absurdum geführt worden, denn eine zu starre Auslegung der Definition produziert Ausschluss. Neue Grenzen werden gezogen: zum einen über die zeitliche und zum anderen über die geografische Dimension. Diese doppelte Grenzziehung führt zu einem Raumkonstrukt. Zu einem leeren Raum. Zu einem konstruierten Containerraum, welcher von den ausgewählten und eingeladenen Konferenzteilnehmerinnen und -teilnehmern mit Inhalt gefüllt werden sollte. Diese Inhalte – Reflexionen über biografische Ereignisse, Erfahrungen, Verhaltensweisen, die mit der DDR zusammenhängen – werden dementsprechend nur nachträglich hinzugefügt und durch die räumliche Konzeptionsstruktur begrenzt. Folglich werden nicht nur Menschen ausgegrenzt, sondern auch manche inhaltlichen Ideen nicht gedacht, diskutiert oder entwickelt.

So habe ich auf einem der ersten, an die Konferenz anschließenden Netzwerktreffen eine Frau kennengelernt, die trotz großen inhaltlichen Interesses nicht an der Konferenz teilnehmen durfte. Aufgrund der internen Richtlinie waren ausschließlich Menschen zugelassen worden, die die Auswahlkriterien von Geburtsort und -zeit hundertprozentig erfüllten. So bekam auch diese junge Frau eine schriftliche Absage, da sie in West-Berlin außerhalb des Zeitraumes 1975 bis 1985 geboren worden war. Bei dem erwähnten Netzwerktreffen – das jedoch für alle offen ist – trat sie, da sie einen erneuten Ausschluss zumindest fürchtete, zunächst inkognito auf und gab erst in einem längeren Gespräch fast entschuldigend zu, das sie kein „Ossi“ sei, aber trotzdem Interesse hätte und auch ihre Erfahrungen mit der DDR und Wendezeit gemacht habe, über die sie gern berichten würde. Im Nachhinein weiß ich, dass die Initiative bei der Konferenzorganisation diese strenge Auswahl getroffen hatte, weil sie herausfinden wollte, ob sich eine größere Anzahl an Leuten überhaupt unter dem Stichwort Dritte Generation Ostdeutschland versammeln würde – das war wohl anfangs keineswegs klar gewesen. Doch die Organisatoren hielten dafür eben auch starr am Kriterium Geburtsort Ost fest, was immer Ausschluss produziert. Die Erfahrungen der West-Berlinerin, obwohl so eng mit den unsrigen verbunden, konnten auf der Konferenz nicht gehört werden. Bezeichnenderweise ist es gerade diese Form der Nachfragen gewesen, die mein Interesse an einem Metadiskurs über die Begriffe „Generation“ und „Osten“ überhaupt geweckt haben.

Was bedeutet also dieser Erfahrungsraum? Dieser konstruierte Raum definiert sich neben seinen Grenzen auch immer über Inhalte. So ist beispielsweise ein Raum in einem Wohnhaus zunächst einmal leer. Er besitzt eine gewisse Quadratmeteranzahl und wird begrenzt durch seine Wände, aber ansonsten ist er undefiniert. Doch allein dadurch, dass ein Bett hineingestellt wird, wandelt er sich von einem leeren Raum zu einem Schlafzimmer. Er ist damit definiert. Mit einem Schreibtisch stellt er sich abermals neu als ein Arbeitsraum dar und in Kombination der beiden Möbelstücke zweifach als Schlaf- und Arbeitsraum. Deutlich wird bei diesem Bild, dass sich der Raum nicht nur über seinen Inhalt definiert, sondern dass der Inhalt auch immer austauschbar bleibt. Einzig beständig ist der Raum an sich. Denn wenn der erste Mieter schon längst ausgezogen ist, wird ein anderer den Raum für sich neu und eben anders einrichten. Dies ist vergleichbar mit der Initiative *3te Generation Ostdeutschland*, denn hier ist ebenso ein Raum konstruiert worden, der nur eine bestimmte Mieterschaft einlässt und somit niemals alle Möglichkeiten der Raumgestaltung zulassen wird. Außerdem schließen solch absolut definierten Grenzen, ähnlich wie die Größenbegrenzung durch Quadratmeterzahl, einige Gestaltungsideen vollständig aus. So ist beispielsweise ein Fünf-Quadratmeter-Zimmer nur schwer als Tanzraum vorstellbar.

Trotzdem scheint die zuvor beschriebene inhaltliche Beliebigkeit eines Containerraumes innerhalb seiner Grenzen zunächst große Freiheiten zuzulassen. Vergangenheit, Gegenwart oder Zukunft, persönliche Erfahrung oder wissenschaftlicher Diskurs, alles scheint seinen Platz haben zu dürfen. Auch verschiedene Meinungen zu einem Sachverhalt haben eine Daseinsberechtigung. Der Dritte-Generation-Ostdeutschland-Raum hat also scheinbar nicht nur die Möglichkeit, sich über das Hinzufügen von Möbeln zu definieren, sondern auch die Farbgebung des Sofas zu diskutieren, verschiedenfarbige nebeneinander stehen zu lassen oder sich immer wieder für ein neues Möbelstück zu entscheiden.

Problematisch wurde diese inhaltliche Freiheit im Zusammenspiel mit den starr definierten Grenzen durch Geburtsjahr und -ort allerdings, als das Konstrukt öffentlich gemacht wurde. Die Berichterstattung vor und während der Konferenz war umfassend, und auch im Anschluss wurde etwa in der Kulturtalksendung *Im Palais* und in anderen Radiobeiträgen die Idee der Dritten Generation Ostdeutschland vorgestellt und rege diskutiert. Es gab nun die Gelegenheit, den Begriff Dritte Generation Ost/deutschland in den Medien zu nutzen. Jedoch fiel der Schritt in die Öffentlichkeit in denselben Zeitraum wie die Rechtsextremismusdebatte nach dem Bekanntwerden der „Zwickauer Terrorzelle". In einigen Medien kam es zu einer Gleichsetzung von Menschen, die der Dritten Generation Ostdeutschland angehören, mit Menschen rechtsextremer Einstellung.[1] Eine Behauptung, gegen die die Initiative in einer Pressemitteilung Stellung bezog.[2] Doch auch diese Stellungnahme machte das eigentliche Problem der starren Definition deutlich: Wer sich nur formal über geografische und temporale Kriterien definiert, lässt Inhaltliches außen vor. Damit würde prinzipiell auch eine Gruppe in den 1970er Jahren geborener Rechtsradikaler aus Jena dazugehören. Die Mitteilung verneinte dies, sprach sich explizit gegen die Zugehörigkeit Rechtsradikaler zur Dritten Generation Ostdeutschland aus und versuchte den Blick wieder auf diejenigen der Generation zu lenken, die durch die Umbruchserfahrungen nicht politisch destruktiv geworden waren, sondern für ein friedvolles, geeintes Deutschland einstanden. Natürlich teile ich so wie alle anderen Konferenzteilnehmer die Ablehnung von Neonazis, doch letztlich kann das Problem nur aufgelöst werden, wenn man von der Selbstdefinition über Ort und Zeit Abstand nimmt. Sinnvoller wäre es auch in diesem Zusammenhang, sich inhaltlich darüber Gedanken zu machen, ob einschneidende Umbruchsphasen und erlebte Verunsicherung zu Radikalismus und Gewaltbereitschaft führen können beziehungsweise warum sie nicht dazu geführt haben.

Streng genommen hatte sich der vormals beschriebene Wohnraum mit der gewissenhaften Mieterauswahl durch seinen Schritt in die Öffentlichkeit nun zu einem exklusiven Club gesteigert, vergleichbar mit einer Diskothek, in der nicht nur Altersbegrenzung gilt, sondern auch Geburtsortkontrolle und eine Überprüfung der politischen Einstellung vorgenommen wird. Nur jene, die diese Einlasskontrolle bestehen, dürfen dort tanzen, reden, sich amüsieren. Die, die nicht hineinkommen, erfahren nicht, wie es innen aussieht oder welche Musik gespielt wird. Sie kennen nur den Namen und wissen, wer hineinkommt. Die erste Folge davon ist, dass versucht wird herauszufinden, was in der Disko passiert. Antworten, die nicht gefunden werden, werden mit eigenen Vorstellungen komplettiert. So wird die Disko zum Mythos. Ihr Innenleben wird zu einer Mischung aus Fiktion und Wahrheit. Dies ist für den Generationsraum ein großes Problem. Denn die Initiative *3te Generation Ostdeutschland* hatte es sich doch eigentlich zur Aufgabe gemacht, so meine Interpretation, sich mit der eigenen Vergangenheit auseinanderzusetzen und nicht die Lücken der Geschichte durch neue Mythen oder starre Regeln zu schließen. Um diesem Problem mit Klarheit zu begegnen, könnte die Dritte Generation Ostdeutschland einerseits neben der Zeit- und Ortsbegrenzung zusätzlich über die politische Einstellung gekennzeichnet werden. Die Probleme, die dadurch entstehen, sind offensichtlich. Die neue Grenze könnte ebenso willkürlich gesetzt sein wie die von Zeit und Ort. Während bei der Initiative und ihren Anhängern sehr deutlich wird, dass Rechtsradikalismus keinen Platz hat, würde jedoch jeder weitere Ausschluss aufgrund der politischen Meinung kompliziert sein. Solch eine Ausdifferenzierung hätte einen noch massiveren Ausschluss zur Folge und machte eine gemeinsame Definition von Generation wahrscheinlich ganz unmöglich.

Die zweite Variante, das Problem der Begrenzung aufzulösen, die ich der ersten entschieden vorziehen würde, wäre eine bis ins Unendliche gehende Ausdehnung der Grenzen.

Diese Ausdehnung würde einer Auflösung der Grenzen des Generationsraumes gleichkommen und ihm somit als Raum die Existenzberechtigung nehmen. Diese paradox erscheinende Herangehensweise löst gleich mehrere der zuvor beschriebenen Probleme. Am offensichtlichsten ist, dass da, wo keine Grenzen bestehen, auch kein Ausschluss erfolgen kann. Jeder Mensch ist dazu eingeladen, an den Inhalten der Dritten Generation Ostdeutschland und somit auch an der Initiative *3te Generation Ostdeutschland* mitzuarbeiten. Folglich können sich alle nur über die Inhalte definieren, denn die äußere Struktur ist verschwunden. In den Mittelpunkt rückt dann das Interesse an der deutsch-deutschen Geschichte, und es beginnt ein konstruktiver Erfahrungsaustausch.

Damit sage ich nicht, dass die Wendeerfahrung für die Dritte Generation nicht eine besonders prägende Zeit war. Meine Schuldirektorin wurde beispielsweise aufgrund der Wiedervereinigung kurz nach meiner Einschulung zur Essensausgabefrau, was für mich ein einschneidendes Erlebnis war. Jedes Kind in Ostdeutschland musste erfahren, wie jene Schule, die gestern noch den Tag von 7 bis 15 Uhr strukturiert hatte, plötzlich nicht mehr da war. Doch auch westdeutsche Kinder haben Prägungen durch die Mauer erfahren, wenn sie in Berlin daran entlangspaziert sind oder im Erdkundeunterricht diese seltsame unterteilte Landkarte gezeigt bekamen. Das Wechselspiel von historischen Umständen und persönlicher Erfahrung kann natürlich auch immer die Komponenten von Ort und Zeit beinhalten, aber sie sind nun nicht mehr begrenzend, sondern dem Inhalt unterstellt.

Um den Bedeutungen der Dritten Generation Ostdeutschland näherzukommen, müssen wir uns weiterhin austauschen und verständigen, dabei dürfen wir aber die kritische Reflexion nicht vergessen. Es geht nicht darum, die Erfahrungen aller miteinander abzugleichen, sondern sie nebeneinander bestehen zu lassen. Genau wie es schon die verschiedenfarbigen Sofas im Raum getan haben. Auch wenn Erfahrungen sich fundamental unterscheiden, sollte dies nicht dazu führen, sich wiederum abzugrenzen, sondern dazu, im Dialog zu bleiben und eventuell Gemeinsamkeiten herauszuarbeiten. Selbst wenn Erfahrungen, wie zum Beispiel der Mauerfall, nicht unmittelbar erlebt wurden, sondern nur aus den Medien bekannt sind, kann dieser Umstand zur gemeinsamen Auseinandersetzung einladen. Abzulehnende Ideologien, wie beispielsweise die von Neonazis, können dann der Dritten Generation Ost nicht mehr per se zugeschrieben werden, denn der Austausch um den Inhalt ist nun das, was öffentlich bekannt ist. Daraus ergibt sich, dass sich auch nur jene Menschen zu einer Dritten Generation Ost zählen können, die in irgendeiner Form partizipieren, in den Austausch treten oder sich mit den Inhalten vertraut machen. Denn die von der Initiative *3te Generation Ostdeutschland* gegebene natürliche Zuschreibung, begrenzt durch Zeit und Ort, ist nicht mehr vorhanden. Alle diese Punkte können dazu führen, dass man seiner eigenen, aber auch der gemeinsamen Definition von Dritter Generation Ostdeutschland näherkommt.

Zuletzt bleibt die Frage, ob die Initiative *3te Generation Ostdeutschland* ohne ein festes Raumkonstrukt Bestand hat, oder ob sie sich in Interessensgruppen zersplittern und dann nicht mehr in der Lage sein wird, als Generation einen Diskurs zu bilden, um der vorherrschenden öffentlichen Meinung etwas entgegenzustellen. Ich sehe die momentane Variante des Raumkonstruktes als so unzureichend an, dass ich mich nicht mit ihr identifizieren kann. Dagegen finde ich den Inhalt, der in diesem Raum verborgen ist, nicht nur wissenschaftlich bedeutsam, sondern auch für meine persönliche Reflexion sehr wichtig. Besonders bewusst ist mir das große Potenzial, welches in dieser Initiative steckt, wenn es darum geht, blinde Flecken in der Geschichtsschreibung aufzudecken. Allerdings denke ich, dass dies nur mit einer konsequenten Herangehensweise erreicht werden kann und nicht mit einem willkürlichen Raumkonstrukt, das bestimmte Realitäten einfach ausschließt. Falls das der Dritten Generation Ostdeutschland nicht gelingen sollte, kann es auch immer noch sein, dass sie sich als Initiative auflöst. Doch solange es ein gemeinsames Interesse gibt, diese Erfahrungen aufzuarbeiten, schätze ich diese Gefahr als gering ein. Das gemeinsame Interesse war nicht nur auf der Konferenz deutlich zu spüren, sondern auch bei Menschen, die bis jetzt weder in die Initiative *3te Generation Ostdeutschland* gehören noch in diese Generation an sich. In der Auseinandersetzung mit den Umbruchserfahrungen jedes Einzelnen, im Austausch mit anderen werden neue Diskurse geschaffen, und damit wird ganz nebenbei eine Dritte Generation Ostdeutschland definiert.

---

1 Vgl. beispielsweise den Artikel von Julia Jüttner: „Brigade Ost". Die Feierabend-Nazis vom Garagenhof, in: Spiegel Online Panorama, 23.11.2011. Oder siehe auch den Fernsehbeitrag: Extreme Gewaltbereitschaft, in: ZDF, aspekte, 18.11.2011. Eine ebenfalls rege Diskussion dazu fand im November 2011 auf der Facebook-Seite der *3ten Generation Ostdeutschland* statt.

2 Vgl. 3te Generation Ostdeutschland: Pressemitteilung: Zur Debatte um Rechtsextremismus und rechte Gewalt im Osten: Einfalt ist nicht ortsgebunden!, 24.11.2011.

Die gefühlte Generation
Eine kurze Geschichte der Initiative *3te Generation Ostdeutschland*

HENRIK SCHOBER

„Viel zu umständlich." Wenn sich die Initiative *3te Generation Ostdeutschland* einen Slogan geben müsste, wäre dieser kurze Ausspruch ein heißer Kandidat. Kaum ein Befund hat uns die ganze Zeit über so treu begleitet. Immer wieder hinterfragen wir unsere Ideen, schreiben neue Konzepte, ändern Strukturen. Wir genießen die große Resonanz auf etwas, das zunächst einmal eine Idee, eine Empfindung in unserer Gruppe war, und fühlen uns zugleich überwältigt. So sehen wir bisweilen den Wald vor lauter Bäumen nicht, und manchmal ist es umgekehrt.

Dabei ist die Grundidee schnell erzählt: „Unser Ziel ist es, Menschen der Dritten Generation ins Gespräch zu bringen, um Reflexion, Wissens- und Erfahrungsaustausch sowie Engagement zu ermöglichen." So haben wir es schon recht früh in unserer „Mission"[1] formuliert. Mancher mag argumentieren, dass man das noch präziser hätte sagen können. Aber immerhin haben wir es geschafft, das Wesentliche in einem Satz zusammenzufassen: Wer tut hier etwas? Die Dritte Generation Ostdeutschland. Was wollen wir erreichen? Austausch und Engagement. Wie soll das passieren? Durch Gespräche und gemeinsame Aktionen. So weit, so gut.

Aber der Teufel ist ein Eichhörnchen, und die eigentlichen Schwierigkeiten liegen in den Details. Einen wohlklingenden Satz aufzuschreiben, ist eine Sache; sich darüber zu verständigen, was er wirklich bedeutet, eine ganz andere. Und so besteht auch die besagte Mission nicht nur aus diesem einen Satz. Es folgt die Konkretisierung:

Über ein reales wie virtuelles Netzwerk verfolgt das Projekt das Ziel, die Dritte Generation Ostdeutscher mit ihren besonderen Kompetenzen zu ermutigen und zu unterstützen, gesamtgesellschaftliche Prozesse und damit ihre Zukunft aktiv zu gestalten und so in ihren Spezifika sichtbar und wirksam zu werden.

Und in unserer „Vision",[2] die gemeinsam mit der Mission den Kern dessen bildet, wofür unsere Initiative steht, sagen wir:

Diese Dritte Generation Ostdeutscher soll ihre transformationsbedingten Potenziale entdecken und sie zur Weiterentwicklung unserer Gesellschaft einbringen. Gesellschaftliche Teilhabe vieler in Ost und West kann erreicht werden, indem ein Diskussionsprozess angestoßen wird, in welchem die Dritte Generation eine tragende und selbstbewusste Rolle übernimmt. Die proaktive, bewusste Bearbeitung von Fragen zur deutsch-deutschen Vergangenheit, Gegenwart und Zukunft mündet so in der Entwicklung zukunftsfähiger (zivil-)gesellschaftlicher Strukturen in Ostdeutschland. Es geht darum, Ideen zu entwickeln, die als Projekte letztendlich lokal wie national umgesetzt werden.

Alles klar?! Diese Passagen können vielleicht einen kleinen Eindruck davon geben, womit wir uns im Entstehungsprozess dieser Initiative beschäftigt haben – und bis heute beschäftigen. Fragt man nämlich jedes einzelne Teammitglied ganz konkret nach dem Wer, dem Was und dem Wie, so fallen die Antworten höchst unterschiedlich aus. Um diese verschiedenen Vorstellungen wieder zusammenzubinden, braucht es möglichst grundsätzliche Formulierungen, die aber auch genug Spielraum für Umsetzungen lassen. Auf diese Art entstehen nach langen Diskussionen Begriffe wie „transformationsbedingte Potenziale".

Über den Weg zum Ziel existieren verschiedene Vorstellungen – sie sind so bunt, wie das Netzwerk divers ist. Wahrscheinlich haben viele Gruppen ganz ähnliche Erfahrungen gemacht wie wir. Ehrenamt ist eben nicht vergleichbar mit einem normalen Job. Wir haben im Zuge unserer Arbeit mit der *3ten Generation* schon viele Menschen kennenlernen dürfen, die hochmotiviert Projekte betreuen oder Vereinsarbeit leisten; einige kommen auch im vorliegenden Buch zu Wort. Wenn solche Menschen zusammenkommen, wird mehr Wert auf Ideen und Botschaften gelegt als auf Zeit und Geld. Die Prozesse sind dann nicht effizient, sondern eben „viel zu umständlich"...

Insofern spiegeln unsere Beobachtungen aus der und über die Initiative *3te Generation Ostdeutschland* möglicherweise einiges wider, was andere ehrenamtliche Gruppen in ähnlicher Weise erleben. Wer selbst zivilgesellschaftlich engagiert ist, wird sich vielleicht in manchen Passagen wiederfinden. Und wer überlegt, aktiv zu werden – vielleicht sogar im Rahmen der *3ten Generation*? –, findet in der Entwicklung unserer Initiative hoffentlich Motivation dafür, ein Vorhaben anzugehen, vielleicht aber auch eine Warnung vor zu hohen Erwartungen. Vermutlich beides. In diesem Sinne ist die Geschichte der *3ten Generation Ostdeutschland* ein Bericht darüber, wie es ist, sich mit etwas zu beschäftigen, was vielleicht als Gefühl vieler Einzelner, aber nicht als öffentliches Thema präsent war. Sie zeigt, was passiert, wenn sich Menschen zusammenfinden, die nicht einfach nur ein Projekt besprechen, sondern eine Herzensangelegenheit. Wie es sich anfühlt, wenn man aus persönlichen Gefühlen und Eindrücken ein öffentliches Anliegen machen möchte. Und warum die Vision und die Mission einer solchen Idee immer viel zu umständlich formuliert werden.

Umwege erweitern die Ortskenntnis

Kagar ist der stillste Ort der Welt. Irgendwo im Nirgendwo, tief im schönen Brandenburg liegt das kleine Dorf, dessen Ruhe zugleich sein Markenzeichen ist. Der Motor des Busses, mit dem wir dort ankommen, ist das einzige wahrnehmbare Geräusch. Am Ufer des kleinen Sees, der sich an das Dorf schmiegt, fühlt es sich an, als ob jemand auf einer riesengroßen Fernbedienung auf „lautlos“ gedrückt hätte. Massive Stille. Man fragt sich, warum noch keine gestressten Berliner Manager den Weg hierher gefunden haben, um ihre geschundenen Seelen baumeln zu lassen. Und dann wünscht man sich, dass das diesem verschlafenen Fleckchen Erde auch noch eine Weile erspart bleiben wird.

Totenstill ist es auch im Versammlungsraum der sogenannten Lotus-Lodge. Das ist ein kleines Veranstaltungshaus mit Blick auf den See. Wir haben uns hierher zurückgezogen, um die weitere Entwicklung der Initiative *3te Generation Ostdeutschland* zu besprechen. Im Januar 2011 war das, fünfeinhalb Monate vor der großen Konferenz, die im Juli in Berlin stattfinden sollte. Wir wollten noch einmal raus, tief durchatmen, Grundsätzliches besprechen und Konkretes planen, bevor es richtig losgehen würde. Auf der umfangreichen Agenda stand dementsprechend das große Durchstarten. Projektpläne, Konzeptpapiere, Organigramme und jede Menge Lektüre bedeckten den Boden, um diskutiert zu werden. Aber wir waren am Tiefpunkt. Neun Leute hatten zu gefühlt hundert anstehenden Aufgaben dreihundert verschiedene Meinungen. Jede und jeder hatte irgendwie recht und irgendwie auch wieder nicht; und vor allem waren wir alle unheimlich genervt.

Vielleicht war es der Geist der Lotus-Lodge, der uns da wieder herausgeholfen hat. Üblicherweise finden an diesem Ort Kurse statt, die zum Beispiel „Yoga Flow“, „Kräuterpädagogik“ oder „Detox Fasten“ heißen. Das vermittelte uns dezent das Gefühl, dass Höhen und Tiefen zusammengehören und miteinander im Einklang stehen: ohne Streit kein Kompromiss, ohne Individuen kein Team, ohne Krise kein Erfolg. Und so drängte nach und nach wieder das in den Vordergrund, was uns eigentlich viel wichtiger ist als die Meinungsverschiedenheiten: die Sache selbst.

Nachdem wir also den Veranstaltungsraum von negativen Schwingungen befreit hatten, sammelten wir unsere Unterlagen wieder ein und machten uns auf die Rückreise nach Berlin. Kagar war wieder Yoga-tauglich, und wir wussten besser als je zuvor, was uns da bevorsteht. Fünf Monate später, wenige Tage vor der Konferenz, hatten wir zum ersten Mal das Gefühl, dass es klappen könnte. Gerade nach den teilweise auch emotionalen Diskussionen war uns allen wieder bewusst, wie groß und wie spannend die Aufgabe ist, die wir uns da vorgenommen hatten. Wir waren immer davon überzeugt, dass die Initiative tatsächlich Menschen begeistern könnte und sich unsere Ideen umsetzen lassen würden.

Diese Euphorie für die Sache hatte uns seit den ersten Treffen im Juni 2010 getragen, auf denen eine unglaubliche Aufbruchsstimmung zu spüren war. Eines Abends hatte sich auf Initiative von Adriana eine kleine Gruppe von Ost- und Westdeutschen versammelt, um sich der Frage zu widmen, ob man versuchen sollte, die Dritte Generation Ostdeutschland sichtbar zu machen. Und tatsächlich war deutlich zu spüren, dass es nicht nur viele Ideen und Meinungen zu diesem Thema gab, sondern auch eine große Bereitschaft, sich dafür einzusetzen. Dieser Tag hat sich bei uns allen eingeprägt, und nachdem wir ein halbes Jahr später im flachen Brandenburg ein kleines Tal durchschritten hatten, wurden die Begeisterung und der gemeinsame Wille sichtbarer denn je.

Das Puzzle

Eine Dritte Generation von Ostdeutschen mit ganz eigenen Erfahrungen aus der Wendezeit existierte natürlich bereits, bevor wir auf die Idee kamen, unsere Initiative zu gründen. Viele hatten sich dazu auch schon geäußert, sei es öffentlich oder privat, und so ist das Thema immer mal wieder aufgeblitzt. Es gibt Bücher und Filme, die es berühren, sowie wissenschaftliche Studien und ab und an auch politische oder gesellschaftliche Debatten. Vor allem aber hinterlassen viele Gespräche mit Freunden oder in der Familie das Gefühl, dass die Kombination aus Kindheit und Jugend in der DDR und dem Aufwachsen beziehungsweise Erwachsensein im vereinigten Deutschland irgendwie besonders ist. Wer kann schon von sich behaupten, in einem Land geboren worden zu sein, das es inzwischen nicht mehr gibt?

Aber diese vereinzelten Ansätze trugen noch nicht die Idee in sich, die uns besonders wichtig ist: Es geht hier um eine Generation, und diese Generation kann vieles bewegen. Sie ist eine „gefühlte Generation", deren wichtigstes Merkmal kein heute noch erkennbarer äußerer Umstand ist, sondern das Gefühl einer besonderen Biografie. Keine, die von anderen benannt wird, sondern eine, die sich selbst definiert.

Daher gab es auch keinen großen „Startschuss", der den Beginn einer öffentlichen Auseinandersetzung mit dieser Generation markiert hätte und der Ausgangspunkt für unsere Beschäftigung mit diesem Thema gewesen wäre. Manche Initiativen gründen sich beispielsweise, wenn sich eine Naturkatastrophe ereignet; andere nehmen eine politische Entwicklung zum Anlass. In solchen Fällen passiert etwas, und die Leute sagen sich: „Da müssen wir was machen." Das Bewusstsein für die Dritte Generation Ostdeutschland hingegen hat sich schrittweise und in vielen verschiedenen Köpfen entwickelt; am Anfang stand ein Gefühl. Dieser Prozess begann vermutlich für die wenigsten bereits mit dem Fall der Mauer, aber eben auch nicht erst vor zwei Jahren. So hinterlässt er seit geraumer Zeit Spuren, ohne jedoch greifbar zu sein.

Für uns hieß das, nicht bei null anzufangen und doch etwas Neues zu schaffen. Wir alle hatten über die Jahre hinweg viele kleine Puzzleteile gesammelt, teilweise biografische Erlebnisse und persönliche Geschichten, teilweise auch gesellschaftliche Eindrücke und wissenschaftliche Beobachtungen. Manche von uns hatten vor dem Fernseher gesessen und sich darüber aufgeregt, dass da schon wieder nur „alte" Wessis zur Diskussion über den Osten geladen worden waren. In anderen hatte sich ein Gerechtigkeitssinn gemeldet, der sich gegen Ungleichbehandlungen und Stigmatisierungen sträubte. Alle hatten selbst Erfahrungen mit der DDR gesammelt und verspürten nun das Bedürfnis, Fragen zu stellen: an das System, an die Politik, an die Eltern, an die Freunde und natürlich an sich selbst. Mir hat Johannes einmal zwei Deutschlandkarten gezeigt. Eine bildete die wirtschaftliche Situation der Bevölkerung ab, die andere das soziale Engagement. Zweimal das gleiche Bild: bunte Farben im Westen, viel Weiß im Osten. Offensichtlich gibt es einen Zusammenhang zwischen Wohlstand und Zivilgesellschaft einer Region. „Da müssen wir was machen."

Und eines schönen Tages sprach Adriana erst zu sich, dann zu Hagen und schließlich zu uns allen: Diese vielen verschiedenen, bunten, kantigen Puzzleteile sollte man mal zusammensetzen! Der Legende nach weiß niemand – auch sie selbst nicht – so genau, warum sie ausgerechnet uns gefragt hat, ob wir mit ihr ein neues Bild vom Osten legen möchten. Es war wohl Instinkt. Denn trotz unserer verschiedenen Hintergründe – einige von uns hatten bereits mit Adriana zusammengearbeitet, andere waren mit ihr befreundet, und mit manchen hatte sie bis dato einfach nur anregende Gespräche geführt – hatten wir das Gefühl, dass wir gut zusammenpassen und miteinander an der großen Idee arbeiten möchten.

Dafür mussten wir uns gerade zu Anfang viel Zeit nehmen. Zum einen für das Thema, das schnell viel komplexer wurde, als wir alle dachten. Und zum anderen für uns. Immerhin waren wir neun Leute, die sich kaum kannten, die vor einer großen Aufgabe standen und dabei alle sehr persönliche Geschichten zu erzählen hatten.

Um der Wahrheit die Ehre zu geben, sei hier erwähnt, dass es immer auch kritische Stimmen gab. Manche Leute konnten oder wollten dem Argument nicht folgen, dass diese ominöse Dritte Generation der Ostdeutschen in Bewegung gesetzt und motiviert werden müsse. Das ist bis heute so geblieben, und gerade seit der Konferenz gibt es zwischen vielen positiven Zuschriften auch immer mal wieder skeptische Kommentare. An dieser Stelle sei einmal ausdrücklich all jenen gedankt, die uns irgendwann im Laufe der letzten eineinhalb Jahre gesagt haben, dass unser Projekt nicht funktionieren wird, in die falsche Richtung zielt oder einfach komplett schwachsinnig ist. Diese Leute haben uns immer wieder zum Denken angeregt, und manche gute Idee ist aus einer Reaktion auf unsere Kritiker entstanden.

Wir jedenfalls haben beschlossen, dass es sich durchaus lohnen könnte, Zeit zu investieren und zu schauen, was passieren wird. Im Sommer 2010 sind wir zusammen an den Wannsee gefahren und haben damit angefangen, uns zu erzählen, wie wir unsere Kindheit verbracht haben, was wir am Tag des Mauerfalls gemacht haben und was der Osten für uns bedeutet. Wir haben auch besprochen, warum Ostdeutschland, so wie es öffentlich diskutiert wird, für jeden von uns ein schwieriger Fall ist. Das hat uns gezeigt, wie viele verschiedene Geschichten, Perspektiven und Gefühle schon in unserer kleinen Gruppe stecken, wie unterschiedlich wir eigentlich sind – und was dann wohl erst von der Dritten Generation insgesamt zu erwarten sein würde. Wahrscheinlich war das der Punkt, an dem es kein Zurück mehr gab.

Neue Ideen, neue Methoden

Wer nicht zurück möchte, muss vorwärts gehen. Und in dieser Hinsicht hat eine umständliche Arbeitsweise durchaus Vorteile, denn alle Schritte werden ausführlich besprochen und bewusst unternommen – jeder wird gefragt, und keiner bleibt zurück. Das kann gelegentlich zerfransen, glücklicherweise haben wir aber Leute in unserer Runde, die mit solchen Situationen Erfahrung haben und den roten Faden immer wiederfinden. Beispielsweise war einigen von uns sofort klar, dass wir einmal aufschreiben sollten, wer wir sind und was wir wollen. Anderen hatte sich das nicht auf Anhieb erschlossen, sie wollten loslegen. Auch die methodischen Elemente waren manchen in unserer Gruppe neu. Ich habe nun aber gelernt, wie man mittels der „Fünf-Finger-Regel" konstruktives Feedback gibt und dass bei einer „Blitzlichtrunde" keine Fragen gestellt werden. Geschadet hat mir das sicher nicht.

Es gehört bis heute zum Wesen unserer Gruppe, dass wir uns intensiv darüber auseinandersetzen, wo unsere Prioritäten liegen und welche Diskussionen wir uns nur am Rande erlauben können. Immer wieder stehen die Pragmatiker den Diskussionsbereiten gegenüber. Mal setzen sich die einen durch, und wir verzichten im Sinne des knappen Zeitplanes auf ausschweifende Diskussionen, mal gewinnen die anderen, und wir sprechen bis tief in die Nacht über Grundsätzliches. Wie sich gezeigt hat, war dieser Gegensatz über die gesamte Zeit unserer bisherigen Zusammenarbeit hinweg ein entscheidender Antrieb für uns als Team. Denn Kompromisse, die zähneknirschend entstanden, sind bei Weitem nicht die schlechtesten.

Wir haben es immer gewusst und doch wieder neu gelernt: Ehrenamt ist anders. Da sind die Kollegen plötzlich Freunde, und es gibt keine Vorgesetzten. Das hat Vor- und Nachteile, es bietet riesige Möglichkeiten und eine gehörige Portion Verantwortung. Plötzlich konnten wir Aufträge vergeben und Personal einstellen, wodurch wir uns – mal wieder – in einer neuen Rolle wiederfanden. Waren wir nun Chefs? Und wie funktioniert das überhaupt? Zum Glück hatten wir von Anfang an kompetente Beratung in Sachen Recht und Finanzen, ohne die wir kein Land gesehen hätten. Und wir sind unseren hauptamtlichen Mitarbeiterinnen sehr dankbar dafür, dass sie Geduld mit uns hatten, wenn wir uns sortieren mussten, uns diskret darauf hingewiesen haben, wenn wir uns verzettelt hatten, und uns sowieso nicht nur durch ihre Arbeit, sondern vor allem auch menschlich unheimlich bereichert haben.

Parallel zur Ausgestaltung unserer Idee haben wir versucht, die zentralen Punkte zu identifizieren, um welche die Auseinandersetzung mit dem Osten heute kreist. Dabei wird uns fortan das vorliegende Buch helfen – zumindest so lange, bis die Dritte Generation Ostdeutschland derart viel Stoff produziert hat, dass es für ein neues Buch reicht. Wie halten wir's zum Beispiel mit Ost und West? Einerseits stellen wir die These auf, dass Ostdeutschsein ein Unterscheidungsmerkmal ist, andererseits sagen wir ganz explizit, dass wir ein gesamtdeutsches Projekt sind. Dieser Diskurs hat im Laufe unseres Miteinanders mehr Kurven genommen als jeder andere – und das, obwohl er nur selten direkt angesprochen wurde. Aber da reichen eben schon Stichworte, um auch den nüchternsten Arbeitstieren unter uns Emotionen zu entlocken.

Präsent wurde das Thema bereits in unseren Kennenlernrunden ganz zu Anfang, in denen etwa nach der Exotik des Ostdeutschseins gefragt wurde. Und egal, ob exotisch oder nicht: Wie geht man damit um? Und wie trennt man vermeintlich nette, sympathische Charaktereigenschaften von systemtragenden Wesenszügen? Kurz gesagt: Wo verläuft die Grenze zwischen offener, unverkrampfter Auseinandersetzung mit dem Osten und jenem Phänomen, das man Ostalgie nennt? Gibt es diese Grenze überhaupt?

Auch mit einigen Thesen zu Mentalitätsunterschieden haben wir gespielt und ließen beispielsweise verlauten, dass Ossis ja vielleicht etwas weniger egoistisch seien als Wessis. Das haben wir auch im Team sehr kontrovers diskutiert; fest steht jedoch, dass die These Wirkung gezeigt hat. Ebenso wie das Bekenntnis zur sächsischen Mundart, das auf unserem Blog erschien. Oder unsere Sicht auf Plattenbauten. Diese Beispiele können nur andeuten, worum es uns bei unserer Suche nach dem Kern der Dritten Generation Ostdeutschland geht. Es wäre vermessen, wenn wir für uns in Anspruch nehmen würden, Wahrheiten über Jung und Alt in Ost und West zu kennen. Aber wir können zum Nachdenken anregen, Impulse geben und andere zum Mitmachen motivieren und dadurch gemeinsam Stück für Stück das weite Feld beackern, das sich hinter unserer Idee verbirgt.

Bis hierher und weiter

Auch im Jahr nach unserer Auftaktkonferenz hat uns die Bundesstiftung zur Aufarbeitung der SED-Diktatur gefördert. So konnten wir im Sommer 2012 mit einem Bus durch Ostdeutschland fahren und gemeinsam mit vielen Interessierten vor Ort Fragen diskutieren und Ideen entwickeln: Wie kann man hier soziales Engagement ermöglichen? Wie kann man Menschen, die aus diesen Regionen abgewandert sind, für ihre Heimat interessieren? Wie kann man die Orte attraktiv machen für Unternehmen oder den Tourismus? Was kann man dem Rechtsextremismus entgegensetzen? Was können die Regionen in Nord-, Süd-, Ost- und Westdeutschland voneinander lernen?

Diese Fragen betreffen Gegenwart und Zukunft der Dritten Generation, und auch über die Vergangenheit machen wir uns Gedanken. Wir wollen das Gespräch suchen über das, was war, und überlegen, welche Besonderheiten und Gemeinsamkeiten die Dritte Generation Ostdeutschland möglicherweise aufweist. Denn wir haben das Gefühl, dass längst noch nicht alles gesagt ist; auch wir haben noch nicht alles gesagt und zu vielem bis jetzt nicht einmal eine Meinung.

Daher wünschen wir uns, dass die Konferenz 2011 und die Bustour 2012 ein doppelter Auftakt waren für einen langen und erfüllenden Prozess. Wir hoffen, dass sich unser Netzwerk Schritt für Schritt ausdifferenzieren und verselbständigen wird. Viele Themen konnten wir bisher allenfalls benennen und anfangen, sie zu diskutieren, aber sie nicht wirklich klären, angefangen bei der Grundsatzfrage, wer oder was die Dritte Generation überhaupt ist. Tatsächlich eine Altersgruppe? Eine Erfahrungsgemeinschaft? Ein Lebensgefühl?

Was auch immer es ist, wir bleiben am Ball und möchten unsere Perspektive weiter ausdehnen. Die Herausforderungen in den alten Bundesländern ähneln denen in den neuen, und wir fühlen uns heute schon als gesamtdeutsche Initiative, die eben ihren Ausgangspunkt in Ostdeutschland hat. Europa liegt uns am Herzen, der Dialog mit anderen Generationen ebenso. Wenn diese vielen Facetten mit Leben gefüllt werden, könnten wir schon bald vollständig den Überblick verlieren über die vielen spannenden Debatten und Aktivitäten, die in unserem Netzwerk vonstattengehen. Darauf freuen wir uns!

---

1 Auf unserer Homepage nachzulesen unter www.dritte-generation-ost.de/3te_generation/vision_und_mission.html.

2 Ebd.

Bericht zur Deutschen Vielfalt

Auf Erkundung im Osten

Marie Landsberg · Alexander Fromm

> *„Wir haben sie gefunden, die jungen Kreativen und Gründer. In Schwedt, Zossen, dem Erzgebirge – auf der grünen Wiese und in den grauen Städten." (Ulrike Nimz)*[1]

Eine Rundreise? Nein, es war viel mehr.

Aus dem Osten ziehen die Besten weg, zurück bleiben die Alten und die Rechtsextremen. Im Osten sind die Menschen misstrauisch, passiv und frustriert. Ist das wirklich so?

Wir gehen auf Tour durch den Osten Deutschlands. Wir sitzen in einem wunderschönen, restaurierten Haus in der Oberlausitz, der Kulturfabrik Meda, zusammen mit sozial, kulturell und politisch Aktiven. Ein Engagierter sagt: „Diese Nähe zu Tschechien, zu Polen, zu der Vielfalt, zu der Kultur, zu den Menschen, die sich begegnen, die miteinander sprechen – das sind total geile Chancen! Man kann hier so viel machen." In Neubrandenburg stehen wir auf dem Marktplatz und sprechen mit einer jungen Frau, während ihr Kind um uns herumhüpft. Sie sagt: „Ich bin mit dem Studium fertig und suche jetzt hier einen Job. Ich war schon in Hamburg, aber das war mir zu groß. Ich bin ein Heimatkind."

Man weiß um die Probleme im Osten. Sie sind zum Teil mit Zahlen zu belegen und deutlich sichtbar. Aber haben die Leute aufgegeben? Gibt es keine Mutigen, keine Optimisten, keine Raumpioniere, die sich dem entgegenstellen? Wo sind die heute um die 30-Jährigen, die jetzt in der Lebensphase sind, Verantwortung im privaten und beruflichen Leben zu übernehmen?

Ein großer Teil der Dritten Generation Ost lebt nicht mehr in Ostdeutschland oder ist in die größeren Städte gezogen. Das betrifft auch die meisten Mitfahrer im Bus.

Wir gehen auf Tour durch fünf Bundesländer, die bis 1990 noch einen sozialistischen Staat bildeten. Durch den Osten. Zu Menschen, die einen wirtschaftlichen, politischen, biografischen und kulturellen Umbruch erlebten. Wir fahren nicht in die Städte, wo es besser läuft, nicht zu den „Ausnahmen". Wir suchen jene, die in den kleineren Orten dem Schmuddelimage etwas entgegensetzen.

Mit an Bord ist auch Regisseur Gunther Scholz, der mit seinem Filmteam unsere Tour dokumentiert. Wir sind Beobachter und werden zu Beobachteten. Die lokale und überregionale Presse gesellt sich an den verschiedenen Orten dazu. Der *Spiegel*, die *Zeit* und die *Welt* interviewen und fotografieren, das Radio hält seine Mikros auf den Marktplätzen uns und den Passanten entgegen. Eine junge Journalistin der *Frankfurter Allgemeinen Sonntagszeitung* kommt gleich mit Schlafsack dazu.

In einem Artikel der *Sächsischen Zeitung* wird aus dem Ost-West-Problem schnell eines von Stadt–Land. Für sie sind wir »Akademiker und Debattierer« auf einem »Selbsterfahrungstrip«.[2] Aber es war viel mehr. Wir haben durch diese Tour eine andere Aufmerksamkeit für Ostdeutschland erzeugt, wichtige Kontakte geknüpft und unser Netzwerk vor Ort erweitert. Dadurch sind wir unserer Vision für die Zukunft einen Schritt näher gekommen. Wir halten Ausschau nach Leuten wie uns, nach Vertretern der Dritten Generation Ost. Doch diese sind nicht immer anzutreffen. Ein Spiegel für die Altersstruktur sind die Marktplätze, auf denen wir stehen, und die Veranstaltungen, die wir organisieren. Die partielle Abwesenheit der Dritten Generation Ost mag unterschiedliche Gründe haben, negative wie positive. Vielleicht sind sie wegen mangelnder Jobperspektiven weggezogen, vielleicht sind sie aber auch auf der Arbeit. Vielleicht sind politische und zivilgesellschaftliche Themen nicht jedermanns Sache?

Die Tour ist mehr als eine Rundreise, mehr als eine „Klassenfahrt". Immer wieder wechselt kollektive Ausgelassenheit mit sachlicher Arbeit. Wir sind Mitveranstalter, Podiumsgäste, Moderatoren, Pressesprecher, Multimedia-Nerds und Netzwerker. Aufgaben werden verteilt, Abläufe durchgesprochen, Telefonate geführt. Nach Diskussionsrunden, Lesungen, Workshops, offiziellen Treffen und Informationsarbeit an öffentlichen Plätzen bricht sich abends die Erleichterung über einen weiteren, gelungenen Tag immer wieder Bahn.

In Schwerin frühstücken wir mit Manuela Schwesig, Ministerin in Mecklenburg-Vorpommern, und ebenfalls Angehörige der Dritten Generation Ost. Am Abend gibt es die erste Lesung zum vorliegenden Buch im Werk3 des Schweriner Theaters. Am Institut für Wirtschaftsforschung Halle / Saale (IWH) diskutieren wir mit Christoph Bergner, dem Bundesbeauftragten für die Neuen Länder, und Jutta Günther, Leiterin des IWH, über die Zukunft des Aufbaus Ost und der Rolle der Dritten Generation Ost in diesem Prozess. In Bautzen besuchen wir Clemens Škoda von der Domowina, dem Dachverband der Sorben. Der Angehörige dieser slawischen Minderheit zeigt uns, wie spielerisch man mit den verschiedenen Identitäten umgehen kann: Sorbe, aber auch Sachse; Ostdeutscher, aber auch Slawe; Deutscher, aber auch Europäer. Vielleicht eine Option für alle Ostdeutschen?

In der Oberlausitz nächtigen wir auf Matratzen in einer Art moderner Kommune in der Kulturfabrik Meda in Mittelherwegsdorf, im Erzgebirge auf Isomatten in Zelten, und das bei Minusgraden. Am nächsten Tag haben wir in Jena eine Podiumsdiskussion mit Vertretern aus Politik und Wirtschaft. Wir staunen, wie jung die geladenen Vertreter auf dem Podium sind. Jena-Paradies, das ist die Insel des Lichts, eine Boomtown in Thüringen. In Wittenberg ist Volksfeststimmung. Wir veranstalten derweil Workshops mit Schülern, um herauszufinden, wie sie sich eine lebenswerte Stadt vorstellen. Während Luther durch die Gassen wandelt, schlagen wir Thesen mit Forderungen von Schülern an die Schlosskirchentür.

Wo ist die Vergangenheit?

Es geht auf der Tour viel um das, was im Osten heute ist und morgen sein wird, um die Engagierten, um die demografische Entwicklung, um zukünftigen Fachkräftemangel, um den Osten als Vorreiter – in negativer wie positiver Hinsicht. Eines ist jedoch klar: Ohne über die Vergangenheit zu sprechen, können wir die Zukunft nicht gestalten. Unterwegs erleben wir, dass die Menschen ganz unterschiedlich mit ihrer Vergangenheit umgehen: Trafen wir an einem Ort auf Offenheit und Willen zum Austausch, stießen wir woanders auf Schweigen und Misstrauen.

In Schwedt, unserem ersten Halt, ist es vor allem die Architektur, die von der jüngeren Vergangenheit erzählt. Die Neubauten und breit angelegten Straßen machten ab den 1960er Jahren aus der uckermärkischen Kleinstadt eine Industriestadt. Heute ist der Wandel an Einkaufszentren, Townhouses und Rückbaugebieten zu erkennen, fast alles ist renoviert. Auf dem Marktplatz von Schwedt reden die Leute gern mit uns: über Schwedt, das Leben dort, über die jungen Leute und die Zukunft der Stadt. Auch am Abend sind die „Uckermärkischen Bühnen" sehr gut besucht. Unter dem Thema: „Teil der Lösung! Die Dritte Generation Ost in Schwedt und der Uckermark" diskutieren wir mit zehn geladenen Gästen aus Politik, Wirtschaft und Zivilgesellschaft über die Herausforderungen der Stadt. Der Bürgermeister ist da, ebenso der Landrat, einige Minister und Vertreter von ortsansässigen Unternehmen. Alle wollen etwas anstoßen, verändern. Neben dem noch immer vorhandenen alten Frust liegen Spannung und Ehrlichkeit im Raum.

In Neubrandenburg sind Unbehagen und Schweigen größer, denn hier geht es ganz direkt um die Vergangenheit, eine unangenehme. Neubrandenburg wirbt für sich als Sportstadt, das ist eines der großen Potenziale hier. Sport kann in der Gegenwart Engagement fördern, wirkt aktivierend. Doch ein anderes Thema überlagert den Diskussionsabend: Sport wurde in der DDR auch politisch und zu Propagandazwecken genutzt. Mit dem NDR-Dokumentarfilm „Als aus Sportlern

Spitzel wurden" kommt der Einfluss der Stasi im Sportclub Neubrandenburg auf den Tisch. Harte Kost und somit ein Thema, das für viele der Anwesenden nicht leicht zu verdauen ist. Wie verantwortlich sind Sportvereine bei der Aufarbeitung und Aufklärung ihrer Vergangenheit? Viele Emotionen, viel Ungeklärtes, verhärtete Fronten sprechen aus den Worten der Panel-Gäste und dem Publikum. Noch immer fällt es vielen schwer, sachlich über diese Vergangenheit zu sprechen und daraus Schlüsse für die Gegenwart zu ziehen. Noch immer leiden sowohl Opfer als auch Täter durch Schweigen und durch Ächtung an diesem Teil der Geschichte.

Ein anderer Ort, der diese Seite der DDR-Medaille repräsentiert, ist die Gedenkstätte Bautzen II. Sven Riesel, wissenschaftlicher Mitarbeiter der Gedenkstätte, sagt, für die älteren Generationen sei dieses Kapitel deutscher Geschichte noch eher präsent. Viele von ihnen kannten selbst Leute, die in Bautzen einsaßen. Doch was weiß die Dritte Generation von den Gefängnissen der DDR, was über politische Gefangenschaft? Sven spricht sachlich von den Haftbedingungen, den Erlebnissen einzelner Gefangener und von der außenpolitischen Dimension aller Aktivitäten der Staatssicherheit rund um das Gefängnis. Zwischen gelblichen Wänden, Gitterstäben und Stahltüren, in engen Zellen mit grau-braunen Liegen neben frei stehenden Kloschüsseln hallt seine Stimme die Etagen empor. „Den Jüngeren muss man oft klar machen, welche Bedeutung eigentlich dahintersteckt." Sven erzählt vom permanenten Abhören der Gefangenen, von gezielten Maßnahmen, um sie auch untereinander misstrauisch zu machen, von jahrelanger Isolationshaft und von dem Zuverdienst des DDR-Staates durch den Verkauf von Gefangenen an den Westen. Der Blick geht auf das heute wieder genutzte Justizgebäude nebenan, zu dem immer noch alte Drähte der stillgelegten Abhöranlagen führen. Die grünen Bäume hinter den Mauern, die Sonne im Hof – es ist gleichzeitig unwirklich und doch auch greifbar, worum es hier geht. Jedes Leugnen und Verharmlosen wirkt in diesem Gebäude wie eine Anmaßung.

Einen anderen Umgang mit der Vergangenheit gibt es auf der Leuchtenburg im thüringischen Seitenroda, einer fantastisch gelegenen Burgbefestigung aus dem 12. Jahrhundert. Die ehemals als Zuchthaus und später als Jugendherberge genutzte Anlage wird heute von einer Stiftung im Verbund mit einem Förderverein bewirtschaftet. Die junge Stiftungsdirektorin erzählt mit einem Schmunzeln von Ihren Anstrengungen, Neues und Altes in dem Museum zu verbinden. Nun hängt ein futuristischer Quader mit atemberaubendem Panoramablick über einer Klippe und beherbergt Shop und Eingangsbereich. Ein anderes Gebäude der Burg ist noch Baustelle. Die alte Tapete der DDR-Jugendherberge klebt an den Wänden, man könnte meinen, die Kinderstimmen von damals auf den Fluren zu hören. Davon wird bald nichts mehr zu erahnen sein. Genauso wenig wie von dem kleinen hölzernen Verschlag unter dem Dach, in den früher Mitarbeiter der Staatssicherheit hochstiegen und die exponierte Lage der Burg zum Abhören nutzten. Diese Geschichte wird wahrscheinlich mit der Renovierung genauso verschwinden wie die Erinnerung an die früheren Ferienabenteuer der Kinder. Es ist wie eine Zeitkapsel aus DDR-Zeiten, die man später vielleicht als weniger glaubwürdigen Nachbau im Museum finden kann.

Die Akteure und das Umfeld – ein Ort für Austausch reicht oft schon

Die Autorin Andrea Hannah Hünniger, die beim Tourabschluss in Potsdam aus ihrem aktuellen Buch liest, betitelt später einen ihrer Zeitungsartikel über uns mit: „Die wollen nur reden“. Das klingt einfach und ein bisschen vorwurfsvoll. Zu reden, den Diskurs über den Osten und im Osten zu befördern, ist in der Tat eines der grundlegenden Ziele unserer Initiative. Wir merken immer wieder, dass das gemeinsame Gespräch oft die fehlende Basis für gemeinsames Engagement und für Änderungen vor Ort ist. Unsere Aktionen waren oft die Initialzündung für die Erkenntnis von Akteuren, dass sie mit bestimmten Interessen, Ideen und Erfahrungen nicht allein sind und sich zukünftig für bestimmte Herausforderungen zusammen tun können. Ein Ort und ein Thema – das hat oft gereicht.

Eines hören wir des Öfteren auf der Tour: Verwaltungen und Alteingesessene sind oft skeptisch gegenüber Neuem, gegenüber Experimenten. In Zossen wollte eine Gruppe junger Skater aus eigener Initiative eine Skateranlage bauen. Es brauchte zehn Jahre, bis sie die Verwaltung überzeugen konnten, ein kleines Terrain bereitzustellen. Hier gossen sie nun Beton zu Halfpipes, obwohl sie über das Warten selbst eigentlich schon in einer anderen Lebensphase angekommen waren. Am Abend entdeckt der Gründer der Initiative „Zossen zeigt Gesicht", die sich gegen rechtsextreme Auswüchse in der Stadt einsetzt, das kreative Potenzial der Skater: „Ich wusste gar nicht, dass ihr so etwas macht, wir sollten mehr zusammenarbeiten."

Ortswechsel, wir sind im Erzgebirge. Ein leicht verzweifeltes Lachen geht durch die Gruppe. Kai Meister, ein freundlicher Mann mit breitkrempigem Filzhut, Bart und verschmitzten Augen versichert, das Wasser der Außendusche könne dieser Tage eventuell sogar bis zu 8° Celsius warm werden. Hier treffen sich in jedem Jahr Kinder aus aller Welt und lernen Kräuter und Pflanzen kennen, schlafen im Freien. Pfadfinderfeeling mit internationalem Flair, sonst passiert hier nicht viel. Die Dorfbewohner werden immer weniger, ihre Kinder müssen zu immer weiter entfernten Schulen fahren. Der Biologe und seine Mitstreiterin, die Geologin Babett Schreiter, sind mit ihrer Idee einer Naturschutzstation mutige Raumpioniere. Man könnte hier so viel machen. Mehr Leute müssten davon wissen, die Anwohner weniger misstrauisch und mehr unterstützend sein.

Einen gewissen Pessimismus der Bewohner nimmt auch eine Engagierte in der Oberlausitz wahr, die bewusst aus dem Westen in den Osten gezogen ist: „Hier kommt ganz oft der Pessimismus durch: Ach, das geht doch sowieso nicht, das haben wir doch vor fünf Jahren schon versucht. Das ist das, was mich hier immer so ein bisschen stört. Wo ist denn der Optimismus hin? War er da? Denn wenn er da war, dann soll er bitte wieder kommen!“ Jenes Reden miteinander und eine breitere Öffentlichkeit für diejenigen, die etwas auf die Beine stellen wollen, ist womöglich die Chance, diesen noch immer vorhandenen Pessimismus zu überwinden.

Es ist noch lange nicht vorbei!

Wir beschließen unsere Reise in einem Forsthaus mitten im Wald in Potsdam-Golm. Thomas Schubert ist der Inhaber und Restaurator des Hauses. Er ist Philosoph. Er hat uns eingeladen, so wie er dort des Öfteren zu Salons lädt. Hier erwartet uns ein großer Garten mit weißen Pavillons, ein bestuhlter Schuppen für die Lesungen und die Musik am Abend. Die Presseartikel zur Tour hängen auf einer langen Wäscheleine zwischen den Bäumen. Die Staatskanzlei Brandenburg überreicht uns unter freiem Himmel eine Urkunde für das Tourprojekt im Bereich „Demografischer Wandel“. Immer mehr Gäste trudeln ein. Autoren der Dritten Generation Ost lesen aus ihren Texten, der Schuppen ist rappelvoll. Geistig kehren wir langsam zurück, resümieren und erzählen neuen Gästen noch einmal von unseren Anliegen.

In einer Rede Ende des Jahres 2012 wird Bundespräsident Gauck die Tour mit den Worten zusammenfassen: „Rundreise statt Nabelschau“. Für viele der Mitfahrer ist die Tour durch den Osten auch eine Reise in die alte Heimat, eine Suche nach der eigenen Identität. In Berlin mit Hochdeutsch losgefahren, hören sich einige plötzlich mit großen Augen selbst in ihren jeweiligen Dialekten reden – und es gefällt ihnen. Es wechselten die Landschaft, die Atmosphäre, die Stimmungen. Der flache Norden wurde zum hügeligen Süden und dazwischen gab es viel mehr. Der Osten ist vielfältig! Und wir sind Teil von ihm. Wir alle, die Weggegangenen, die Dagebliebenen und auch die nie Dagewesenen.

Die Tour hat gezeigt, dass wir auch jenseits der großen Städte etwas erreichen können. Es gilt nun, die neu geknüpften Kontakte auszubauen und die entstandene Energie zu nutzen, um Engagierte zu stärken und mehr Menschen zum Gründen eigener Initiativen zu motivieren. Die Dritte Generation Ost kennt die Vor- und Nachteile zweier Gesellschaftsordnungen. Sie muss sich selbst etwas zutrauen, um als veritabler und verantwortungsvoller Akteur zu agieren. Sie ist mobil, hat flexibel auf tiefgreifende Umbrüche reagiert und blickt mit einem größeren Abstand als vorherige Generationen auf die Entwicklungen der jüngeren Geschichte. An dieser Stelle gibt es nicht nur die Chance, als Mittler zwischen den Generationen aufzutreten, sondern auch als Mittler zwischen Ost und West.

Wenn wir es schaffen, noch mehr Bewusstsein für die Besonderheiten und Potenziale Ostdeutschlands zu wecken, dann können die fünf „neuen" Länder zu einer Beispielregion für den gesamtdeutschen und europäischen Einigungsprozess werden. Wir sind es, die wissen, was Schrumpfung und Verfall bedeutet. Wir sind es aber auch, die darauf Neues bauen und die Zukunft gestalten.

---

1 Ulrike Nimz: Grüne Wiese, graue Stadt, Freie Presse, 8.6.2012.

2 Anna Hoben: Mal schauen, was da geht, Sächsische Zeitung, 15.6.2012.

Danksagung

Dieses Buch ist eine Gemeinschaftsarbeit. Es erscheint zwei Jahre nach dem ersten Treffen einer Gruppe junger Ost- und Westdeutscher, die einen neuen Diskurs über Ostdeutschland anstoßen wollten. In vielen Gesprächen haben wir diese Idee diskutiert und entwickelt. Eine Konferenz in Berlin 2011 und eine Tour durch Ostdeutschland 2012 haben uns darin bestätigt, dass es Zeit ist, anders auf die Vergangenheit und damit neu auf die Zukunft zu schauen. Darin haben uns unzählige Menschen und Institutionen bestärkt und unterstützt.

Unser besonderer Dank gilt Elisabeth Friedrich, Marie Landsberg, Frauke Schulz und Katarina Günther, die mit ihrer Geduld und Hingabe erst ermöglicht haben, dass aus den Ideen etwas Sichtbares entstanden ist. Ebenfalls besonderer Dank gebührt der Bundesstiftung Aufarbeitung der SED-Diktatur, die seit dem ersten Aufeinandertreffen an unsere Idee glaubte und uns unterstützte. Wir möchten Christoph Links, unserer Lektorin Annika Bach und dem Ch. Links Verlag, der *SUPERillu,* dem Schaltzeit Verlag, der Wendekind gUG, mobilesuite Coworking, dem Collegium Hungaricum, den Gestaltern von Plural, Severin Wucher und Manja Schiemann, sowie der Crowdfunding-Website *Inkubato.com* danken. Alle haben kleine und große Puzzleteile zur Entstehung dieses Buches beigetragen, uns angeregt, herausgefordert, angefeuert und uns zur Seite gestanden, wenn wir nicht weiter wussten.

Im Besonderen möchten wir denen danken, die sich schon vor dem Erscheinen des Buches an der Finanzierung beteiligt haben. Dieser Vertrauensvorschuss wog schwerer als das gespendete Geld, denn er hat vielen signalisiert, dass wir es ernst meinen. Deswegen danken wir neben den vielen kleinen Spendern namentlich den großen:

Jens Bemme, Alexander Biele, Stephan Bohn, Ulrike Bürgel, Maike Danzmann, Yvonne Drosihn, Nicole Ebert, Theo

Elfers, Bianca Ely, Karoline Friebel, Elke Gatter, Martin Gutsch, Rüdiger Henke, Marc Jenk, Robert Kebschull, Daniel Kubiak, Doreen Kunz, Thomas Laue, Ralf Lüdecke, Katja Meier, Benjamin Minack, Christoph Möckel, Dorit Modersitzki, Roland Neumann, Johannes Pätzold, Eric Pawlitzky, Nicola Scheel, Eva Schliephake, Jörg Schnurre, Alexander Schratz, Martin Thiele, Julia Thombansen, Katja Wenk und Christin Wiescholek.

Abschließend geht ein großes Dankeschön von uns an alle, die sich mit Textvorschlägen und Beiträgen an diesem Buch beteiligt haben. Ohne Euch gäbe es keinen Text und kein Buch. Ihr alle zusammen gebt der Dritten Generation Ostdeutschland Eure Stimmen.

Angaben zu den Beteiligten

ALF Jahrgang 1973, hinter dem Künstlernamen Alf verbirgt sich der Comiczeichner Alexander Fromm. In Bernau bei Berlin geboren und an der Ostküste (Eisenhüttenstadt, Achterwasser, Erzgebirge) aufgewachsen. Studierte Kulturwissenschaften in Frankfurt (Oder) und Literatur in Bologna (Italien). Anschließend beruflich tätig in den Bereichen Mikroelektronik, Entrepreneurship und Verlagswesen. Übelst interessiert an Popmusik, Sprachen und fraktalen Strukturen. Arbeitet als Autor und Illustrator in Berlin bei Bernau.

ANDREA BACKHAUS Jahrgang 1981, in Rostock geboren. Nach dem Studium der Medienwissenschaften in Siegen und Tulsa (USA) promovierte sie 2009 in Berlin mit einer Arbeit über französische Protestkulturen. Von 2010 bis 2011 besuchte sie die Journalistenschule der Axel Springer Akademie. Heute schreibt sie als Redakteurin für das Feuilleton der Tageszeitung *Die Welt*.

LINDA BUNCKENBURG Jahrgang 1977, als älteste von drei Schwestern in Ost-Berlin geboren. Durchgerüttelt vom Wendechaos, holte sie ihren Realschulabschluss auf einer Abendschule nach, arbeitete bei einem Westberliner Antiquar und absolvierte anschließend ihr Abitur an einem Kolleg. Sie studiert Geschichte und deutsche Literatur an der Humboldt-Universität Berlin und arbeitet seit Oktober 2010 auch als freie Journalistin. Sie engagiert sich im Projekt *www.wendejugendliche.de*.

JULIANE CIESLAK Jahrgang 1982, in Zittau geboren und in Seifhennersdorf aufgewachsen, das im Dreiländereck Deutschland-Polen-Tschechien liegt. Nach ihrem Schulabschluss ist Cieslak viel gereist und hat später in Potsdam und Berlin studiert. Sie lebt jetzt in Potsdam und arbeitet als Sozialpädagogin mit Jugendlichen. In ihrer Freizeit leitet sie Counseling-Kurse und Workshops unter anderem zu den Themen Ost- und Westdeutschland, junge Erwachsene und Gemeinschaft.

JUDITH ENDERS Jahrgang 1976, geboren in Altenburg/Thüringen. Sie ist Politologin und Wirtschaftswissenschaftlerin. Nach ihrem Studium der Politikwissenschaft an der Freien Universität Berlin (FU) war sie unter anderem beim Bundesvorstand von ver.di und dem Wissenschaftlichen Beirat der Bundesregierung für Globale Umweltveränderungen tätig. Seit 2002 übernimmt sie Lehraufträge an der FU und der State University of New Jersey (USA), 2007 promovierte sie in Wirtschafts- und Sozialwissenschaften an der Universität Kassel. Heute ist sie als Wissenschaftlerin am Institute for Advanced Sustainability Studies in Potsdam tätig. Sie ist Mitgründerin der Initiative *3te Generation Ostdeutschland.*

CLEMENS FRANKE Jahrgang 1979, geboren in Bernau bei Berlin und aufgewachsen in Berlin-Pankow. Er studierte Linguistik und arbeitet als Übersetzer. Franke lebt in Berlin.

RICHARD FRIEBE Jahrgang 1970, in Erfurt geboren. Er studierte in Konstanz und Witwatersrand (Südafrika) Biologie. Friebe hat als Wissenschaftsjournalist unter anderem für die Redaktionen der *netzeitung.de, Frankfurter Allgemeine Sonntagszeitung* und *Süddeutsche Zeitung* gearbeitet. Seit 2008 schreibt er als freier Autor in Berlin.

SVEN GATTER Jahrgang 1978, aufgewachsen in Bitterfeld und Halle/Saale. Von 1999 bis 2006 absolvierte er ein sozialwissenschaftliches Studium in Erfurt. Seit 2005 setzt er sich fotografisch mit Ostdeutschland auseinander. Er beteiligte sich an Ausstellungen unter anderem im Rahmen der Kunstmesse *Berliner Liste* und der Galerie der Hochschule der bildenden Künste in Saarbrücken. Gatter lebt in Berlin.

Anja Görnitz Jahrgang 1982, wurde in einen Marzahner Plattenbau hineingeboren und fragt sich, ob sie deshalb heute lieber in Neukölln als in Mitte wohnt. In ihrer Dissertation beschäftigt sie sich mit der Frage, was globale Gerechtigkeit bedeuten könnte und welche Politikvorschläge uns ihr näherbringen könnten – und entdeckt erstaunliche Parallelen zum Kapitalismus-Kommunismus-Systemstreit.

Michael Hacker Jahrgang 1979, in Hoyerswerda geboren, wo er auch seine Kindheit und Jugend verbrachte. Studierte Kultur- und Sozialwissenschaften an der Universität Leipzig. Mit dem studiumsbedingten Umzug nach Leipzig begann eine intensive Auseinandersetzung mit Heimat, Herkunft und Ostdeutschland. Er lebt heute in Berlin und ist beruflich mit der Vermittlung von Europapolitik beschäftigt. Er ist Mitgründer der Initiative *3te Generation Ostdeutschland*.

Paula Hannaske Jahrgang 1979, in Berlin-Prenzlauer Berg geboren, studierte Rehabilitationspsychologie in Magdeburg-Stendal und ist mittlerweile systemische körperintegrierende Psychotherapeutin. Paula Hannaske ist Begründerin des Projektes „Connected Childhood – spielend Verbindung in Familien gestalten“ und der „Zauberwerkstatt“ für kreative Projekte mit Kindern. Sie ist Mitorganisatorin und Workshopleiterin der Sommerakademie für Familien- und Netzwerkbildung. Die Methode „Aktives Zuhören“ praktiziert sie seit sechs Jahren im Berliner-Counseling-Netzwerk, so auch seit zwei Jahren in der ostdeutschen Gruppe für Biografiearbeit.

Isabel Hempel Jahrgang 1974, in Eisenach geboren. Nach ihrem Studium der Soziologie, Kunstgeschichte und Kunstpädagogik in Frankfurt/Main (Abschluss M.A.) folgten eine redaktionelle Ausbildung bei der *Frankfurter Allgemeinen Zeitung* und ein Volontariat bei den *Nürnberger Nachrichten*. Isabel Hempel arbeitet heute als freie Journalistin, PR-Beraterin und Projektmanagerin in Berlin unter anderem für die pme Familienservice Gruppe, die das Projekt „Frauen machen Neue Länder“ im Auftrag des Beauftragten der Bundesregierung für die Neuen Bundesländer konzipierte und umsetzte.

Susanne Herrmann-Sinai Jahrgang 1977, geboren in Löbau/ Sachsen, aufgewachsen als Kind einer Pfarrerin und eines Pfarrers im Harz. Beim Mauerfall in der 5. Klasse, Abitur 1996. Sie studierte Musikwissenschaft, Philosophie, Logik und Wissenschaftstheorie an der Universität Leipzig. Derzeit Promotion in Philosophie. Sie wohnt in Oxford (England).

Robert Ide Jahrgang 1975, geboren im sächsischen Marienberg und aufgewachsen in Berlin-Pankow. Robert Ide ist Sportchef beim *Tagesspiegel*. Nach dem Umbruch studierte er Politische Wissenschaften und forschte zur DDR-Geschichte. Er ist Autor des Generationenbuches *Geteilte Träume. Meine Eltern, die Wende und ich* (Luchterhand-Literaturverlag; btb Taschenbuch) und moderiert in seiner Freizeit Veranstaltungen. Für seine zeithistorischen und sportpolitischen Arbeiten wurde er mehrfach ausgezeichnet. Robert Ide lebt in Prenzlauer Berg und ist Vater eines Kindes.

Roland Jahn Jahrgang 1953, in Jena geboren. Jahn geriet als junger Mensch bald in Konflikt mit der DDR. Sein Eintreten für freie Meinungsäußerung bezahlte er 1977 mit der Exmatrikulation von der Universität, 1982 mit sechs Monaten Stasi-Haft und 1983 mit dem gewaltsamen Rauswurf aus der DDR. In der Bundesrepublik Deutschland unterstützte er als Journalist die DDR-Opposition durch seine Berichte und begleitete beim ARD-Politmagazin *Kontraste* auch in den 1990er und 2000er Jahren den Prozess der deutschen Einigung. Er ist seit März 2011 Bundesbeauftragter für die Stasi-Unterlagen.

Romy Köhler Jahrgang 1973, in Templin/Brandenburg als Lehrerkind geboren. Den Mauerfall erlebte sie in ihrem ersten Jahr der Ausbildung zur Krankenschwester. Danach arbeitete sie fünf Jahre auf der Intensivstation des Krankenhauses Berlin-Prenzlauer Berg. Im Jahr 2000 holte sie ihr Abitur nach und studierte danach Altamerikanistik, Europäische Ethnologie sowie spanische Literatur- und Politikwissenschaft in Berlin und Madrid. Derzeit promoviert sie in Altamerikanistik. Köhler wohnt in Berlin.

NANCY KUNZE-GROSS Jahrgang 1981, in Thüringen geboren. Kunze-Groß wuchs in einem kleinen Dorf und dann in der nahegelegenen Kleinstadt auf. Während ihres Studiums lernte sie ihren Mann kennen und zog zu ihm nach Hessen, wo sie bis heute gemeinsam leben. In Mainz beendete sie ihr Studium als Diplompädagogin.

MARIE LANDSBERG Jahrgang 1983, in Ost-Berlin geboren. Sie stillte ihr Interesse an Sprache und Kultur mit dem multilingualen Studium der Kultur- und Europawissenschaften in Deutschland, Frankreich und Norwegen. Durch ihren über die Welt verstreuten jüdischen Familienteil kam „der Besuch aus dem Westen" vor und nach dem Mauerfall eher aus England, Kanada und Brasilien. Sie arbeitete während und nach dem Studium als Projektmanagerin in der Entwicklungspolitik und war Teil eines australisch-deutschen Forschungsprojektes am Museum für Naturkunde Berlin. Ab Anfang 2012 übernahm sie die Koordination der 3ten GO-Tour durch Ostdeutschland und danach die Koordination des Netzwerkbüros der Initiative.

ADRIANA LETTRARI Jahrgang 1979, in Neustrelitz geboren, aufgewachsen in Rostock. Sie ist Politik- und Kommunikationswissenschaftlerin. Sie arbeitete bis 2011 als Wissenschaftliche Mitarbeiterin im Deutschen Bundestag, als Fraktionsgeschäftsführerin im Landtag Mecklenburg-Vorpommern sowie als Systemische Beraterin bei Königswieser&Network. 2011 gründete sie die Wendekind gUG, die der Initiative *3te Generation Ostdeutschland* den rechtlichen Rahmen gibt. Für ihr zivilgesellschaftliches Engagement erhielt sie 2009 den „HBS-Engagementpreis“ der Hans Böckler Stiftung. Derzeit promoviert sie in Bremen. Sie ist Mitgründerin der Initiative *3te Generation Ostdeutschland*.

ARNE LIETZ Jahrgang 1976, wuchs in Güstrow in einem Mecklenburger Pfarrhaushalt auf. Nach der Schule absolvierte er einen Friedensdienstaufenthalt in den USA. Er studierte Politik, Pädagogik und Zeitgeschichte in Deutschland und Südafrika. Danach arbeitete er bei einer amerikanischen Bildungsorganisation und im Deutschen Bundestag. Heute engagiert er sich in der Lutherstadt Wittenberg.

STEPHANIE MAIWALD Jahrgang 1979, aufgewachsen in Frankfurt/Main und der Schweiz. Sie ist Kulturwissenschaftlerin und davon überzeugt, dass man individuelle Geschichten sichtbar machen muss, um gemeinsam Geschichte zu schreiben. Derzeit ist sie Projektleiterin bei einer Berliner Stiftung und betreut vor allem Projekte auf europäischer Ebene im Themenspektrum Kultur und bürgerschaftliches Engagement. Sie ist Mitgründerin der Initiative *3te Generation Ostdeutschland*.

SUSAN MÜCKE Jahrgang 1975, aufgewachsen in Ost-Berlin. Susan Mücke studierte Germanistik und Geschichte an der Humboldt-Universität und arbeitete bei einem Berliner Sachbuchverlag und beim rbb-Fernsehen. Heute ist sie als freie Journalistin und Redakteurin in Berlin tätig. Sie hat Ost-West-Geschichten unter anderem in der Berliner Morgenpost und bei fluter.de veröffentlicht. Ihr aktuelles Projekt heißt *wendejugendliche.de*.

HAGEN PIETZCKER Jahrgang 1975, geboren in Hamburg. Journalist und Politikwissenschaftler. Pietzcker war zunächst als Wissenschaftler und PR-Berater tätig, danach bis 2010 Chefredakteur von *politik.de*. Seit Anfang 2010 freier Journalist, Politikberater und Projektmanager. Seit August 2011 ist er Referent der Bundestagsvizepräsidentin Katrin Göring-Eckardt. Daneben engagiert er sich in verschiedenen Bereichen für Online-Journalismus, Netzpolitik und politische Partizipation, so beispielsweise bei */e-politik.de/* und den Netzdemokraten e.V. Er ist Mitgründer der Initiative *3te Generation Ostdeutschland*.

LOTHAR PROBST Jahrgang 1952, geboren in Minden. Von 1971 bis 1975 studierte Lothar Probst Deutsch, Geschichte und Politik an der Pädagogischen Hochschule Bielefeld. 1987 bis 1989 folgte ein Studium der Fächer Politik- und Kulturwissenschaft an der Universität Bremen, wo er 1993 auch in Politik- und Kulturwissenschaft promovierte. Er ist Geschäftsführer des Instituts für Interkulturelle und Internationale Studien am Fachbereich 8 der Universität Bremen und Leiter des Arbeitsbereiches Wahl-, Parteien- und Partizipationsforschung am Institut für Politikwissenschaft der Universität Bremen. Seine Forschungs- und Lehrschwerpunkte liegen im Bereich der Parteien- und Wahlforschung. Weitere Forschungsgebiete betreffen demokratietheoretische Fragen, Fragen der politischen Kulturforschung mit Schwerpunkt Deutschland und die Entwicklung von neuen sozialen Bewegungen und Bürgerbewegungen.

NIKOLA RICHTER Jahrgang 1976, in der Hansestadt Bremen geboren. Sie reiste als Kind ab und zu über die Transitstrecke zu Verwandten nach West-Berlin. Nikola Richter ist heute freie Autorin und Redakteurin. Seit mehr als zehn Jahren lebt sie in Berlin-Kreuzberg und hat verschiedene Bücher geschrieben, etwa den Doku-Roman *Die Lebenspraktikanten*, zwei Lyrikbände und den Erzählungsband *Schluss machen auf einer Insel*. Weiterhin konzipiert sie Blogs wie *blogmacherei.de*.

JANA SCHALLAU Jahrgang 1984, in Ost-Berlin geboren. Studium der Kulturwissenschaft an der Humboldt-Universität zu Berlin, das sie im Sommer 2012 mit einer Masterarbeit über die Umbruchserfahrungen ihrer damaligen Mitschüler abschließt.

ROBERT SCHNEIDER Jahrgang 1976, geboren in Wachau bei Leipzig. Seit 2011 Chefredakteur von *SUPERillu*. Davor stellvertretender Chefredakteur bei *BILD am Sonntag* sowie *B.Z.*; Volontariat bei DuMont Schauberg. Anschließend mehrere Stationen in den Redaktionen von *Express*, *B.Z.* und *BILD*.

HENRIK SCHOBER Jahrgang 1980, geboren in Worms, hat den Mauerfall aus der Perspektive eines Dorfes in Südhessen erlebt und fand es völlig normal, dass Deutschland wieder eins wurde. Während des Politikstudiums in Heidelberg setzte sich dann allerdings endgültig die Erkenntnis durch, dass nichts „normal" ist und keine Entwicklung einfach so passiert. Heute arbeitet er an der Hertie School of Governance in Berlin und ist Chefredakteur der *Zeitschrift für Politikberatung*. Zudem schreibt er für den Blog *Zweitstimme* auf *Zeit.de*. Er ist Mitgründer der Initiative *3te Generation Ostdeutschland*.

ANNE SCHREITER Jahrgang 1984, in Rodewisch im sächsischen Vogtland geboren. Sie studierte in Berlin, lebte in China und promoviert jetzt in der Schweiz im Fach Soziologie. Sie engagiert sich als Coach für Studenten und Hauptschüler.

MANDY SCHULZE Jahrgang 1976, in Löbau/Sachsen geboren. Sie ist Betriebswirtin, Pädagogin und Soziologin. Schulze war als Ostdeutsche während ihres Studiums in Mannheim 1995 eine Besonderheit. Derzeit promoviert sie über die Strukturen beruflicher Weiterbildung und lebt in Berlin. Sie ist Mitgründerin der Initiative *3te Generation Ostdeutschland*.

NADJA SMITH Jahrgang 1979, in Berlin-Friedrichshain geboren. Ausbildung zur Fotografin an der Freien Universität Berlin, Studium der Fotografie und Medien an der Fachhochschule Bielefeld. Smith arbeitet seit 2008 in der Film- und Videoproduktion unter anderem für das Goethe-Institut Barcelona, Barcelona TV, MEDEA FILM – Irene Höfer, credo:film GmbH. Sie lebt in Berlin.

Johannes Staemmler Jahrgang 1982, geboren in Dresden, lebt in Berlin. Nach dem Studium der Internationalen Beziehungen in Dresden wechselte er zum Masterstudium an die Hertie School of Governance in Berlin. Er promoviert derzeit mit einem Stipendium der Hertie School of Governance an der Freien Universität Berlin zum Thema Zivilgesellschaft in strukturschwachen Städten. Er ist Mitgründer der Initiative *3te Generation Ostdeutschland*.

Christine Steinhäuser Jahrgang 1976, in Greifswald geboren, lebt und arbeitet seit 1999 in Amsterdam. Sie doziert an der School voor Journalistiek in Utrecht und produziert als freiberufliche Journalistin Radiofeatures für den niederländischen öffentlich-rechtlichen Rundfunk. Für ihre Dokumentation *Made in GDR* wurde sie 2010 mit einem „Tegel" (Jahrespreis der niederländischen Journalistik) geehrt.

János Can Togay Jahrgang 1955, in Budapest geboren. Er ist ein ungarischer Drehbuchautor, Filmregisseur und Schauspieler türkischer Abstammung. Togays Eltern waren aus politischen Gründen aus der Türkei emigriert. Von seinem achten bis 15. Lebensjahr wohnte er mit seinen Eltern in Leipzig und kehrte dann nach Budapest zurück. Togay lebt heute mit seiner Frau und seinen drei Kindern in Berlin und ist dort seit 2008 Direktor des Collegium Hungaricum.

Katja Warchold Jahrgang 1977, wuchs in Cottbus auf. Die turbulenten Jahre nach der Wende, in denen sie das Abitur ablegte und sich in der Umweltbewegung engagierte, haben sie ebenso geprägt wie das Jahr, das sie nach der Schule in Norwegen verbrachte. Nach dem Studium der Skandinavistik sowie der Neueren und Neuesten Geschichte in Berlin lebt sie seit einigen Jahren in Irland. Zurzeit arbeitet sie an einem Ph.D. über Erinnerungen an Kindheit und Jugend in autobiografischen Texten von Autoren, die in den 1960er und 1970er Jahren in der DDR geboren wurden.

Anne Wessendorf Jahrgang 1979, ist mit Schwester Jana im thüringischen Eisenach aufgewachsen, studierte Betriebswirtschaftslehre in Irland und Spanien. Nach Abschluss ihres Studiums absolvierte sie ein längeres Praktikum in Brasilien, kehrte nach Deutschland zurück und arbeitet seitdem im Bankensektor in Frankfurt/Main.

Jana Wessendorf Jahrgang 1976, mit Schwester Anne im thüringischen Eisenach aufgewachsen. Jana Wessendorf studierte nach dem Abitur Betriebswirtschaftslehre an der Humboldt-Universität zu Berlin und lebt heute in Zürich. Sie arbeitet als Managerin im Bereich Finance/Controlling. Parallel dazu studiert sie für einen Master in Environmental Management an der University of London.